KILLING PATTON:

BILL O'REILLY
& MARTIN DUGARD

刺杀巴顿

The Strange Death of World War II's Most Audacious General

[美] 比尔·奥莱利　马丁·杜加尔德　著
[美] 邵杜罔　译

时代出版传媒股份有限公司
北京时代华文书局

图书在版编目（CIP）数据

刺杀巴顿 /（美）奥莱利，（美）杜加尔德著；（美）邵杜罔译 . -- 北京：北京时代华文书局，2016.2
书名原文：Killing Patton
ISBN 978-7-5699-0807-7

Ⅰ . ①刺… Ⅱ . ①奥… ②杜… ③邵… Ⅲ . ①巴顿，G.S.（1885 ～ 1945）－传记
Ⅳ . ① K837.125.2

中国版本图书馆 CIP 数据核字 (2016) 第 038974 号

北京市版权著作权合同登记号 字：01-2015-2468

刺杀巴顿

著　　者 | [美] 比尔 · 奥莱利　[美] 马丁 · 杜加尔德
译　　者 | [美] 邵杜罔

出 版 人 | 杨红卫
选题策划 | 胡俊生
责任编辑 | 胡俊生　孙　开
装帧设计 | 未　氓　赵芝英
责任印制 | 刘　银

出版发行 | 时代出版传媒股份有限公司 http://www.press-mart.com
北京时代华文书局 http://www.bjsdsj.com.cn
北京市东城区安定门外大街 136 号皇城国际大厦 A 座 8 楼
邮编：100011　电话：010 - 64267955　64267677
印　　刷 | 北京京都六环印刷厂　010 - 89591957
（如发现印装质量问题，请与印刷厂联系调换）
开　　本 | 710×1000mm　1/16
印　　张 | 20
字　　数 | 300 千字
版　　次 | 2016 年 5 月第 1 版　　2016 年 5 月第 1 次印刷
书　　号 | ISBN 978-7-5699-0807-7

定　　价 | 68. 00 元

由比尔·奥莱利和马丁·杜加尔德

撰写的还有

《刺杀林肯》

《刺杀肯尼迪》

《刺杀耶稣》

致我的父亲威廉·奥莱利，

他曾在第二次世界大战中作为海军军官为他的国家服务。

并致我的祖父约翰·奥莱利，

他曾在第一次世界大战中服役。

我们将赢得这场战争，但我们将只能通过战斗，通过向德国人展示我们比他们更有胆量，并永远比他们更有胆量来赢得这场战争。

——小乔治·巴顿将军

1944年6月5日

巴顿

目　录

序 幕

110号病房

美国陆军130医院

海德堡，德国

1945年12月21日

下午5点

这名还能活上45分钟的男士已经无法保护自己了。

乔治·巴顿将军不怕任何人。但现在，他直挺挺地躺在医院的病床上。由于12天前遭遇的车祸，他的上半身被紧紧地包裹在石膏里。110号病房以前是置放工具的柜房，面积只有14×16米。没有任何装饰，墙上没有画，也没有精致的摆设，只是一张窄窄的病床，四面白色的墙壁和一扇高窗。特地为巴顿的妻子比阿特丽斯准备了一张椅子。她从在波士顿的家出发，经历了一个充满焦虑的长时间的飞越北大西洋的航程来到他的床边。她现在坐在那里，钩针默默地来回移动着，每隔几分钟抬起眼睛看看她的丈夫是否已经苏醒。

巴顿喜欢精致的生活。在第二次世界大战期间，他的战场指挥部总是设在豪宅、宫殿、城堡或五星级酒店里。然而他现在作为四星上将唯一的奢侈就是不与其他病人分享同一间病房。

被他的士兵视为"血气方刚"的这位60岁的传奇人物，是一位既受人尊敬又让人害怕的人。他有许多敌人。因此，有必要直接在他的病房门外，在通往医院大厅的长长的走廊一端，在医院的每个入口及出口设置头戴白色头盔的武装卫兵。因他们的头盔而得来的绰号，这些"雪莲花"们保护着巴顿不受一大群突然出现在这个安静的前骑兵兵营的美国记者们的干扰。这些记者不去报道正在纽伦堡进行的战犯审判，而来到这里撰写关于巴顿的车祸和预期的康复。源于军队在每天下午6点发布的有关他的病情信息，美联社4天前报道说巴顿将军“像着过火的房子那样正在好起来”。这篇报道还说，巴顿从床上坐起来，“正以让人联想起他的战时攻势的速度”摆脱他的伤势。

但实际情况却与此完全不同。乔治·巴顿将军自颈部以下已完全瘫痪。他的座车与军队的一辆坐满了醉酒兜风士兵的卡车相撞，造成了他的脊椎骨脱位。巴顿的第三颈椎被震碎，严重地挫伤了他的脊髓。好消息是，他已经恢复了一些四肢运动；坏消息是，医生认为他极不可能再次行走。

记者们不知道这一点，所以他们想尽办法探寻巴顿的隐私，想亲眼看看他那惊人的康复。有些人打扮成护士或护理员，试图潜入110号病房。其他人则以好时巧克力和尼龙收买医院工作人员。然而，多亏那些卫兵，所有这些企图都失败了。最接近成功的一次，是曾经写过巴顿明显康复报道的美联社记者理查德·奥里根假装成病人，讨好护士以进行采访。历尽千辛万苦，奥里根最终向全世界报道说医生允许巴顿每天晚上就着晚餐尝一口威士忌。

不过记者只是巴顿后顾之忧中最无足轻重的一部分。在整个第二次世界大战期间，他在莫斯科、柏林、伦敦，甚至在华盛顿特区树立了许多位居高职的敌人。巴顿决心道出真相的激情，使得很多有权势的人不仅在战争期间蠕蠕而动，即便到了战后依然如此。最近，他又在正式场合称赞他的前德国敌人的军队素质，同时还批评苏联更像是一个对手，而不是美国的盟友。有人得出结论，巴顿是世界和平的一个障碍。而对任何敌人而言，现在的巴顿正处于最脆弱的状态，是一个极易受到攻击的目标。

一年前的这一天，巴顿正在指挥他军事生涯中最辉煌的战斗，带领他心爱的第三军快速通过法国，救援被牵制在比利时巴士东交叉路口的美国军队。德国军队一直视巴顿为盟军中最杰出的将军。但后来声名远扬的突出部战役，却使他在世界各地成了传奇人物。

现在，这位坐在一辆经过特殊改装，配备了5.0口径机枪、警报器，以及两个气声喇叭以宣布他的到来的道奇WC57指挥车里，在第一线大摇大摆，无所畏惧巡回的叛逆者从公众视野中消失了。当星期五的傍晚降临到海德堡时，乔治·巴顿的脉搏微弱，发着高烧，时睡时醒。他中午喝了牛奶冲鸡蛋，对情况感到乐观，但在他最终睡着之前，他的体能已经下降。昨天开始，肺里的血块使他的脸色发紫，有人担心再来一个栓塞可能立即会给他带来更大的呼吸困难。

这场交通事故是残忍的。缝针和淤伤布满了巴顿的脑袋，从他的鼻梁一直到他的头顶，可以明显看到医生将Y形瓣皮肤缝合在他的头上。他的脸消瘦憔悴，颧骨上开了几个洞，医生要在他的脸上插入钢的鱼钩来牵引他的头。将军具有很高的痛阈值，所以他能微笑着忍受痛苦，讲几句他惯常的蓝色幽默。他和护士开玩笑，护士们觉得他"可爱"。尽管在过去数天里，他的状况出现了突然和意外的恶化，将军仍期待着飞到波士顿的比佛利总医院以得到进一步的康复治疗。

比阿特丽斯昼夜待在他的旁边，给他读书，在他呼吸困难时找医生来。尽管她在走廊的另一头有一个她自己的小房间，但她很少待在那里。这位前名媛是一个长相平平，但个性极有魅力的女人。她在巴顿从西点军校毕业仅仅一年后就和他结了婚。在历时35年的婚姻里，比阿特丽斯为了她心爱的"乔治"克服了军旅生活的诸多磨难，她对他的爱和支持从来没有动摇过。

巴顿突然醒来。他那双深蓝色的眼睛来回张望，寻找着比阿特丽斯的身影。

她就在旁边。

"你没事吧，乔治？"比阿特丽斯问道。她和她的丈夫一样充满激情，是一位无畏的骑手和功成名就的水手。

巴顿目不转睛地凝视着他的妻子。她是他真正爱过的唯一女人，他的三个孩子的母亲。比阿特丽斯前倾着拍了拍丈夫的手。

巴顿说道："天这么黑，太晚了。"说完他闭上了眼睛，又睡过去了。

比阿特丽斯过了一会儿就离开了医院。她想着尽快吃完晚饭，能赶回到丈夫的床边。她不知道那是她丈夫最后的遗言。

傍晚6点，比阿特丽斯接到了紧急通知，要她立即回到110号病房。但她到得太晚了。

这位曾让纳粹德国最为恐惧的将军，这位前奥运会五项全能运动员，这位曾横跨整个墨西哥沙漠平原追杀著名的潘乔·维拉的骑兵军官，这位公开宣称希望有一天被“最后一次战争中的最后一场战斗的最后一颗子弹”打死的战士，已经死了。

军队的官方报告称，乔治·巴顿将军于“1945年12月21日17点45分去世”。由于他躺着不动12天所引起的肺栓塞，削弱了他的心脏机能。在陆军副官长的报告中所列出的官方死亡原因是“横向第四段颈椎外伤性脊髓炎，肺梗死，急性心肌衰竭”。

没有进行尸检，他的尸体被立即送往曾经是一个马厩的医院地下室，专属他个人的四星旗帜覆盖在他的尸体上。应比阿特丽斯的要求，巴顿被安葬在卢森堡汉姆的美军公墓，邻近他取得最大战场胜利的地方。多年以后，当比阿特丽斯从马上摔下来死亡后，她被拒绝安葬在她丈夫的旁边。她的孩子们偷偷地把她的骨灰带到欧洲，洒在乔治·巴顿将军坟墓的顶上。

那座坟墓可能隐藏着更为深邃的秘密。

事实上，有些人不相信巴顿是死于意外事故。他已经经历了好几次“意外”而活了下来，包括1945年4月他的座机差一点被英国喷火战斗机击落，而巴顿没有受伤几乎是一个奇迹。

但1945年12月9日造成巴顿瘫痪的汽车相撞事故，则是一个完全不同的故事。撞上将军巡视汽车的两吨半吉姆西军用卡车，突然莫名其妙地从对面车道转而撞向巴顿，仿佛是故意试图伤害将军。驾驶卡车的男子和他的两名乘客在事故发生后迅速消失了。之后没有对此次事故提出过刑事指控，也没有任何追查责任的记录。

此外，无论是官方的事故报告或是一些关键证人之后不久都不见踪影了。而最为突出的不祥之兆是一位美国情报人员在1979年10月承认，他曾计划并参与了暗杀乔治·巴顿将军。

这是一个令人震惊却被广为忽视了的说法。

因此，这个曾经在欧洲和非洲战场上看到过那么多死亡的人正式地以最像一个普通行人的方式死了。

官方的正式宣告。

美国第三军配置图（1944年10月）

LT. GENERAL GEORGE S. PATTON JR.

XII CORPS
MAJ. GEN. MANTON EDDY

26th Division
MAJ. GEN. WILLARD PAUL
101 Infantry Regiment
104 IR
328 IR

35th Division
MAJ. GEN. PAUL BAADE
134 IR
137 IR
320 IR

80th Division
MAJ. GEN. HORACE MCBRIDE
317 IR
318 IR
319 IR

4th Armored Division
MAJ. GEN. JOHN WOOD
8 Tank Battalion
35 TB
37 TB
10 Armored Infantry Battalion
51 AIB
53 AIB

6th Armored Division
MAJ. GEN. ROBERT GROW
15 TB
68 TB
69 TB
9 AIB
44 AIB
50 AIB

XX CORPS
MAJ. GEN. WALTON WALKER

5th Infantry Division
MAJ. GEN. LEROY IRVIN
2 Infantry Regiment
10 IR
11 IR

90th Division
MAJ. GEN. RAYMOND MCCLAIN
357 IR
358 IR
359 IR

95th Division
MAJ. GEN. HARRY TWADDLE
377 IR
378 IR
379 IR

10th Armored Division
MAJ. GEN. WILLIAM MORRIS
3 Tank Battalion
11 TB
21 TB
21 Armored Infantry Battalion
54 AIB
61 AIB

第一章

梅斯附近的小山，法国

1944年10月3日

下午12点02分

一等兵罗伯特·W. 霍姆伦德有些害怕。他觉得他的生命可能会在21岁时终止。美国军队的攻击才开始了短短两分钟，但这两分钟让人感觉就像20分钟一样。一等兵是第三军第五步兵师第十一步兵团B连队的爆破专家。霍姆伦德原是美国中部的一名学生，他是在离开了职业学校后而参加战争的。他的指挥官是盟国一方最凶猛的将军乔治·S. 巴顿。但和巴顿安全地待在离前线25英里的指挥部里指挥着他的大军不同，霍姆伦德和B连队的人正处于极大的危险之中，因为他们正向着德国人重兵防守的锥堡冲去。

德国人的机枪子弹以两倍音速的速度呼啸着擦过霍姆伦德的头盔。人头和身躯的碎片散落在他的周围。在他们身后很远的地方，美国大炮在轰鸣，施放着掩护的火力。树林里充满了炮火，雨水和无烟火药的刺鼻的气味。地面上是泥浆和湿叶铺就的一层厚厚的地毯。荆棘藤蔓不时从这里或那里冒出来勾住他的制服，绊倒他的脚。在他宽阔的肩膀上，霍姆伦德背着一个装满TNT的挎包式炸药包。手榴弹吊在他的子弹带上，就像藤蔓上的葡萄。而在他的怀里，霍姆伦德像搂着一个婴儿那样搂着他的十五磅重、四英尺长的勃朗宁自动步枪，而不是提着枪体上的木把。只是这个“婴儿”是一部杀人机器，它每分钟可以发射650发三英尺长的子弹。

虽然他没有表现出来，尽管有那样的火力，霍姆伦德像在这个致命的森林里的每一个人一样感到害怕。

但现在已没有时间去放任自己的恐惧了，没有时间想家或疑神疑鬼了。锥堡离自己就400码远。关于锥堡的所有事情都仍是一个谜，它的150毫米榴弹炮的位置，它地下深处的隧道迷宫，以及隐蔽在隧道里吃饭、睡觉、祈祷、清洗步枪、策划战斗的德国军队。他们会突然从秘密洞口伸出头来大开杀戒。

巴顿下令要B连队进入锥堡内部。要做到这一点，最好的办法就是爬到隐蔽在土堆底下的锥堡顶部。从那里，或许能找到一个门洞或其他隐藏的开口，让B连队从上而下进入隧道，发起攻击。

B连队是一个双管齐下攻击计划的一部分。在锥堡的另一面，E连队的人也在进攻。但他们在进攻时高度警觉，因为锥堡已经血洗过他们一次了。

这发生在6天前。那天天空晴朗。早上，P-47战斗轰炸机低飞尖叫着开始了攻击，扔下了凝固汽油弹和一千磅的炸弹。美军的大炮以极高的精度轰击了锥堡。

E连队和G连队于14点15分在浓密的烟雾弹的掩护下，并肩发起了进攻。他们不知道空中轰炸和地面火炮对德军的战斗力并没有影响，也不知道敌人藏身于锥堡15英尺厚的护墙底下和森林保护下的碉堡之中。

想象着没人能看见自己，美国士兵们一步一步地向前迈进着。当士兵们目光四射扫过森林时，他们的手指扣着扳机，等待着将暴露敌人位置的枪口闪光。但德国人并没有开枪。那时还没有。E连队和G连队悄悄接近了锥堡。随着过去的每一刻，他们愈加确信烟幕已经完全掩盖了他们。他们离锥堡越来越近了，还是没有德国枪声。突然，一道厚厚纠结的铁丝网隐约地出现在美国人面前，这是锥堡防御外围的标志。没有路可以通过锋利的铁丝网。向前迈进的队伍停了下来。

德国人开火了。

这个秋日的下午充斥着一个美国人耳熟能详的可怕的声音。他们的俚语称德国人MG-42机枪的高速发射声为“希特勒的拉链”，而德国人则把这杀人的声音简称为“锯骨”。MG-42从各个方向射来，每分钟射出的1200发子弹，能够穿越树林，从超过半英里外的地方把人打死。

但机枪开火还只是一个开始。不久，迫击炮、步枪，甚至重炮从各个方向打向美国人。就这样，美国人的进攻结束了。美国士兵们紧趴在地面上4个小时，而德国的枪手们精确地定位美军的位置，缓慢地，刻意地瞄准射击。只是在夜色降临以后，E连队和G连队的士兵们才爬着回到了美国一侧的安全地带。

9月27日对E连队的人来说是一个糟糕的日子。当战斗结束时，18名士兵被打死或打伤。

今天会更糟糕。

★ ★ ★

一等兵霍姆伦德无法再向前推进了。B连队的其他人也不能向前推进了。围着锥堡四周的高耸的铁丝网切断了他们的前进通道。30英尺高、30英尺厚的铁丝网无法穿越，纠结着等待捕获任何运气不好的人，钩住他的制服或他的身体。用手钳在铁丝网上割出口来将需要数天时间。这就是为什么霍姆伦德的连长哈里·安德森上尉下令将铁丝网炸出一个口来。

在他身后，霍姆伦德听到大陆R–975风冷发动机的低沉的轰鸣声，紧接着听到了钢铁履带的碾压声，这宣告了M–4谢尔曼坦克的到来。德国机枪手们继续向着B连队射击，谢尔曼坦克则穿过树林，瞄准了目标。它的75毫米火炮冒出烟来，向铁丝网射出了一发M–48高爆炮弹。一发接着一发，发发直接命中。瞬间，铁丝网就被撕出了一个刚好能让B连队冲刺通过的口子。

安德森上尉将战士分成三组。霍姆伦德的小队继续朝向锥堡直线冲锋，而其他两个小队则转向右翼。地上布满了弹坑，就好像一个人造的月球表面。随处生长的一些树木和灌木丛，为美国士兵躲避德国守军提供了一星半点伪装。

霍姆伦德处于美军攻击的第一波中。他跳入一个弹坑，平躺在弹坑的底部，然后从弹坑的边上伸出他的头来，举起他的步枪向敌人射击。然后他冲到了一排小榆树后面，再次找到掩护，并寻找着下一个目标。地面冰凉而潮湿，湿气透过了他的军服。他一边射击，一边向前爬行，一直盯着锥堡的平屋顶向前爬行。尽管十月的气温凉爽，霍姆伦德现在已被汗水湿透。他的脸和手上沾满了泥巴。他又跃入另一个弹坑，并紧紧地贴在地上，他和地面是如此的贴近，他的眼睛与落叶上长出的木耳和鲜绿色霉菌处在同一水平线上。子弹飕飕地掠过他的头顶。他重新装上子弹并倾听着，等待开火的机会。

战场上的声音是熟悉的：机枪的喋喋不休，受了致命伤的惨叫声，手榴弹轰隆一声的震荡，以短促、简短语句高喊的命令，空气中充斥着“救护兵”的呼喊声。

霍姆伦德举枪打了一个点射，然后向前冲去。他从倒下的战友们身边跑了过去。他认识他们所有的人。他们在阿拉巴马州接受基本训练时曾一起做过俯卧撑。他们曾一起乘运兵船航行至欧洲。他们曾在D日发起前几个小时坐在一个英国牧场里，听着巴顿将军发表他们从未听到过的最出色的演说。D日之后，霍姆伦德和B连队在战斗中穿过了法国，为他们攻占的一个又一个小小的村庄而庆幸。按照巴顿的命令，他们残酷无情地消灭着德国军队，以避免自己先被打死。

现在，很多霍姆伦德的哥们或者被打死了，或者正濒临死亡。他们的笑声，他们的愤怒，他们的吹嘘，他们关于家乡那个特殊的女孩的故事，以及一旦战争结束后他们打算干什么的所有话语都结束了。

霍姆伦德甚至没有看他们第二眼。

他不停地前进。停下来就会成为一个目标。霍姆伦德的战斗小队从12个人不断减少到只剩下6个人了。队长被打中了，霍姆伦德二话没说就接替了指挥。慢慢地，以英尺而不是以码来丈量推进的速度，B连队越来越接近德国人的堡垒了。

战斗打响两个小时后，来自威斯康星州德拉市的一等兵罗伯特·W. 霍姆伦德发现自己站在锥堡的顶上了。

★ ★ ★

就在四个月前，霍姆伦德听乔治·S. 巴顿说道：“真正的英雄是那些尽管害怕但仍然战斗的人。有的战士在枪弹下待上一分钟就克服了他们的恐惧。而对另一些人来说，可能需要数天。但是，一个真正的男人决不会让他对死亡的恐惧来压倒他的荣誉感，他对他的国家的责任心和他内心的男子气概。”

霍姆伦德看到巴顿将军挺直了他6.2英尺高的身子。他的肩膀宽阔，脸色红

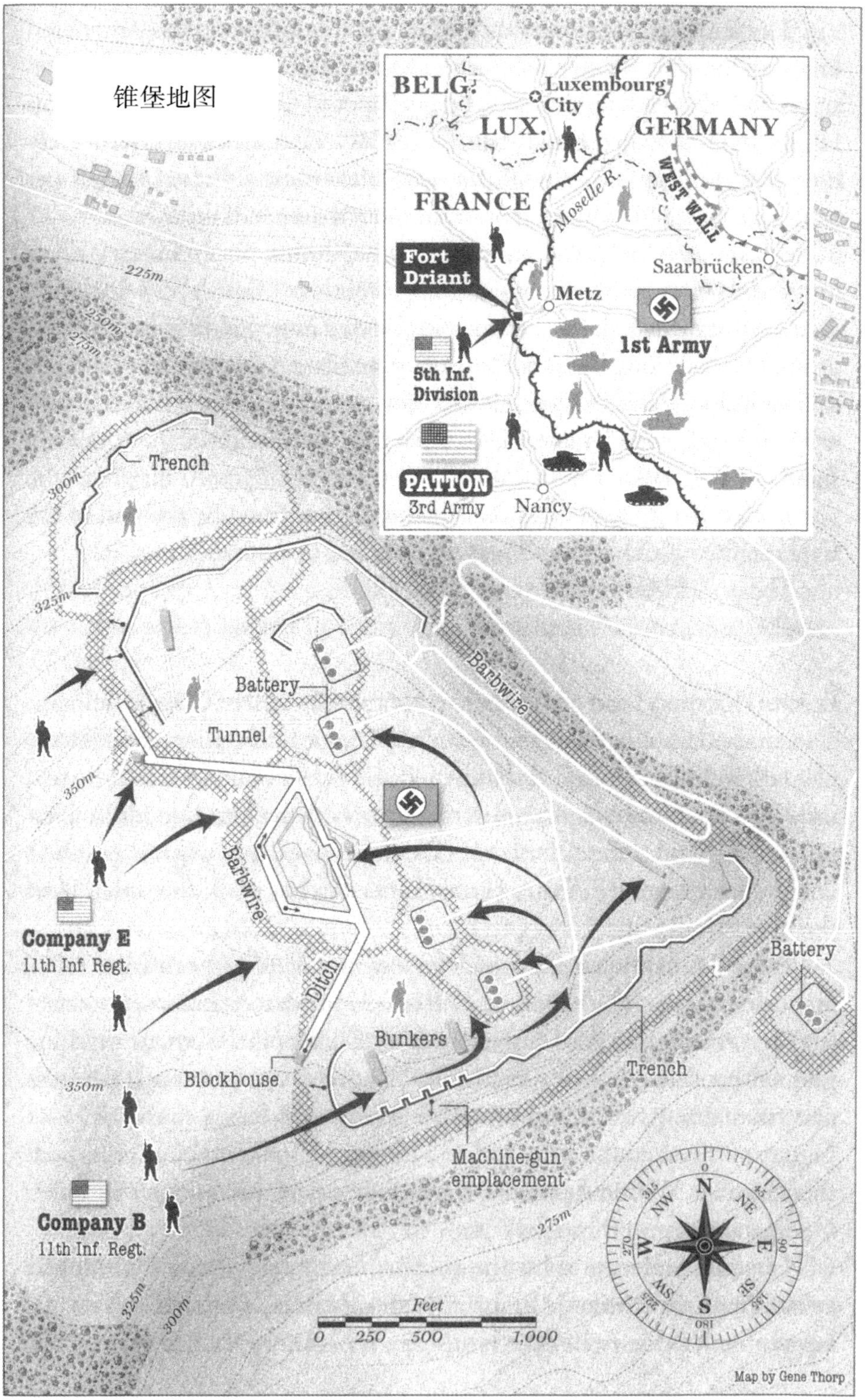
BELG.
Luxembourg City
LUX.
GERMANY
FRANCE
Moselle R.
WEST WALL
Fort Driant
Metz
Saarbrücken
1st Army
5th Inf. Division
PATTON
3rd Army
Nancy
225m
250m
275m
300m
325m
350m
Trench
Battery
Tunnel
Barbwire
Barbwire
Ditch
Bunkers
Blockhouse
Trench
Battery
Machine-gun emplacement
Company E
11th Inf. Regt.
Company B
11th Inf. Regt.
Feet
0 250 500 1,000
N NE E SE S SW W NW
Map by Gene Thorp
锥堡地图

润，强壮的下巴和一个鹰钩鼻。他的制服让人惊叹不已，有四排色带，四颗闪亮的黄铜纽扣，抛光的头盔上嵌着他的三颗将星，黄褐色的骑行裤和及膝高的骑兵靴。最夺人眼球的是一把镶着象牙握把，插在他胯部皮套里的柯尔特45口径手枪。那是一个强烈的信号，巴顿不是官僚。他是一个战士，每个人最好都了解这一点。

巴顿继续说道："战斗是最为壮观的竞赛。一个人可以在竞赛中尽情享受。它将会激发出最好的一切，它也会去除底层的一切。美国人以做一个强壮的男人而引以为豪，他们就是强人。请记住，敌人像你一样感到害怕，他们不是超人。"

乔治·巴顿于1944年6月5日在英国的乡村对他的第三军士兵们发表了这篇"讲话"。在场的有些士兵是历经战斗的老兵，但大多数士兵像霍姆伦德一样，对战争是完全陌生的。他们在巴顿的话里发现了希望。他们在自己的勇气里找到了信念。最重要的是，在那个神寂般的蓝色的英国天空下坐在那个牧场里的每个人都意识到指挥他们的是战争双方军队里最大胆、最豪爽，并且是最杰出的将军，这使他们产生了力量。

直到那一天之前，霍姆伦德从未见过巴顿本人，只是听说过关于这位传奇将军的故事。将军从未打过一次败仗，他是北非和西西里岛战场的英雄，但他也因为抽打了两个他认为是胆小鬼的在军事医院休养的士兵而被暂时解除了职务。

无论是霍姆伦德还是上万名坐在这个牧场里的士兵不会想到他们对将军的感情将在爱与恨之间摇摆不定。事实上，巴顿的绰号是"血气方刚"，说的就是巴顿有胆量踩着他的战士的鲜血前进。

巴顿对他将很快领着投入战斗的士兵们说道："你们不会都被打死。"他的声音高昂，但不粗暴，这使霍姆伦德感到有些惊讶。"今天在这里的人中只有2%会在一次重大战役中死去。绝不能害怕死亡。随着时间的推移，所有的人都会去死。"

★ ★ ★

在离占领了锥堡顶上的一等兵霍姆伦德和B连队北面一英里半的地方，死亡正如预期的那样，即将降临到他们的战友E连队的头上。巴顿的讲话所带来的希望早已被人遗忘了。

不像他们6天前对锥堡发起的第一次攻击，这一次E连队通过了铁丝网。但德国人把这个成功变成了他们的致命伤。一旦E连队进到了铁丝网里面，他们就遭到了精准迫击炮火力的轰击。向前攻击已经变得不可能了。更糟的是，敌人的炮弹也在他们的后面爆炸，这意味着通过铁丝网后撤也成了问题。E连队试图通过调用炮兵轰击他们的方位来解决问题，但这种“危险的近距离”炮击无助于阻止钻入地下的德国枪手。相反，误伤以最可怕的方式打死了一名自己人：一名战士的头被一块飞来的弹片干净利索地从他的身体上给切了下来。

E连队挖起了散兵坑。他们别无选择。就在德国机枪手继续向E连队的位置扫射时，两英尺长的便携式铲在地上刮槽。每个人都要保护自己。

恐怖仍在继续。彼得森战斗群的德国人用GrW34型81毫米迫击炮和MG-42机枪瞄准了美国人打。美国人毫无招架之力。打死美国人是如此轻易，就如同发现相关目标，再耐心地扣下扳机那样简单。德国人并不着急。美国人无处可遁。一个接着一个，E连队那些年富力强的年轻士兵们被打倒了。医护兵们从一个散兵坑跃入另一个散兵坑去抢救伤员。但接下来的时间里，一个接着一个，他们也被打死了。

几个小时过去了。开始下起了毛毛雨。伴随着喋喋不休的MG重机枪声的噩梦，E连队的战壕也越挖越深。每个人都尽可能低地伏在坑里，小心不要将头露出地面的水平线之上。那样做将是一种自杀行为。E连队的散兵坑里一时充满水、泥浆、鲜血和每个人的大小便。自从秋雨的到来，由于长期暴露于寒冷和潮湿之中，战士们的脚病已经非常普遍。这使得他们再次站在水坑中痛苦不堪。但士兵们都已经根本不在乎他们散兵坑里的恶臭和肮脏了。

他们想要的就是保住性命。

★ ★ ★

巴顿在几个月前的演讲中以自己的方式解释了美国历史，并继续说道：“美国人鄙视胆小鬼，美国人永远为获胜而比赛。我不会对一个输了还能笑出来的人有任何同情。这就是为什么美国人从来没有，也将永远不会失去一场战争；因为对一个美国人来说，单那个输球的念头就是非常令人厌恶的。”

“在你们的整个军人生涯中，你们一直在抱怨你们所谓的‘烦琐操练’。这样的操练，和这个军队里的其他一切一样，都是有一个明确的目标的。这个目标就是提高警觉。警觉性必须培植到每一个士兵心里。我更不会容忍一个不时刻保持警惕的人。你们都是老兵了，否则你就不会在这里。你对即将到来的一切已做好了准备。如果一个人希望活下去，他就必须时刻保持警惕。如果你不警惕，有时候，一个狗娘养的德国佬就会悄悄地跑到你的身后，拿一只装满狗屎的袜子把你打死！！”

少数在场听巴顿演讲的高级指挥官们并不赞同他的粗俗语言。但巴顿对此毫不在乎。他认为士兵说的就是粗话。对士兵说话时就必须使用士兵的语言来产生最大的影响力。

没有人否认乔治·巴顿有权这样去做，也没有人会说他是一个完美的战士。他是美国内战时期一位邦联军队上校的后代，于1909年从美国西点军校毕业之后参加了军队。不久，他就去墨西哥参加了与潘乔·维拉的战斗。然后，他又在第一次世界大战中参加了在圣·米黑尔的战斗，那个传奇中的战场就在在他现在散步的梅斯的西边。巴顿是受命到美国陆军坦克军团任职的第一名军官，而且因他在战场上的杰出战术而名声大振。他以伟大的法国将军拿破仑的话为座右铭：“无畏，无畏，永远无畏。”这一座右铭在战场上效果很好，但在外交场合就并非如此了。巴顿已经因为他冲动地说过或做过的事情而一而再、再而三地毁坏了自己的职业生涯。人们看到的是为了维护军队而解除了一个异同常人的指挥权。

他继续说道：“军队是一支团队。军队以一支团队的方式来生活、睡觉、吃饭和战斗。那种个人英雄主义纯粹就是马粪。那个在《星期六晚邮报》上写了那种东西的坏脾气的混蛋对在枪弹下的真正的战斗并不比他所知道的性爱多多少！”

巴顿被迫停了下来，因为他知道他必须停下来。震耳欲聋般的笑声滚向讲台。

★ ★ ★

四个月后，巴顿知道争夺梅斯的战斗失败了，E连队的兵员正在锐减。更令人难堪的是，他得到的锥堡守军的情报是错误的。他被告知守卫锥堡的是一些厨师、文员和新招的士兵，但事实上不是。守军是一些久经沙场，愿意为他们的纳粹元首阿道夫·希特勒去死的德国老兵。他们不会投降。从战场上传来的消息是攻击已经停止了。6天中的第二次，对锥堡的攻击已处在失败的边缘。

通常在这种情况下，巴顿可能早就跳进他的指挥车赶到战场去指挥战斗了。不止一名士兵因看到将军在前线发号施令而感到震惊。但现在这显然是不可能的了。风险太大。因此，巴顿只能在他的司令部里独步并恼怒，大声咒骂，为因缺乏汽油和子弹而限制了他对锥堡发起一场大规模的全面进攻而怒火中烧。由于供应短缺，巴顿只能够派遣两个连，总共才300人的兵力去占领这个堡垒。这简直是在发疯。他应该配置远比此更为强大的火力。

巴顿有众多的理由要打败锥堡的德国人，但最大的理由之一是对战斗的深深的渴望。上面的命令和后勤供应的困难迫使第三军在6个星期不间断地战斗之后来了个急刹车。他曾希望这次横扫法国的攻击会继续穿过德国，一路直捣柏林，他计划在那里一手赢得这场战争。“我们将攻击，再攻击，直到筋疲力尽，然后我们将再度出击。”他大胆地下命令给他的部队。而他们执行了他的命令。巴顿的进攻战术使第三军远远超前于正在接近德国北部的英军的战线。但现在，欧洲盟军的最高统帅艾森豪威尔将军已下令巴顿转入防守，把汽油和子弹这样的珍贵物资送到了英国陆军元帅伯纳德·蒙哥马利的军队手中。蒙蒂是一个挑剔并自以为是的英国人，他认为自己是一个远优于巴顿的将军，他已被授权对德国的莱茵河发起决定性的进攻。眼下，将不允许第三军再向前运动。

巴顿认为这是艾克基于他的错误的战场评估而作出的决定。盟军里的政治斗争也起了作用。英国受了5年的罪，伦敦在德国的轰炸下被摧毁了。成千上万的英国人死于街头。温斯顿·丘吉尔和他的政府希望向德国人复仇。

如果不是入侵苏联，纳粹独裁者希特勒或许已在胜利的边缘，甚至可能迫使英国屈服。由于两线作战，希特勒对他凶猛的军事机器施加了太多的压力。1000万人的国防军不可能控制它征服的所有的几千万平方英里土地。所以纳粹不可避免地开始撤退了，而现在已进入了撤退的最后阶段。

但当盟军逼近莱茵河边时，德国人勇猛地保卫着他们的家园。战斗是艰难的，并事关个人荣誉，而巴顿绝对想要露上一手。但艾森豪威尔却把对巴顿的燃料供应和补给线减少到了微乎其微的地步。

然而巴顿并没有遵照艾森豪威尔的指令待在原地不动，而是选择了横渡摩泽尔河并攻占古城梅斯来“调整他的战线”。问题是为了占领梅斯，他必须先拿下锥堡，因为锥堡的大炮可以将炮弹打到城市的广场。只有在占领了梅斯之后，巴顿才会接受艾森豪威尔的命令，让第三军停下来。.

现在，那一刻似乎还很遥远。

事实上，巴顿迫切需要的是他有一位士兵能采取大胆的行动，在这场令人绝望的战斗中力挽狂澜。

那位士兵，那个默默无闻的人，就是一等兵罗伯特·W. 霍姆伦德。

★ ★ ★

德国人正在做着不可思议的事情：他们召唤火炮打向自己的位置。

炮弹一颗接着一颗在锥堡的顶上爆炸，一等兵霍姆伦德将他的身体紧贴在了地面上。每次爆炸的冲击就像用力一脚踢在他的肚子上。阵阵恶心碾过了他的全身，他的耳膜好像就要破裂了。

德国人不再与B连队进行防御枪战了。相反，他们通过无线电呼叫邻近的德国炮兵，要求他们炮击堡垒的顶部，以消灭在那上面的美国人。处于暴露和脆弱的地位，B连队的士兵们无力反击。

从他在锥堡顶上的制高点上，一等兵霍姆伦德看到了一个奇怪的景象。在锥堡顶上纠结的灌木和死草丛中，似乎看到了某种锥形炉排。霍姆伦德踢了它一脚。炉排飞到一边，露出了一个直接通到下面堡垒的狭窄的管道。霍姆伦德或B连队的任何人从来没有想过会有这样的管道存在。然而，这是合乎逻辑的，因为盘踞在锥堡里面的德国人需要某种形式的通风。圆锥形的盖口能让空

西部战线形势图
1944年秋
North Sea
Rotterdam
Arnhem
Münster
Maas R.
NETHERLANDS
GERMANY
Meuse R.
THE RUHR
15th Army
Antwerp
1st Parachute Army
Düsseldorf
1st Army (Canadian)
2nd Army (British)
Roer R.
Cologne
Brussels
Aachen
BELGIUM
Liège
Bonn
7th Army
RUNDSTEDT
OB West
Meuse R.
1st Army
Charleroi
Koblenz
MONTGOMERY
21st Army Group
Bastogne
Rhine R.
Mainz
ARDENNES
Mosel R.
WEST WALL
9th Army
LUX.
Luxembourg City
THE SAAR
Meuse R.
Reims
Étain
Château Thierry
BRADLEY
12th Army Group
Verdun
Metz
Saarbrücken
EISENHOWER
SHAEF
Saint-Mihiel
PATTON
3rd Army
1st Army
Nancy
Saint-Dizier
Strasbourg
FRANCE
FRONT LINE
5th Army
VOSGES MTNS.
BLACK FOREST
7th Army
Mulhouse
19th Army
Miles
0 20 40 80
DEVERS
6th Army Group
1st Army (French)
SWITZ.
Map by Gene Thorp

气进入，不让雨水落下。

霍姆伦德想把他的炸药包从管道里扔下去。但炸药包太大，下不去。帆布包裹的炸药太笨重，可能往下跌几英尺就被卡住了。他高喊着要一支班加罗尔爆破筒。5英尺长，2英尺宽，装有9磅炸药的细长管是一个完美的解决方案。

霍姆伦德小队的一位士兵递过来一支班加罗尔爆破筒。

霍姆伦德把他的步枪放在堡垒顶上，然后从弹药盒里取出一支雷管。他把雷管插入到班加罗尔的凹尾部。当雷管爆炸时，它将引爆爆破筒内的TNT，进而造成一个更大的第二次爆炸。

霍姆伦德点燃了延时引信，等了一下，确保班加罗尔将在爆炸之前通过整个通风井。然后，他扔下了爆破筒，并翻滚着远离了通风口。

班加罗尔下坠时撞击着金属通风管的侧壁，发出咔嗒咔嗒的响声。在掉到地面之前有一个安静短暂的片刻，紧接着就是一声爆炸。从通风口传出了雷鸣般的爆炸声。霍姆伦德很快就听到了被炸昏了的德国人在彼此尖叫。他又装好了另一支班加罗尔，并把它扔下了通风口。第二次爆炸在德国人中间造成了更大的混乱。霍姆伦德对他的战斗小队的一名成员感叹道："他们互相践踏，都想逃出去。"

这座堡垒原来是一个军营。霍姆伦德从容地领着战斗小队其余的人从顶上下到了紧锁的堡垒大门。

这需要时间。经过几番精心布置的爆炸和邻近的自行榴弹炮的直接射击，巨大的钢门让步了。由于一等兵罗伯特·霍姆伦德的敏捷思维，B连队很快就攻进了锥堡。战局发生了转变。哈里·安德森上尉带领他的部队攻进了地下世界。安德森认为，现在要打赢这场血淋淋的战斗就是简单地将德国守军从一个个隧道中清洗出去。

增援的G连队加入了B连队的隧道战斗。带领G连队的是杰克·杰瑞上尉，他在枪弹下的勇气在第十步兵团内是众所周知的。

德国人和美国人很快在近距离内开打了，狭窄的通道里喧嚣着震耳欲聋的炸药爆炸声和雷鸣般的枪声。死亡来自各个角度，因为子弹会从厚厚的混凝土墙上反弹回来。B连队和G连队越来越深地攻入了堡垒，但德国士兵在后退时把各种碎片从地面填满到隧道的天花板上，以阻止他们前进。清除路障对美国人来说既费时又危险，因为一旦他们炸出了一个洞口，就会立即受到德国人的火力攻击。

随着夜幕的降临，疲惫的一等兵罗伯特·霍姆伦德和他的小队离开了隧道。他们需要在堡垒顶上建立起一个防御阵地，以防止德国人的反攻。美国人的计划是让霍姆伦德和他的小队明天返回隧道，继续那场缓慢而又刻意的地下战斗。

到了堡垒顶上以后，霍姆伦德就听到了美国P-47雷霆战斗轰炸机发动机的轰鸣声。经过一整天没有空中支援，眼下天空已经放晴，足以让飞机升空了。但时机的选择却很诡异。当美军处在开放地带时，这不是应当扔炸弹的时候。

这时候霍姆伦德注意到飞机没有向B连队的位置飞来。他们朝向堡垒另一侧处于极为暴露的E连队飞去了。

★ ★ ★

德国人的彼得森战斗群在与E连队战斗了整个下午之后，现在离开了地下的位置，直接向美国人发起了反击。德军的目标是将美国人消灭在他们的散兵坑内。

美国人已经精疲力尽了。开始腐烂的死尸散发出恶臭，伤员们的伤口开始感染。但是，P-47的飞行员们挽回了败局，他们用机翼下安装的8挺0.50口径的机枪扫射，并在推进的德国人头上扔下500磅的炸弹。

一瞬间，彼得森战斗群就缩回到地下隧道内去了。

但德国人并没有停止战斗。很快，他们就远远地从安全的掩体和堡垒用迫击炮和机枪继续向E连队进行骚扰。

夜幕降临，雷霆飞行员们再也看不清他们的目标了，他们飞了一百英里后回到他们在圣迪济耶的安全的基地。在明天早上起飞之前，他们将享受一下热水淋浴的温暖和一张干净的床铺，而E连队的人只能尽自己所能在他们的散兵坑里求生过夜。由于德国人可能又一次发起反击，睡眠是完全不可能的。

★ ★ ★

一等兵霍姆伦德精疲力尽。正如预期的那样，德国人开始反击了。霍姆伦德再次显示了乔治·巴顿在英国演讲时谈到的那种无私的勇气。

当德国军队席卷横扫过锥堡顶上，试图逼退B连队和G连队时，霍姆伦德不顾枪林弹雨，从自己安全的防御阵地跃到了一个新的，完全暴露在敌人火力之下的战斗位置。他知道他的勃朗宁自动步枪具有可以有效地阻止德军进攻的那种速射火力。在军队里待了很短的时间后，霍姆伦德就有了类似巴顿那样的战略直觉。那是一种巴顿后来亲自授予杰出服务十字勋章予以奖励的充满勇气的行为，霍姆伦德直接对着德国人开了火。就他一个人，一等兵霍姆伦德打散了整个德国分队，结束了他们的反击。

德国人退了回去，霍姆伦德在堡垒顶上找到了一个安静的角落。但在休息之前，他又检查了一次，确保他的小队里的每一个人都已找好了一个坚实的防守位置。很可能会来第二次反击，他想让B连队做好准备。

他的小队只剩下4个人了。8名战友已被打死或打伤。霍姆伦德低身巡视着他的战友们的位置，并询问有关坚持一夜的弹药和水的情况。这是一种无私的行为。伟大的领导者将首先照顾好自己的人，然后再考虑自己的需要。

突然"啪"的一声枪响。一位德国狙击手的步枪开了枪。来自威斯康星州的一等兵罗伯特·霍姆伦德倒在地上。死了。

★ ★ ★

乔治·巴顿在他的日记中写道:"锥堡的情况很糟糕。我们可能不得不放弃进攻，因为代价太高。我是过于乐观了。"这已是深夜，他还在他的指挥部里。第三军在第一天的战斗中失去了110人，伤亡人数在持续上升。他整个晚上在指挥部里踱步，心烦意乱，拼命抵制吸一支雪茄的欲望，那是他一直试图戒去的习惯。

自从一等兵罗伯特·霍姆伦德将班加罗尔扔到德军的藏身之地以后，几天过去了。争夺锥堡的战斗成了一个血腥的僵局。远离前线，位于城堡小镇伊顿酒店里的巴顿指挥部里很安静，但他可以想象得到锥堡的一片混乱。从战场上来的报告非常严峻，伤亡在增加，但战事没有任何进展。

E连队无处可去。士兵们因为三天三夜不睡觉，缺少食物和水而感到迷糊和脱水。德国人隐藏得这么好，对美国人的瞄准是如此的精确，任何试图增援或救出E连队的举动无异于自杀。E连队被打死的人超过了30人，而且这个数目每小时都在上升。敌人的火力是如此激烈，没有办法将尸体从战场上移出来。

用一位在场的将军的话来说，巴顿像“关在笼中的老虎”那样在房间里踱步。他不想失去这场战斗，尤其是在蒙哥马利和英国得到了绿灯（和汽油）攻击德国纵深的时候。

巴顿知道他的声誉会因为任何的失败而被损坏。他也知道，战争的性质会让许多人为了一个共同的目标而失去他们的生命。攻下锥堡，这个横在巴顿的军队与攻入德国本土之间的孤独的障碍，就是这样一个目标。所以巴顿下令他的老朋友，担任第三军二十兵团司令的沃尔顿。沃克将军继续进攻锥堡。巴顿告诉魁梧的得克萨斯人这场战斗必须取胜，“即便这需要牺牲每个士兵”。

★ ★ ★

杰克·杰瑞上尉已经两天没睡了。他刚刚在锥堡顶上度过了一个不眠之夜，现在将他的身体紧贴在一个弹坑的底部，以躲避不断飞过，撕裂着清晨的空气的德国机枪子弹。

看上去似乎不可能逃脱以闪电般的速度在扩散着的死亡。杰瑞上尉已经受够了这一切。他的许多士兵被打死了。杰瑞找到了一张纸，准备起草一封直接写给乔治·S. 巴顿将军的信。

战场上的人没有一个人会认为杰瑞是个胆小鬼。就在上个月，他一个人冒着猛烈的炮火，划着独木舟横跨塞纳河，以便更好地观察敌人阵地，并且改变了战局。当时上岸后，他开枪打倒了遇到的第一个德国人，在敌人的更猛烈的炮火下侦察了敌人的阵地。然后，尽可能地潜伏在水下，在河中游了200码回来，再指挥美国军队的攻击。

就在一周前，杰瑞和他指挥的G连队和E连队一起参加了那次命运多舛的锥堡攻击。他趴在地上4个小时，MG-42的子弹嗖嗖地在他头上飞过，一直等到夜晚来临之后他和他的部队才撤了下来。

所以杰克·杰瑞上尉知道什么是无可指望。但是，这次却有所不同。他和他的部下现在完全被卡住了。他对巴顿进攻的信心已经消失。同时，大多数隐藏在锥堡里的德国士兵是完全安全的。他们几乎没有任何人员伤亡。作为一个连长，杰瑞觉得把这一严峻的现实报告给巴顿将军是他的职责。

他仔细想着他要写些什么。有这么多的情况可以写。只有那些与他在战场上同生死的人才能真正体会到美国人的进攻是徒劳的。

在过去两天里，杰瑞一直在隧道里和堡垒顶上战斗。他有战场的第一手资料，他知道底下锥堡的通道里到处是钢门、瓦砾和其他障碍物，这将需要数周时间才能清理掉。隧道宽3英尺，高7英尺，德国人可以在任何地方通过投掷杂物，设置新的障碍来阻止美国人前进。战斗是通过机枪扫射，并投掷手榴弹来完成的。不管交火时间的长短，哪怕是一丁点的爆炸，放大了的声响也会使每个人耳聋失聪。当然还有异味。在堡垒里战斗的双方士兵别无选择，只能在隧道内大小便。杰瑞上尉永远不会忘记由尿便味、火药味、醇厚浑浊的TNT炸药和众多血泊混合而成的那种可怕的气味。

堡垒顶上也是同样的可怕。德国狙击手是有选择性的，他们把子弹对准了携带火焰喷射器或班加罗尔爆破筒的美国人。当杰瑞和G连队两天前来到这里增援B连队时，有一队坦克跟着他们。现在，这些谢尔曼坦克已变成了一堆堆废铁。德国人从一辆IV型坦克歼击车上精确地发射炮弹，把谢尔曼坦克一辆接着一辆打成了残废。现在，锥堡顶上的美国军队一片混乱。士兵们藏身于废弃的碉堡、弹坑和空的掩体之中，以及任何可以躲避狙击手的地方。白天在这些庇护所之外的任何活动都是极为愚蠢的。许多人都是刚从后方作为置换力量而冲上前线的新兵。大多数人都还是18—20岁的大孩子，没有实战经验。他们不知道军事战术。在此之前，他们还从来没有听到过一声战场上的枪响。这些倍感困惑的年轻士兵们为了活下去而唯一能做的事情就是：找到藏身之地，紧贴着大地，并祈祷。

但是，那只能让他们挨过白天。锥堡顶上的夜晚是更要命的。德国人从地下的洞里偷偷地钻了出来，悄悄地在战场上搜索。德军士兵有突击的优势，他们远比他们的敌人更熟悉这里的地形。他们一个接一个地把隐蔽在藏身之处的第三军的士兵们给干掉了。很多美国人最后听到的话语都是德语，那是他们的刺客的静声低语。

昨晚，杰瑞试图冒险进入杀戮地带找到G连队的士兵，并把他们组织成一个有凝聚力的战斗单位从而转败为胜，但他只发现了他的一半士兵。其余的人要么是失踪了，要么已被打死；堡垒顶上是不收囚犯的。杰克·杰瑞已经认识到必须打消任何一劳永逸的妄想，否则这仗是打不赢的。

杰瑞以书面形式向巴顿报告道："目前的形势非常严峻。"他用的是铅笔，尽管疲劳和时刻准备战斗使他难以集中注意力，他还是试着让他的信清晰可辨。这封信很可能将成为来自战场的最敢于直言的一份报告。"再来一阵炮轰或一次反击，我们就将完蛋。我们没有人，我们缺少装备，我们无法继续打下去了。G连队的士兵们无法继续打下去了。他们只是待在那里，还有一口气。敌人渗透进了我们的战线，并牵制了这里的一切。我们无法前进……我们不能再拖延部队替换了。我们也许能够坚持到天黑，但我无法预测今天下午将会发生什么。"

杰瑞周围的炮弹坑里，散乱地躺着美国士兵的尸体，这些尸体身上的弹药已经被尚存的美国士兵们给拿走了。

杰瑞继续写他的信："就目前的情况来看，只有一个答案。首先，或者是撤退并对要塞进行饱和轰炸，或者是派遣强大的增援力量。这支强大的力量可能可以在这里坚持一阵，但最终德国人会通过他们的炮火而夺回阵地。这里所有的地方都被德国大炮给瞄准了。堡垒内的墙壁有5–6英尺厚，堡垒顶是15英尺厚的钢筋混凝土。我们的各种爆炸物对这样的东西没有用。为数不多的指挥官正在努力保存尚属完整的部队，这是他们能做的一切。部队没有经过足够的训练，更有甚者他们连基本的步兵训练也未曾完成。我们已经投入了所有的一切，但是我们无法完成攻击计划。这只是一个建议，但如果我们真想拿下这该死的堡垒，我们应该得到所需要的武器来夺取它，然后继续前进。"

杰瑞直接对着第三军司令乔治·巴顿作了他的总结："眼下，你还没有搞清这一点。"

★ ★ ★

巴顿没有理睬杰瑞上尉的信，但那只是暂时的。攻击开始一个星期后，巴顿也承认这场战斗将无法获胜。他取消了继续向锥堡攻击的决定。10月12日晚上，美国工兵用诱杀装置设置了一条退路，成功地让美国军队撤出了锥堡。他们铺设了3吨炸药，用延时雷管进行了长达6个小时的不定时引爆，以此来阻止德国人的追击。

杰克·杰瑞上尉在战斗中活了下来，一个星期后收到了为他8月间穿越塞纳河的战功而授予的杰出服务十字勋章。由于行动迅速扔下了班加罗尔爆破筒，一等兵罗伯特·霍姆伦德也获得了军队第二高的奖励勇士勋章，尽管那是追授的。

在枪林弹雨下4天之后，E连队的人爬出了散兵坑，回到了安全的美国战线一侧。开始进攻时有140人，现在只剩下85个人肢体完整。

然而，在以后的很多年里，没有人提及E连队在炮火下备受煎熬的悲惨时光中所付出的情感代价。

★ ★ ★

乔治·巴顿将军迈步在他青年时期的战场上，即使现在已经到了承认在锥堡打了败仗的时候。就在撤退开始前的几个小时，他重访了在圣米耶勒和默兹–阿尔贡的第一次世界大战的旧时战场，他曾作为一个年轻的坦克指挥官在那里作战。眼下，这片舒展的土地是平和的，静止的。死亡似乎是那么的遥远。然而就是在这里，在这片法国东部的泥泞草场上，盟军于1918年夏天开始了最后的进攻。几乎有三万美国人在德国机枪子弹和致命的芥子气攻击下战死了，但最终取得了战斗的胜利。

默兹–阿尔贡战役是在9月26日发起的，几乎就在26年后的同一天，巴顿下令第三军的部队夺取锥堡，这对一个熟知历史，特别是战争史的人来说不啻是一种讽刺。现在，他指挥的军队不是对德国发起将结束第二次世界大战的最后攻击，而是寸步难行。

这对于巴顿也极具讽刺意味。

简而言之，他刚刚遭受了近800人的伤亡。几乎有一半参加了锥堡战役的人不是死了，就是受了伤。有187人被列为“失踪”，这是一种模糊的委婉说法，它可以定义为一名战俘，一个逃兵，或一具被炮弹炸得粉碎的尸体。

巴顿和一位来访的政治贵宾一起研究着默兹–阿尔贡的地形，他是来自南卡罗来纳州的J. F. 伯恩斯。伯恩斯是美国总统富兰克林·罗斯福的密友，所以巴顿必须管住他的嘴巴，不然的话他将会发出抨击。然而这两个人很快就成了朋友，和伯恩斯一起在战场上散步对巴顿来说是一种慰藉。

然而在他平静的外表之下，巴顿怒火中烧。他与伯恩斯深恶痛绝的政治游戏使他的军队停止前进，并随后剥夺了他赢得锥堡战役所需要的人力和火力资源。他的英国对手蒙哥马利元帅得到了稀缺的燃料和弹药供应，但选择在锥堡攻击最关键的时候停止了对德国人的进攻。如果巴顿和他的部下握有蒙哥马利现在囤积在那里的供应，他们绝不会被打败。当锥堡攻击结束时，巴顿的大炮所拥有的弹药是如此稀缺，他们每天只能打七发。巴顿认为他的军队如果得到了足够的汽油、枪支和弹药，那将是战无不胜的。

自从在8月初来到法国以后，他的部队比欧洲战场上的任何盟军部队打死了更多的敌人，占领了更多的地域，损失了更少的士兵。第三军势不可当，从法国的一侧打到另一侧而未失一战。但这次巴顿悲惨地失败了。在梅斯进攻前夕拍摄了巴顿会见艾森豪威尔纪录片的美国新闻记者们，曾经认为那将是美国最杰出的将军的又一次伟大的胜利。但现在必须向美国公众报告，伟大的乔治·巴顿毕竟不是战无不胜的。

10月13日，巴顿将他的总部南移到了法国的南锡市。他最终在那里执行了艾森豪威尔的命令，停止了军队前行，并重整他的部队。于是就开始了“十月暂停”。艾森豪威尔的暂时平息是一个愚蠢的举动。美国军队可以使用暂时平息来加强自己的战斗力，但德国人同样也可以这样去做。美国人所不知道的是，希特勒正在筹划他的下一次重大攻击。

虽然元首对美国人有着深仇大恨，但他还是惧怕并尊重巴顿的，因为巴顿打废了那么多的德国士兵。他的计划的目的就是不惜一切代价，确保巴顿远离战场。

第二章

狼穴，东普鲁士

1944年10月21日

上午9点30分

狼一瘸一拐地穿过了树林。

秋气肃杀而又潮湿。每天早晨大约这个时候，希特勒会从他的水泥坑道的人造光照底下出来，走进清晨的阳光。他握着一条短皮带，牵着他的两岁的德国牧羊犬布朗迪，穿过厚厚的桦树林，进行他们每天都做的：散步。希特勒是一个身材和体重中等，爱挑剔并容易出现情绪爆发的人。他的深褐色的头发梳向右边，他的查理·卓别林式的胡子被仔细梳理和修整过。希特勒待在狼穴的时间比在柏林要多，过去3年里大约待了800多天。元首喜欢说他的军事策划者们选择了这个“可能是最为沼泽，最多蚊子缠身，气候最不宜人的地方”作为隐蔽的总部。在潮湿的夏天，空气是那么的沉重，而蚊子像一层厚厚的云，希特勒会在他的凉爽的地堡里待上一整天。

但秋天就不同了。东普鲁士的森林在每年的这个时候有一番自己特有的韵味，希特勒不需要别人劝说就每天出来散步了。这些早晨的长时间散步使他有机会理清自己的思路，为下午的漫长的战争筹划和政策会议做好准备。

有时候他发现教布朗迪几招很有趣，譬如攀爬梯子或在一根狭棍上保持平衡。表面上看上去这一切似乎微不足道，但希特勒与他心爱的布朗迪单独相处的时间实际上是他一天中的一个重要组成部分。元首患有腹中积气的病症，其主要症状就是不可控制的腹中胀气。在新鲜空气中独处的时间让他有机会排解他的不适，而不至于使他的随从们皱鼻子，这对于至高无上的元首将是很尴尬的。

希特勒和布朗迪穿过独裁者600英亩的林中隐地散步，走过了混凝土掩体、侍从住宅、士兵兵营、一个电厂和一间已拆毁的会议室。3个月前，就在那个会议室里，希特勒差一点就被刺客的炸弹炸死。但是，尽管所有这些醒目的提示告诉人们狼穴实际上是一个军事总部，喜欢称他为“狼”这个绰号的55岁的纳粹独裁者还是知足地漫步在开放的空气之中，完全陷入了沉思。

希特勒并不安宁。他的右耳膜在暗杀炸弹爆炸时破裂，最近才停止了出血。爆炸同时把他震倒在水泥地上，他的屁股撞出的青紫是“那么蓝，就像一只狒狒的屁股一样”，而他的黑色制服裤子被撕成了碎片，他的腿上到处插满了木碎片。

然而，由那些不再相信希特勒适合治理德国的军队成员所设计的失败的暗杀阴谋，并没有造成元首所有的健康问题。他的双手和左腿长期焦虑颤抖，他很容易出现头晕、高血压和胃痉挛。由于他喜欢待在室内，并保持着一个夜间作息表，他的皮肤极为苍白。他体内的能量往往是如此之低，以致他长期的私人医生，极度肥胖而非正统的医学博士西奥多·莫雷尔，每天给希特勒注射冰毒成为了一种惯例。第二位医生欧文·盖辛博士，为了让独裁者能达到兴奋的高峰，每天给元首的深蓝色的眼睛滴上含有可卡因的眼药水。

尽管德国最近在战场上屡受挫折，狼仍然抱有希望，认为他的统治全球的计划将会实现。他最大的目标就是消灭犹太人，并为此痴迷，尽管在过去的20年内没有与一个犹太人有过任何接触。他在1942年1月30日对德国议会的演说中说道：“这场战争可以两种方式结束：或是雅利安民族的灭绝，或是犹太人从欧洲消失。”

在战前，希特勒的反犹太人的政策就导致了成千上万的犹太公民从德国出走，这个数字包括了83%的21岁以下的德国犹太人。但战争开始以后，就不允许犹太人离开了。如今，剩下的被困在德国和每个被纳粹征服的国家里的犹太血统的欧洲人正被系统地围捕并杀害着。

尽管希特勒没有接受过正规的野战战术培训，但他幻想着自己是一个军事家。他把巴顿在锥堡的失败完全归功于他自己，因为那是他决定派遣援军去梅斯，而不是让城市失守。他还为纳粹科学家们正在开发一种具备核能力的炸弹的消息而备受鼓舞。这种新武器将让希特勒把他的敌人从地球表面上横扫干

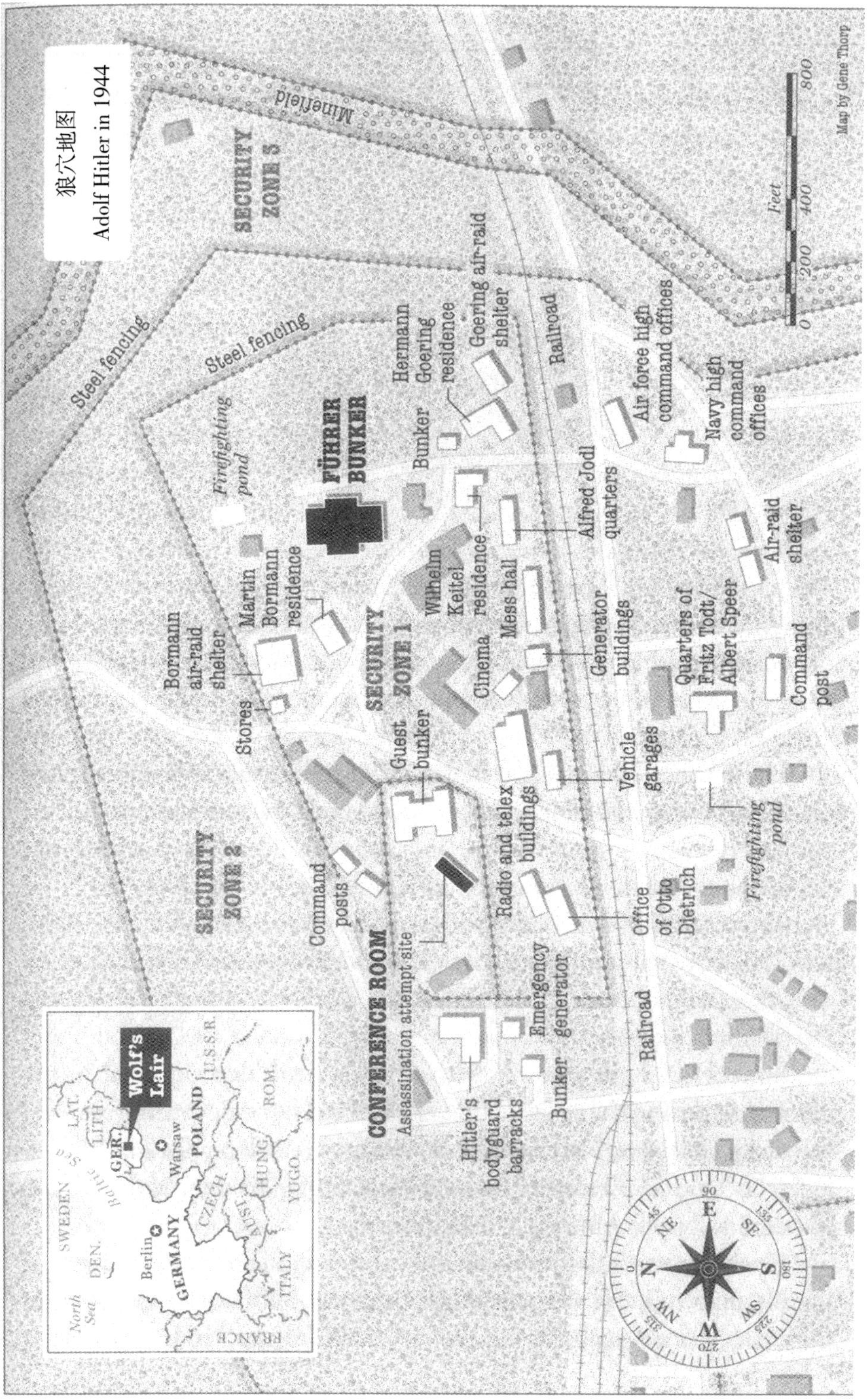

狼穴地图
Adolf Hitler in 1944

净。此外，希特勒相当自信，他在几个小时后向他的高级指挥官们推出的大胆突袭，将把盟军从法国战线上打回去，并让德国重新获得欧洲战场的控制权。

而最令人鼓舞的是希特勒终于摆脱了那些早先瞧不起他的高级将领们。党卫军坚持不懈地搜寻每一个参与了7月20日暗杀阴谋人的身份，然后找出他们的行踪，并加以逮捕。

有些人马上被处决了。这激怒了希特勒，因为这样的死法太快了。他下令将其他人处以绞刑。处决是单独完成的，每个人被押入一个小房间。他们进入房间时被剥去上衣，光着膀子，戴着手铐。刽子手把绞索套在囚犯的肩上，再慢慢地收紧。绞索的另一端被抛过了墙上高处的钩子，垂挂着晃来晃去。为了让希特勒能从中享受乐趣，摄影师把整个过程都拍摄下来了。每个囚犯的裤子都被拉到脚踝的位置，从而确保电影显现的是令人最为羞辱的场面。

希特勒原本建议“像挂牛一样”将刺客们挂在钩上处死，但那种死法将不会让暗杀的策划者们遭受充分的折磨。相反，刽子手们拿起绞索的另一头，把它拉紧，把钩子作为滑轮将囚犯慢慢吊离了地面。刽子手们并不着急，绞刑往往要持续15分钟以上，被害人的气管被切断，再恢复多次。临死之前，被害人有足够的时间来记住房间的内景：粉刷一白的墙壁，简陋木桌上的干邑酒瓶，他活着时跨入过、死后将被搬出去的门道。

每次执行死刑都是残忍的，但对希特勒来说这样的痛苦还不够，他想获得更多的报复。希特勒便下令把密谋者的直系亲属及其他亲戚抓起来。7000多名无辜的男子，妇女和儿童被逮捕，其中大约5000多人被处死。

这场谋杀中的最大的一次就发生在短短的7天之前，这意味着希特勒在推出他的新的代号为“观察莱茵河行动”的重大攻势时，没有唯一那位可与乔治·巴顿相比的德国将军。

狼可以等到“观察莱茵河行动”完成后再来审判他最喜欢的元帅。从战术的角度来看，这将会是一种聪明的做法。但希特勒需要进行报复。没有任何事情，甚至赢得这场战争，比这更重要了。

希特勒和布朗迪完成了他们的散步，重新进入了庞大的作为元首离开柏林时的居家之所的混凝土堡垒。几乎已经到了午餐的时候，这是为他杰出的新攻势计划揭幕的时候了。

或者，这将很快就成为闻名于世的突出部战役了。

巴顿对埃尔温·隆美尔元帅的评价是如此之高，以至他的床边一直放着一本隆美尔所著的步兵战术的书。当他夜间无法入睡时，巴顿常打开这本书重读一两个章节。不过，虽然这两个将军的军队两年前在北非沙漠中遭遇，展开过一场只有开阔的沙漠空间可以允许的史诗般的坦克大战，他们并没有在此后交过手。巴顿的第三军直到8月初才开始在欧洲活跃起来。而将近3个星期前，隆美尔的座车被英国皇家空军的喷火战斗机击中，他的头骨有三处骨折。

现在，当巴顿撤离锥堡，进攻成了略带苦涩的终结时，隆美尔就在仅有230英里之遥的海尔林根的家里养伤。10月13日晚，从狼穴打来一个电话，通知隆美尔威廉·布格多夫和恩斯特·梅瑟将军第二天早上将来拜访他。他们将带来元首下达给隆美尔的下一个任务。

这只可能意味着两件事情的其中之一：一个新的任命，或死亡判决。隆美尔事先知道了暗杀阴谋，但他什么也没说。根据同谋推断，这使他和把炸弹隐藏在公文包里并把它带进希特勒会议室的那个人一样有罪。

但隆美尔对希特勒是否知道他的背叛还不能确定。他是德国最为著名的将军，他已通过战场上非同凡响的服务显示了他对元首的忠诚，元首对他持有很高的敬意。直到最近，双方相互间还有着这种感觉。但是，希特勒决不会求和，这可能会导致德国的彻底毁灭。隆美尔现在对希特勒领导战争的能力深表怀疑，他希望与盟军谈判，而不是继续打下去。但他从来没有公开地发表过这个意见。

隆美尔整夜坐立不安，无法入睡。如果党卫军的审讯员们正折磨着那些受到爆炸牵连的人知道他对暗杀阴谋事先知晓，那布格多夫将军很可能会将隆美尔带走，送到人民法庭公开审判；如果党卫军不知道，那很可能布格多夫会给他一支新的军队来指挥。

已是早上了。隆美尔15岁的儿子曼弗雷德在附近的防空部队当兵，这次回家休两天假。当他走进父亲的房门口时，他发现陆军元帅身着骑行裤，棕色夹克和一条领带。隆美尔邀请曼弗雷德和他一起吃早饭。

1944年的阿道夫·希特勒

隆美尔告诉他的儿子："今天12点有两位将军将会来看我，讨论我的未来任命。所以今天将决定我的命运：或者上人民法庭，或者是去东线的一个新的任命。"

"你愿意接受这样的命令吗？"曼弗雷德问道。

隆美尔抓住他儿子的手臂，回答道："我亲爱的孩子，我们在东线的敌人实在是太可怕了，所有其他的人都想着在它面前让路。如果他成功地征服了欧洲，那将结束使生命值得活下去的一切。我当然会去的。"

快到中午时，隆美尔走进了他在一楼的房间，穿上了他最喜欢的军服，那是他在北非战役穿过的一件棕褐色的束腰上装。不久，一辆墨绿色的欧宝汽车开进了碎石车道。司机穿着党卫军的黑色制服，他们是希特勒的最可怕也是最忠诚的战士，他们个人宣誓要效忠于元首。在后座上坐着圆脸的布格多夫和结实的梅瑟，他们对党卫军也心怀惧意。

两人走进了屋子，对隆美尔表示出了最大的尊重和礼貌。当他们询问他们是否可以与元帅单独谈话时，他们表现出的尊重是如此诚挚，曼弗雷德肯定他的父亲不会去人民法庭出庭。他平静地走到楼上，找了一本书来读。

但曼弗雷德·隆美尔不知道，布格多夫和梅塞尔带给他父亲的是可能出现的最坏的消息：党卫军士兵已经包围了房子，已经下了命令，如果隆美尔试图逃离，就杀掉房子里的每一个人。

埃尔温·隆美尔，著名的沙漠之狐，被希特勒指控犯了叛国罪。只是出于对元帅勇气的尊重和公开审判将会对德国公民的士气带来破坏性的影响，他才被提供选择自杀的机会。

曼弗雷德·隆美尔听到父亲上了楼，进入了他妻子的卧室。出于好奇，年轻的隆美尔跟着他的父亲进了房间。

露西·隆美尔躺在床上，处于彻底的悲伤之中。埃尔温·隆美尔站着，把他的儿子带回到自己的卧室中。当元帅终于开始说话时，他的语调深陷于悲痛之中。

他平静地告诉曼弗雷德："我将在一刻钟后死去。房子已被包围了，希特勒指控我犯了叛国罪。"

隆美尔的语调带上了讽刺意味。"鉴于我在非洲的服务，我将有机会死于毒药。两位将军带来了毒药。只要3秒钟它就可使人致命。如果我接受了，就不会用通常的步骤来对付我的家庭——也就是说，来对付你。"

"难道我们就不能为自己抵抗吗？"曼弗雷德要求道，他准备为他的父亲去死。

隆美尔打断了他。"就我一个人去死，比我们所有的人都被枪杀要好些。"

到了最后的时刻仍像一名战士一样，隆美尔补充道："反正我们也几乎没有弹药。"

隆美尔穿上他的长皮外套，和他的儿子一起走向欧宝。他的脸上没有任何表情。曼弗雷德永远记得的是"碎石的挤压声似乎异常响亮"。两个人握手告别。没有眼泪，没有最后的命令，也没有提及短短几分钟后即将发生的可怕的事情。一大群当地的村民看到了欧宝，现在正聚在一起看着隆美尔被带走，对他的命运毫不知情。将军的手伸进了他的夹克口袋，发觉他的家门钥匙和钱包在里面。他说道，"我不再需要这些了"，然后把它们递给了曼弗雷德。

当隆美尔走向汽车时，党卫军司机直挺挺地立正向他敬礼。他的元帅指挥棒精确地夹在他的胳膊肘下，隆美尔坐在后座。布格多夫和梅塞尔滑入到他的两边。三位将军的身体彼此紧贴，挤在非常小的后座席位里。

欧宝开走了，留下曼弗雷德·隆美尔透过后窗看着他父亲的头的后背，直到车子消失在远处。他的父亲没有转回头来再看最后一眼。

几分钟后，汽车离开了道路，开进了森林里的一处空地。一支党卫军小队排起了环形的阵容，他们得到的命令是，如果元帅想跑就开枪射击。

隆美尔并不打算这样做。

布格多夫将军告诉司机出去散步。隆美尔从未离开汽车。他接受了递给他的自杀药丸。

15分钟后如预期的那样，元帅埃尔温·隆美尔死了。

官方的死亡原因不是他被迫吞下氰化物，从而使他的身体失去了呼吸的能力，他的黏液也变成了深褐色。相反，纳粹德国的“好人们”将会难过地读到隆美尔“因在帝国西部战线服务时心脏病发作而死亡”。

一个星期后的10月21日，党卫军军官奥托·斯科尔兹内在阿道夫·希特勒的狼穴掩体中立正。这位6.4英尺的传奇的突击队员站着要比元首高出半英尺。当他接受他的最新的引以为豪的德国黄金十字勋章时，他那双大手使希特勒的

奥托·斯科尔兹内

手相形见绌。

英国情报机构认为斯科尔兹内是欧洲最危险的人。他的胸部厚实，就像一个重量级的拳击手，他的强壮的肩膀上的肩章显示出他的军衔对等于美国的少校。他炫耀着时尚的胡子，看上去与美国那位喜欢虚张声势的电影明星埃罗尔·弗林有几分相似。虽然希特勒的脸上由于年龄有了不少皱纹，但斯科尔兹内的左脸上有一道从耳朵到嘴巴的疤痕，这是他早在大学时代为了一个芭蕾舞演员的爱情而以剑决斗留下的纪念。

黄金十字勋章是德国的最高荣誉之一，只颁发给多次在战斗中表现勇敢的军人。然而尽管黄金十字勋章受人尊崇，希特勒和斯科尔兹内都知道，这位魁梧的战士比这要值得更多。如果隆美尔曾经是希特勒最喜欢的将军，那么有着“跳远者”雅号的斯科尔兹内是希特勒最喜爱的突击队员。这位暴躁的奥地利人通过接受别人会以不可能实现或形似自杀为理由而拒绝的任务，一次又一次地表明了他对元首的忠诚。最著名的一次是1943年夏秋交季时，斯科尔兹内和他的党卫军突击队发现了意大利被废黜的独裁者贝尼托·墨索里尼被忠于盟军的游击队作为囚犯而被关押的地点。经过几个月的周旋，墨索里尼的藏身之地不断地变更，斯科尔兹内最终得知法西斯领袖被关押在坎普的帝王酒店里，而那家酒店位于意大利中部亚平宁山脉最高峰的顶上。那座崎岖的岩石山峰被叫做格兰萨索，只有一条单线的缆车可以上下。

斯科尔兹内毫不动摇。他设计了一个他的突击队乘滑翔机在峰顶着陆的巧妙计划。斯科尔兹内和他的手下不仅救出了墨索里尼，而且他们不费一枪一弹做到了这一点。

然而就在上周，出类拔萃的斯科尔兹内甚至取得了比那次大胆的突袭更大的胜利。

6天前，预计到匈牙利政府将会转而效忠德国的敌人俄罗斯，希特勒下令斯科尔兹内采取行动以确保这样的背叛不会出现。不到24小时，“米老鼠行

埃尔温·隆美尔在柏林的希特勒总部外

动”[①]就抓捕了匈牙利摄政王霍尔蒂·米克洛什的儿子。37岁的王子被诱入陷阱，打昏后被卷在地毯里，穿过城市的街道私运到机场，然后被空运到维也纳，由盖世太保拘押。

斯科尔兹内没有提出赎金的要求。相反，他要求匈牙利保持忠诚。当这一承诺没有兑现时，他派出了突击部队进入布达佩斯的心脏地带，夺取了城市的控制权。很快就实现了停战，米克洛什希望他的儿子能安然回来。然而，这是不可

① 铁拳行动，又名米老鼠行动，发起于1944年10月15日，是为应对米克洛什·霍尔蒂公开声明与苏联结盟而采取的行动。阿道夫·希特勒的安全部队事先知道了霍尔蒂的计划，斯科尔兹内已经到达了布达佩斯，准备以武力去除霍尔蒂。行动之所以命名为“米老鼠”是因为霍尔蒂儿子的绰号是“米基”。除了抓获年轻的霍尔蒂，德国也让摄政王成了囚犯。米克洛什·霍尔蒂被斯科尔兹内带到巴伐利亚，他在党卫军的看守下，在那里一直住到战争结束。

能的。眼下，正当斯科尔兹内和希特勒在寒暄时，霍尔蒂·米克洛什的儿子正被送往达豪集中营，没有几个男人、妇女或儿童从那所监狱活着出来。

在狼穴，斯科尔兹内和希特勒结束了他们的闲聊。此刻是温暖的。当斯科尔兹内讲述着他如何从匈牙利出逃时希特勒多次放声大笑。多年前，斯科尔兹内曾担任过希特勒的贴身保镖，两个人相互间都非常熟悉。但斯科尔兹内知道他的位置，他想在欢迎驻留逾期之前离开。

“不要走，斯科尔兹内。”希特勒命令他道。

斯科尔兹内转回身来，有些不解。显然，元首还有别的事情想要讨论。从他的声音里可以听出，那也许是一个需要斯科尔兹内专长来对付的另一个紧迫问题。

希特勒继续说道：“德国将在12月发起一次伟大的进攻，那很可能会决定它的命运。全世界都认为德国已经完了，只等着给出葬礼的日期和时间。我将要告诉他们，他们有多么错误。死尸们将会站起来，并扑向西方。”

元首已经免除了那些可能不忠于他的人，正在自己周围如奥托·斯科尔兹内那样忠实的崇拜者中拟订他的作战计划。所以尽管没有隆美尔和他那作为战场指挥官的无与伦比的能力，希特勒有信心取得成功。进攻的目标是要在英国和美国军队之间撕开一个裂口。他的坦克指挥官将不必面对乔治·巴顿和他的第三军，这将有助于德国军队的进攻。因为这次秘密的进攻有意在远离巴顿的北边展开，这将使巴顿和他的犀利的战术头脑无法及时赶到战场加入战斗。

希特勒然后告诉了他的奥地利老乡有关未来进攻的细节。斯科尔兹内和他的部下能够在这个称为“观察莱茵河行动”的突袭中发挥举足轻重的作用，但这不是希特勒打算如何来使用他们。

致命的一击将是另一个行动，它将向世人展现纳粹确实占了上风。这将远离于血腥的战场。希特勒的命令很简单：斯科尔兹内和他的部下将在“格雷夫行动”①中穿上美国制服，冒充美军士兵潜入敌后。他们将讲英语，将通过散

① “格雷夫”指的是格里芬，神话中狮身鹰头的神兽。在古希腊，它被认为是一切生物中最为有力的。

布谣言来制造混乱，将占领重要的桥梁，把美国人打一个措手不及。最主要的一个谣言是为了在盟军最高领导层中引起恐慌并分散他们的注意力：那就是斯科尔兹内正在前往巴黎的途中，他将绑架欧洲盟军的最高指挥官艾森豪威尔将军。

希特勒带着获胜的口吻说道："我给你无限的权力来配置你的突击队。使用这些权力，上校！"

斯科尔兹内的脸上浮现出灿烂的笑容，因为他意识到，他刚刚升了军衔。

"是的，"希特勒笑道，"我已经提拔你为上校了！"

希特勒向他伸出手来。斯科尔兹内的肉爪再次盖住了元首的手。

希特勒说道："再见，斯科尔兹内，我期待着听到格雷夫行动的伟大胜利。"

奥托·斯科尔兹内两眼放光。他非常乐意去接受这个挑战。

第三章

特里亚农宫酒店

凡尔赛，法国

1944年10月21日

午后

就在希特勒向斯科尔兹内通报时，艾森豪威尔将军在他位于一层的办公室里点燃了一支香烟。他的总部在法国的一座白色石头城堡里，距狼穴以西1000英里之遥，一尘不染，极为奢华。艾森豪威尔现在理应面临的唯一挑战是如何尽兴地来庆祝战争的一个重大转折点。美国军队花了几个星期攻打亚琛市。那天早上10点，这个著名的度假小镇成了第一个落入盟军手中的德国城镇。人们普遍希望，这将标志着纳粹战争机器结束的开始，战争将在新年结束。

艾森豪威尔抽着烟在房内踱步。54岁的将军在西点军校时曾打过橄榄球，但现在他肚子微胖，走路时肩膀前倾。为了安全起见，他办公室的胶合板分割墙上没有钉上军情地图。相反，他把德国、英国和美国军队的细节全都记在脑子里了。

艾森豪威尔每天都得忍受焦虑的煎熬。自从成为盟军在欧洲的最高指挥官以后，他的生活在成功改变世界的每个时刻都被一个又一个的头疼之事所打断。眼下，新的期望正折磨着艾克。他的上司，四星上将乔治·马歇尔将军已经将新年铁定为战争的最后一天。艾克认为提议的终战日期是不可能实现的。因此，他的高额头上隆起了深深的皱纹。

马歇尔已经回到了华盛顿，离前线3500英里之遥。他是军队的总参谋长，

艾森豪威尔将军和他的将军们，其中包括奥马尔·布雷德利（左一）

是罗斯福总统的首席军事顾问。在整个盟军中，没有任何一位官员有着比这个精干、说话强悍的宾夕法尼亚人更大的权力和影响力了。

马歇尔是在结束了对欧洲战场战事为期一周的视察后回到美国的。现在他已经将他对战略形势的极大不满电告了艾森豪威尔。激怒了乔治·巴顿的“十月暂停”也激怒了马歇尔。他要求结束僵局，必须尽一切可能打进德国的纵深，在1月1日结束战争。

根据马歇尔的命令，这将包括使用目前还保持绝密的武器，把每一个可用的美国、英国和加拿大士兵派到前线去，不允许有任何保留。

艾森豪威尔必须找到一条出路。命令就是命令，不像乔治·巴顿那样，他的成功在很大程度上是由于服从命令，所以艾克接连不断地抽着香烟。一些高层的美国将军们今晚将来共进晚餐。庆祝亚琛胜利的活动可以等到那个时候再举行。

隔着前厅，秋季黯淡的阳光穿过立地玻璃窗照进了大厅，一座德国空军司令戈林的半身铜像已经被转身面壁。艾森豪威尔又抽上一支烟。他没有喜欢的牌子，也不知道一天他会抽上多少包。实际上他一天会抽上四包，他那染成黄色的指尖和从作为他的标志的齐腰长的“艾克”外套上散发出来的尼古丁恶臭就是证明。他的呼吸充斥着香烟和他每天所喝的无数壶咖啡的恶臭。

尼古丁和咖啡因是艾森豪威尔唯一可以用来减轻压力的方法。他当然不可能在战争进行时去打高尔夫球。现在，要来上一杯掺水的苏格兰威士忌，在他楼上的公寓里伴着一本廉价的牛仔小说独处，或者与他的私人司机凯·萨默斯比鬼鬼祟祟地来一次浪漫的私通，时间还早了几个小时。36岁离了婚的黑发爱尔兰女士佩戴着上尉军衔，她分配给艾克开车已经两年了。

起初，她只是他的司机，一名全由志愿者组成的英国机械化运输军团的成员，分配来帮助艾森豪威尔的官方帕卡德轿车通过漆黑的伦敦街道。艾森豪威尔喜欢她坐在方向盘后面时所表现出来的自信，就安排萨默斯比调到美军的女

凯·萨默斯比

子军团，并在那里委任她为军官。

在1943年6月，他们的关系发生了转折。与萨默斯比订了婚的那位美军上校在突尼斯被一枚地雷给炸死了。当凯悲痛抽泣时，艾森豪威尔把她搂在了怀里。就在那一刻，他们之间擦出了火花，关系越来越深了。现在，这位前时装模特已成了艾森豪威尔的首席红颜知己。她随着他到处旅行，甚至入座于高级别的会议上，这使得她了解了绝密的战争策略。他们两个喋喋不休，不停地谈笑风生，骑马或打桥牌度过难得的片刻来舒解战争带来的压力。萨默斯比甚至让艾森豪威尔像英国人那样，养成了在每天下午4点用茶的习惯。他是如此习惯于她的持续陪伴，以致前阵子在美国短暂休假时，艾克因在两个不同的场合称她为“凯”而激怒了他的妻子玛米。

萨默斯比和艾森豪威尔之间的密切关系在大部分时间里都是秘密的。但是，正如芝加哥论坛报的约翰·汤普森所指出的，他们彼此间的喜爱一直是公开表现出来的。当美国少将詹姆斯·加文问及传言是否真实时，汤普森回答道：“我从来没有见过一个司机会走出汽车，亲吻将军早上好的。”

富兰克林·德拉诺·罗斯福总统也看到了萨默斯比和艾克之间的火花。具有里程碑意义的1943年德黑兰会议①之后，罗斯福私下告诉他的女儿安娜，他认为艾森豪威尔和他的司机已经睡在一起了。

在许多方面，艾森豪威尔是自己成功的受害者。尽管他从来没有打过一次仗，他通过理智和精明的外交手段逐级上升并累积权力，而最重要的是用巧妙的方法，将如乔治·马歇尔这样的人提出的离谱的要求转化为现实。

现在的问题是他的军队像一个月前那样被卡住不动了。迫使巴顿在梅斯外围停止不前的汽油、枪支和子弹的短缺，仍然困扰着上下500英里前线的所有

---

① 在三巨头（罗斯福，斯大林，丘吉尔）的第一次会议上，与会者一致同意美国人和英国人将在欧洲开辟第二战场。这一战略的目的是要减轻苏联人的压力，在苏联的土地上抵抗纳粹已经两年多了，苏联士兵和国民付出了2000多万人死亡、受伤或失踪的代价。会议在伊朗德黑兰的苏联大使馆内召开。艾森豪威尔和其他高级军事指挥官在他们个人工作人员的陪同下出席了会议。

伯纳德·蒙哥马利将军

盟军部队。

如果有一个情况是正面的话，那就是多年来第一次，巴顿不在艾森豪威尔那张很长的需要解决的问题清单的顶端。

一年之前的1943年8月3日，巴顿视察了西西里城市尼科西亚附近的第十五后方医院。连续三个星期指挥着美国在意大利的攻击行动，推动他的军队穿过尚未收割的粮田和晃动着巨大的葡萄束的葡萄园后，他已疲惫不堪。美国和英国军队从西西里岛的南部海岸向岛的北部城镇墨西拿急进，希望在德国军队逃到了意大利本土之前能把他们装入口袋。战斗一直很艰难，双方都有数以千计的士兵战死。巴顿的军队已经俘虏了两万多名德国和意大利的士兵，以及数以千计被迫为纳粹打仗的西西里农民。永远是志在必得，巴顿现在比以往任何时候都更冲动，因为行动的优先权已给了他的主要竞争对手英国将军伯纳德·蒙哥马利了。[①]

蒙蒂拿到的西西里岛登陆地点是锡拉丘兹附近的沿海平原，易攻难守。控制战场指挥权的英国人下令巴顿的军队在崎岖的西西里山脉地带与轴心国守军

① 直到1944年9月1日蒙哥马利才晋升为陆军元帅。

决一雌雄。

巴顿不会这样去做。他也不能忍受听到更多的英国八卦说美国人是劣等的战士。尽管他面前的道路上障碍重重，他决心抢在蒙蒂之前拿下墨西拿，为他的军队赢得荣耀。他给他手下的指挥将领之一写道："这是一次赛马比赛，美国军队的威望正经受考验。我们必须在英国人之前拿下墨西拿。请尽你最大的努力，使我们赢得比赛的胜利。"

当巴顿视察位于西西里岛中部高原峭壁上的一个小野战医院时，距离这场比赛的结束还有两周的时间。他对战士的爱是深厚的，并一直延伸到战斗结束以后。他喜欢亲自向伤员授予紫心勋章，以表彰他们在战斗过程中所受的伤。

空气中充满了防腐剂的气味和尘埃。士兵们躺在担架和简易病床上，他们的眼睛由于使用了镇静剂的缘故呈玻璃状。许多人的手、脸或身躯都被纱布包着，鲜血在这儿或那儿透过纱布渗了出来。护士和医生在这片人海中穿梭往返，尽最大的努力为他们止痛，然后再来确定谁将会被送回前线，谁将会被转移到远离前线的后方医院作进一步治疗。巴顿在他那晚的日记中写道："所有的人都很勇敢并情绪高昂。"

除一名士兵以外。

第一步兵师的列兵查理·H. 库尔坐在凳子的边上。他正在接受过度疲惫和焦虑的治疗。在加入军队的短短8个月中，这已是他第三次因为这个诊断而前往一所野战医院诊治了。

将军看到了他。

"你为什么在这里？"巴顿问道。他的神经紧绷着。抢占墨西拿的比赛使他采用了危险的战术。他那频频作祟的自负已经把他推到了情绪失控的边缘。

"我想我无法上战场，长官。"

巴顿顿时大怒。他咆哮道："你这个胆小鬼，马上滚出这个帐篷。"

库尔一动不动，直挺挺地坐在凳子上。沉默使巴顿更为恼怒，他爆发了。将军用他拿着的手套掴在库尔的脸上。然后，他拎着库尔制服的领子把他提了起来，拖着他走到出口，并在他屁股上狠狠踹了一脚。

"你好好听着，你这个胆小的混蛋。你将回到前线去。"巴顿对着他大声怒吼。

在这个小野战医院工作的医生和护士们受到了惊吓。然而奇怪的是，他们很快就忘却了这一事件，继续工作下去了。作为一个职业军人，巴顿并不把这当成一回事。事实上，当冲突的消息开始传播并最终到达他的德国对手那里时，他们迷惑不解的是会有人为巴顿对库尔的处理感到困扰。在德国军队，这样的士兵不是被掌掴。他们将被迫下跪，一颗子弹将从他们的脑袋中穿过。

巴顿在他那晚的日记中这样写道："连队应该处置这样的人。如果他们推卸自己的责任，他们应该因怯懦而受到审判，并被枪毙。"

记者们知道巴顿的傲慢。英国人了解他的竞争个性。德国人相信他是美国的顶级将领。但现在，他正在和自己一方的将领们争战。他们无视美国部队向墨西拿的快速推进，对他愿意承受不必要的危险而感到震惊。只有那些接近他的人才能懂得，他在看到受伤的美国士兵时会变得如此情绪化。他为他们的勇敢而深深感动，因而无法忍受在他的眼里看见胆小鬼。

打了库尔两天之后，他写了一份备忘录给他属下的每一个指挥官，命令他们不能让经受作战疲劳痛苦的士兵接受医疗护理。他写道："这样的士兵是胆小鬼，将给他们的战友带来耻辱。他们留下他们的战友忍受无情的战争危险，而他们自己则利用医院作为逃生途径。如果看到这样的情况，你必须监管好不让他们被送往医院。"

8月10日，盟军部队接近了墨西拿，纳粹士兵开始向意大利大陆撤离，巴顿造访了第九十三医院。那座医院位于坐落在一个狭长绿色山谷中的圣斯特凡诺市。巴顿在曲曲弯弯的山路上走了很长时间后从他的车上下来，惊讶地看到有一个战士没穿战斗着装，坐在散落的战场垃圾之中。

"你怎么了？"巴顿问那个年轻人。他的名字是列兵保罗·贝内特。他已在军队干了4年，目前正在第十七野战炮兵团的C炮兵连服役。他只有21岁。直到一个朋友在战斗中死亡之前，他从来没有对战斗抱怨过一次。但现在，他的头因痉挛而不停地甩动，他那双发红的眼睛里溢满泪水。

"我的神经出了问题，长官。我无法忍受炮轰了。""你的神经？见鬼去吧。你只是一个该死的胆小鬼。"

贝内特开始抽泣。巴顿掴了他。“闭嘴。”他命令道，他的嗓音高了起来。“我不会让在这里挨枪子儿的那些勇敢的人看到一个胆小的混蛋坐在这里哭泣。”

巴顿又抽了他一下，敲掉了贝内特的头盔，落到了泥土地上。他大声吼道：“你真是军队的耻辱，你要回到前线去战斗。应该让你靠墙站好被枪毙。其实，我应该马上枪毙你。”

巴顿的右手从枪套中拔出了他的象牙柄手枪，他的左手反手推在贝内特的脸上。他用的力气是如此之大，近旁的医生急忙赶来介入。

医务人员对巴顿的行动感到极为不安，向上级提交了报告。这件事很快就到达了艾森豪威尔那里。艾克在8月16日写信给巴顿：“我必须严肃地责询你的判断力和你的自律，我的脑子里对你未来是否还有用存在着极大的疑问。”

然而，这件事就此结束了。艾森豪威尔需要巴顿的战术天才。正如陆军部副部长约翰·麦克洛伊稍后提醒艾克的那样，林肯也曾面临着对尤利西斯·格兰特将军领导能力的类似担忧。林肯回应那些吁请解除格兰特职务的人说：“我不能让这个人走，他会打仗。”

巴顿会打仗。

伯纳德·蒙哥马利元帅是在他远离前线的指挥所里收到英军先头部队正进入墨西拿的消息的。蒙哥马利欢欣鼓舞。他认为他已经赢得了比赛。带领英国军队进入古城的英国第四装甲旅旅长J. C. 柯里甚至带上了风笛乐队一起入城，以庆祝他们的胜利。

柯里和他的突击队进入了墨西拿。许多士兵都坐在美国制造的谢尔曼坦克的上面，兴高采烈的墨西拿人涌到街上，把花束扔向他们。但是，当英国的队列隆隆驶入城镇中心时，柯里震惊地看到美国士兵正列队站在那里。他们的军服因多日的战斗而污迹斑斑，很多人都已筋疲力尽，只是勉强站立着。但显然他们赢得了比赛。然后，当柯里还在为理解眼前这个令人惊讶的场景而内心挣扎的时候，巴顿坐在他那辆特别改装的吉普指挥车里隆隆地驶进了广场，插在前引擎盖两侧的三星将旗在微风中扑扑地摆动。柯里看到了巴顿那略带傲慢的笑容。

英国将军没有选择，只能从他的谢尔曼坦克上跳下来，向巴顿伸出手来致以问候。柯里向巴顿认输道：“这是一次令人愉快的比赛，我祝贺你获胜了。”

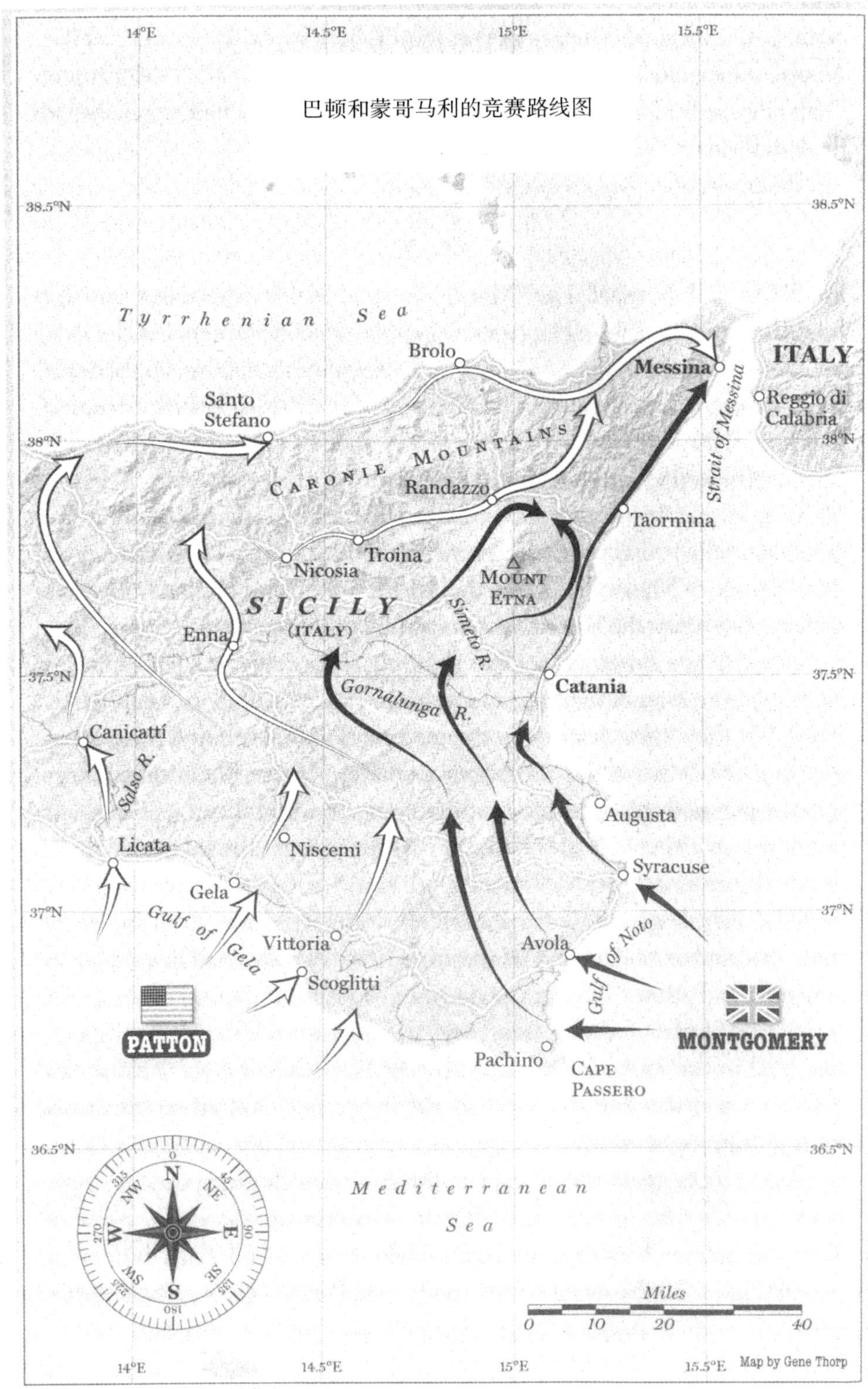
巴顿和蒙哥马利的竞赛路线图
Tyrrhenian Sea
Brolo
Messina
ITALY
Santo Stefano
Reggio di Calabria
Strait of Messina
Caronie Mountains
Randazzo
Taormina
Troina
Nicosia
Mount Etna
SICILY
(ITALY)
Simeto R.
Enna
Gornalunga R.
Catania
Canicattí
Salso R.
Augusta
Niscemi
Licata
Syracuse
Gela
Gulf of Gela
Vittoria
Avola
Gulf of Noto
Scoglitti
PATTON
MONTGOMERY
Pachino
Cape Passero
Mediterranean Sea
Miles
0 10 20 40
14°E
14.5°E
15°E
15.5°E
38.5°N
38°N
37.5°N
37°N
36.5°N
Map by Gene Thorp

巴顿握着柯里的手感谢他。看着英国军官脸上的惊讶表情，他陶醉在胜利之中。巴顿在他那晚的日记中写道：“我觉得将军感到很酸楚，因为我们第一个到了那里。”

乔治·S. 巴顿对美国士兵战斗力的任何疑虑现在都烟消云散了。他的画像出现在《时代》杂志的封面上。罗斯福总统称他为国家英雄。胜利者必有所斩获，巴顿的荣耀展示了全世界。

然而这一荣耀将是短暂的。尽管艾森豪威尔尽了最大努力试图掩盖打耳光事件，这件事还是被泄露给了新闻界。有3个月的时间没有任何动静。巴顿亲自对两名军人和目睹他行动的医务人员道歉，此事一度似乎尘埃落定了。但战略服务办公室的联络官欧内斯特·库尼奥将打人的细节泄漏给了NBC电台的记者德鲁·皮尔逊，而他则在1943年11月21日向全国广播了这个故事。公众的愤怒使得美国国会要求立即解除巴顿的职务，尽管他在战场上刚刚取得了胜利。

“我一直像一名游客在命运的河流上漂浮。”巴顿给阿特丽斯写道，随后加上了一句满怀希望的评论，“此刻，我看不到下一个河弯后是什么，但我想一切都会好起来的。”

巴顿是正确的。艾克坚信巴顿的方法是可悲的，他担心巴顿是如此的自负，会不惜牺牲别人的生命以获取更大的名声。

但巴顿会打仗。

而比一切都更为重要的是，艾森豪威尔需要会打仗的人。

到了1944年10月21日，正当艾森豪威尔在他的特里亚农酒店的别墅里度过一个安静的下午，而希特勒在东边遥远的狼穴策划攻势的时候，攻克墨西拿已成了一个遥远的记忆。在那以后，德怀特·艾森豪威尔，一个自我保护意识浓厚的人，一个因此而从默默无闻的平民变成了名声大震的战时英雄的人，做了一件极不寻常的事：他无视美国国会而保护了乔治·巴顿。

巴顿则以激怒苏联人，违抗命令，指示第三军士兵从其他美国军队偷走汽油等物资，并在不能按照他的愿望行事时公开地大生闷气来报答艾森豪威尔的慷慨。巴顿在梅斯攻势期间写信给比阿特丽斯道：“我通常不倾向于抱怨，或疑心别人手持一堆反对我的牌，但有时我真希望有人能答应为我做点事。”

乔治·巴顿将军在西西里岛附近与一位中校交谈

尽管如此，巴顿仍然在战斗。巴顿仍然打胜仗。陆军航空兵将军吉米·杜利特尔把这与格斗狗和它的主人之间的关系相比。杜利特尔指出："当艾森豪威尔放出了巴顿，那就像放出了一条英国比特犬。一旦你让他出去，就很难让他停下来。"

艾森豪威尔不知道的是希特勒正悄悄地将士兵、坦克和大炮运送到靠近比利时阿登森林近处的美国战线的一个薄弱环节。而察看莱茵河行动将利用无线电静默和欺骗的方式在盟军面前为攻击罩上一层面纱，等他们发觉时，有效地阻止它已为时太晚了。

艾森豪威尔生活在当下，试图平衡对他的孤独的职位所提出的诸多的需要和要求。他完全不知道他将如何在新年结束战争，但占领德国的亚琛无疑是一个良好的开端。

再次放出他那得胜的比特犬的时刻即将到来。

第四章

莫斯科大剧院

莫斯科，苏联

1944年10月14日

晚上7点

带有传奇色彩的莫斯科大剧院的观众席灯光亮了起来，奥尔加·莱佩辛斯卡娅等在剧院的侧廊里。28岁的首席芭蕾舞演员调整了一下她的服装，伸展出她那苗条的长腿，她准备上台了。这个传奇式剧院的音响是名列世界前茅的，莱佩辛斯卡娅可以清晰地听到乐池里传来的小提琴和单簧管在最后一分钟里调音的声音，听到2185位观众走到自己的座位上去时所发出的嘈杂声。她能听到观众对话的片言只语，他们对享受这个票已售罄的周六晚上表演的渴望，以及他们语调中散发出来的轻松感觉。在经历了多年恶战之后，战争正在朝着对他们有利的方向转变。

自从希特勒在3年多以前下令他的军队进攻以来，苏联人民或仍像俗称的那样为俄罗斯人，看着一千多万身穿军服的男人和男孩死去。令人震惊的是也有同样数量的平民因军机轰炸，无辜妇女和儿童遭枪杀和饥饿而死去。德国侵略者断绝了粮食供应，把收成掠为己有。在被击退之前，德国的战争机器快速而无情地移动着，从千里之外的德国的边境直冲到莫斯科的郊外。曾有那么一刻，德国的坦克和步兵进到了离现在坐在这里的这些莫斯科人只有22英里的地方。

但是，在过去的6个月里，德国军队的命运已经逆转。苏联军队的夏季攻势把德国国防军推了回去。列宁格勒的围困已经结束。就在几天以前，经过漫长的三年灯火管制以后，城市的灯火又在晚上亮了起来。的确，这是一个所有苏联人都应该来庆祝的夜晚。

遵循战时紧缩的规定，一度庄严的莫斯科大剧院再也没有金箔装饰了。那些金箔都被涂上了鲜明的白色油漆，带有软垫的深红色丝绒座椅已被硬靠背椅所替代，这不仅能让更多的观众坐入这座已有90年历史的剧院，同时也能使人们在观赏世界上最优秀的芭蕾舞剧以外，有可能在这里参加政治集会。因此，墙上悬挂着无数的锤子和镰刀标志。

奥尔加·莱佩辛斯卡娅从帷幕的后面窥视着观众席，她微微笑了起来。今晚她将表演舞剧《吉赛尔》，那是芭蕾舞中最著名的浪漫舞剧之一。能上台就已经很奢侈了。作为她战时服务的一部分，莱佩辛斯卡娅跟随着莫斯科大剧院的第一师团前线剧院，已在树林、草地和被炸毁的教堂里为慰问苏联军队表演过。在战场的尘土和瓦砾堆里跳过舞后，有关莫斯科大剧院的一切——海绵状的大厅，舞台上抛光的木地板和墙上悬挂着的众多的盒子，使人感觉就像有一股奢靡之气。

突然，一阵骚动扫过人群。观众们转身看着上面被称为皇帝包厢的专座。一位身材短小、体态肥胖的人正屈身坐入包厢的正面前座。全世界都熟悉英国首相温斯顿·丘吉尔的模样。对在场的观众来说，为什么他现在会在莫斯科，观看芭蕾舞演出，那是一个奥秘。但他的出现无疑强化了美国、英国和苏联之间的盟国团结。他们一起一定会打败希特勒和德国的。

全场起立，掌声雷动，丘吉尔向观众们挥手致意，然后坐入了他的座位。

当观众席的灯光暗下去时，奥尔加·莱佩辛斯卡娅向上凝视着丘吉尔的包厢。她的眼睛搜索着包厢里的其他人，没有看到她的情人。她看到了美国大使苏·W. 哈里曼及他的小女儿凯瑟琳，苏联外交官维亚切斯拉夫、莫洛托夫，但没有她渴望看到的那个男人。

然后，又是一阵骚动。然而，剧场完全黑了，脚灯的照射使奥尔加看不清了。发生了什么事？

20分钟后，莱佩辛斯卡娅的完美的舞蹈再次证明，没有一个人，或许她的

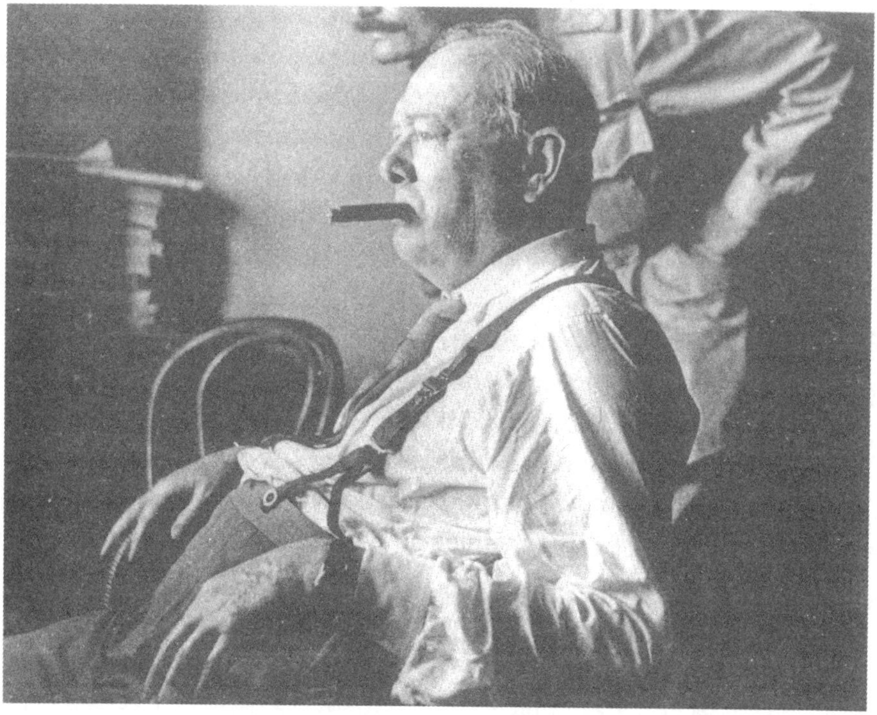

温斯顿·丘吉尔通过一个窗口观看军事行动

克星加林娜·乌兰诺娃可能是个例外，比她更配得上首席芭蕾舞演员的称号。她迅速抬起头来，看了看丘吉尔的包厢，找到了骚动的原因。

就在那里，坐在丘吉尔旁边的，无疑是奥尔加·莱佩辛斯卡娅情人的轮廓。自从开战以来，他还没有来看过一次芭蕾。约瑟夫·维萨里昂诺维奇的脸上有麻子，他的左胳膊比右胳膊短，他是包厢里最矮小的男人。[①]奥尔加·莱佩辛斯卡娅不叫他约瑟夫，甚至只有他们两个在一起的时候。相反，她知道他接受的名字，翻译过来就是“铁人”。

然后，奇怪的是，就在第一幕结束前，奥尔加·莱佩辛斯卡娅困惑不解地看着他移到了包厢的后座，人们无法再看到他了。

---

① 当他12岁遭遇了一场马车事故时，他的左臂被严重错位。

当芭蕾舞剧第一幕结束时，观众席上灯光又亮了，全场观众再次站了起来，向丘吉尔起立鼓掌。

但英国首相这一次拒绝单独接受观众的欢呼。他向包厢的后座招手，邀请另一位男士走上前台。

奥尔加·莱佩辛斯卡娅的情人出现了，他站在丘吉尔的右侧。苏联观众们欢声如雷，亲眼看到他们又爱又怕的那个人使他们头晕目眩。

向约瑟夫·斯大林元帅致敬。

斯大林和他的美国伙伴富兰克林·罗斯福总统经常把丘吉尔当做一个喝醉酒的傻瓜，这位英国领导人实际上是一个最精明的人。他清楚地知道，罗斯福和斯大林正计划一旦战争结束，在重绘国际地图时将英国排除在外。丘吉尔飞赴莫斯科与斯大林直接谈判。今晚，为了表现出他对苏联领导人的支持，他要求观看不仅仅包括吉赛尔，而且还有红军合唱团的歌曲和舞蹈。

当10月9日晚丘吉尔第一次在克里姆林宫会见了斯大林以后，一场相当危险的外交舞蹈一直在两个人之间进行着。苏联人已经把德国军队推回了数百英里，很显然，苏联将成为统治东欧的超级大国。

斯大林曾表示一旦战争结束，他将不会撤兵，而是继续占领如波兰和匈牙利这些国家。丘吉尔并不打算阻止他。英国已在战争过程中几乎完全失去了它的全球帝国，他试图通过在苏联和英国之间划分对欧洲的控制权来夺回部分失地。

眼下，苏联军队已经占领了波兰的东部。丘吉尔不是同情誓言要为保卫自己祖国而战的波兰人民，而是责备他们孤傲，想要“毁灭”欧洲。丘吉尔已经知会流亡的波兰政府，“我不知道英国政府是否将继续承认你们。”与此同时，尽管波兰不是他的附属物可以随意放弃，美国总统富兰克林·罗斯福已经暗中答应这将属于苏联的势力范围。

但东欧的其他地区仍有待瓜分。丘吉尔带来了一张他手写的纸条，他开玩笑地称之为他的“捣蛋文件”。在那张纸条上，他写下了东欧国家的名字和大不列颠将控制的百分比。苏联人将拥有90%的罗马尼亚，而英国是10%。英国将获得90%的希腊，而苏联将获得10%。

这样的分配也被应用到了东欧的其他国家：南斯拉夫，保加利亚，匈牙

约瑟夫·斯大林在1945年

利等。

谈判持续了好几天。斯大林和丘吉尔以外交手段来回交手，然而事实是斯大林并不打算履行这一协议。

在战争爆发的惨痛初期，当英国每天受到德军的进攻时，丘吉尔鼓舞并激励了英国人民，然而这次的政治使命则反映出了他性格的阴暗面。一个岛国需要不间断的资源来确保它的稳定和繁荣。英国政治家霍勒斯·沃波尔在200年前就着重谈到英格兰需要控制其他国家，从而使他们可以提供英国有限的国土所无法提供的财富。沃波尔写道，如果没有这些资源，“我们将缩减为一个可怜的小岛，并从一个强大的帝国沦为像丹麦或撒丁岛那样的微不足道的国家。法国对我们的专横，将比我们对爱尔兰的专横更有过之而无不及”。

丘吉尔明白这个严酷的政治现实。虽然他不会向斯大林承认这一点，但两人都知道英格兰已经认识到了它的全球性大国地位的严重衰退。如果没有美国人，德国人很可能早就把英国给打败了。即使是现在，伦敦街头上到处是美国士兵。他们的薪水比英国士兵高很多，所以花钱更自由。英国士兵看着美国大

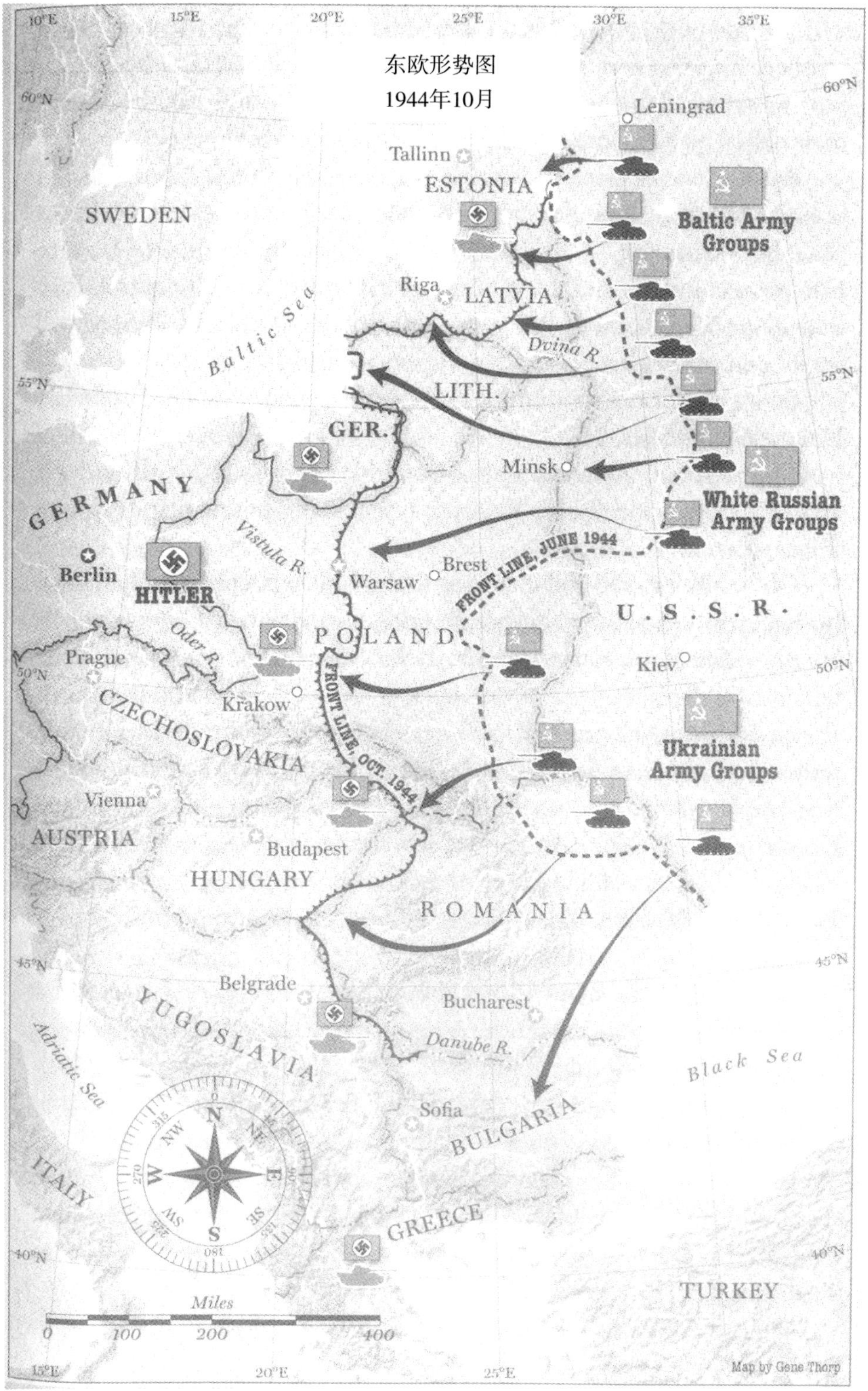
东欧形势图
1944年10月
Leningrad
Tallinn
ESTONIA
SWEDEN
Baltic Army Groups
Riga
LATVIA
Baltic Sea
Dvina R.
LITH.
GER.
Minsk
GERMANY
White Russian Army Groups
Vistula R.
Berlin
HITLER
Warsaw
Brest
FRONT LINE, JUNE 1944
U . S . S . R .
Oder R.
Prague
POLAND
Kiev
Krakow
CZECHOSLOVAKIA
FRONT LINE, OCT. 1944
Ukrainian Army Groups
Vienna
AUSTRIA
Budapest
HUNGARY
ROMANIA
Belgrade
Bucharest
YUGOSLAVIA
Danube R.
Adriatic Sea
Black Sea
Sofia
BULGARIA
ITALY
GREECE
TURKEY
Miles
0 100 200 400
Map by Gene Thorp

兵搂着英国女孩而怒火中烧，但被称为汤米们的英国士兵无计可施。

霍勒斯·沃波尔的预言已经应验。好像还是在沃波尔时代的法国那样，现在取法国而代之，对丘吉尔和英国发号施令的是斯大林和苏联。

★ ★ ★

奥尔加·莱佩辛斯卡娅兴高采烈，斯大林和丘吉尔一起加入了观众的欢呼。她的吉赛尔跳得精彩绝伦。这两位世界领导人在芭蕾结束时大声鼓掌，以显示他们的赞赏。

她在前线跳舞的日子肯定结束了。德国对莫斯科没有威胁了。苏联士兵向西推进进入了捷克斯洛伐克和匈牙利，苏联人民和紧迫威胁之间的缓冲区间已被推到越来越远的地方。一大束只是为了这个目的而在温室的温暖中培育出来的玫瑰花，被拿上舞台献给了奥尔加·莱佩辛斯卡娅。观众们仍然站着。她屈膝行礼，接受了鲜红色的花朵。但当她抬头仰望她的爱人刚才还就座的包厢时，他和丘吉尔都已不在了。

经过6天的谈判，两人重新绘制了欧洲地图。然而，丘吉尔一直在浪费时间，因为苏联人从来就没有打算兑现自己的诺言。当战争最终结束时，他们计划占领尽可能多的土地，以确保数以千万计的人将很快在杀气腾腾的大元帅斯大林的拇指下生活。

是庆祝的时候了。

第五章

芬威公园

波士顿，马萨诸塞州

1944年11月4日

晚上9点

这个还能活上五个月的人观察着欢乐的人群，他陶醉在持续不断的掌声之中。

他并不知道这一点。富兰克林·德拉诺·罗斯福正等着发表他那漫长而传奇的政治生涯中的最后一次竞选演说。红白蓝彩条旗布满了球场。这个老球场的地面是黑色的。罗斯福高高地站在球场中心的演讲台上，挺直了他6.2英尺的身高，沉浸在4万名波士顿人的欢呼声中，沐浴在从球场顶部巨大的聚光灯照射下来的灯光之中。

罗斯福当美国总统已有近12年之久了，而仅仅是数天之遥，将再次当选进入创纪录的第四个任期。在这个寒冷的秋夜，他戴着灰色的呢帽，穿着厚厚的灰色大衣。他的腿因脊髓灰质炎对他身体的长期蹂躏而变得枯萎和虚弱。即便有钢架支撑着他的臀部、大腿和膝盖，罗斯福还是必须抓着讲台来保持身体平衡。

“这不是我第一次来波士顿。”罗斯福提醒大家，试图温和地安抚他们的激动和哄闹。总统含蓄地要求安静，他对着麦克风说的是这些工薪阶层的男士们和女士们在无线电里听惯了的温雅的上流社会的语调。

但波士顿的好人们不想坐下来听他讲话。在此之前，大多数人都从未见过总统。

富兰克林·德拉诺·罗斯福总统

事实上，很多人都只闻其声，或在《波士顿环球报》上看到过他的照片。

让他们在这个寒冷的星期六晚上来到球场的门票上写着“免费入场”。

“带上你的朋友。”

而他们就这样做了。

发出那些欢呼声的是一些上了年纪不能打仗的男人，回家休假的老兵，脸颊红润的年幼的孩子和“金星”妈妈们——那些在战场上失去了儿子的悲痛的女人。

当晚的活动在全国的无线电台上实况转播了。庆祝活动开始时，先由28岁的意大利裔美国偶像男星弗兰克·辛纳屈唱美国国歌。辛纳屈的名字是弗朗西斯，但他自称沿用了总统的名字，将他刚出生的儿子命名为小弗兰克。他在唱完后指着罗斯福大声高呼道：“多棒的家伙，他把他们都给收拾了。”

尽管受到公众的崇拜，罗斯福并不是一个属于人民的人。他出生于富有并享有特权的家庭，从来没有经历过艰苦的劳动。年轻时，罗斯福收集邮票，打鸟，然后把打到的鸟做成标本展出。这些都是他现在仍然钟爱的爱好。总统仍然会在业余时间查看他收集的一百多万枚邮票，他的鸟类收藏也陈列在海德公园的家宅中。有点讽刺意味的是他能讲一口流利的德语，这要归功于他早年就留学于德国。他的父亲曾暂时把家搬到了邻近巴特瑙海姆温泉的地方，从而让老罗斯福有机会疗养他的心脏病。心脏病没能痊愈，富兰克林刚十八岁时，他的父亲就去世了，为未来的总统留下了一笔能确保他奢侈生活的可观的遗产。他的财富使他成了孤独的精英，甚至他的表妹爱丽丝·罗斯福，富兰克林那位大男子气概的远房表叔泰迪的女儿，也因他的浮夸行为而将罗斯福冷嘲为“妈妈的乖宝宝”。她更变本加厉地给罗斯福起了一个“南希小姐”的绰号，以此来指责他缺乏男人气概。[①]

二十岁时，富兰克林与埃莉诺·罗斯福结了婚。她是泰迪·罗斯福的侄女，他的隔了五代的表妹。虽然他最初疯狂地爱上了埃莉诺，但他很快就发现他的感情消退了。罗斯福是一个渴望不断被推崇的男人，他为埃莉诺的不断批评而感到恼怒。她的轻视涵盖了他们在卧室里的活动。虽然他们富有成果的婚姻产生了6个孩子，但埃莉诺曾经说过，与罗斯福的性生活是一种“必须忍受的考验”。眼下，他们的关系是一种柏拉图式的政治安排——就像几乎30年前，埃莉诺逮住富兰克林与她的社交秘书有染以后一直以来的那样。

美国老百姓中没有人知道这一点。尽管罗斯福举止上流，他的公共政策已经为造福于劳工阶层做了大量工作，民众热爱他。他们从罗斯福那儿看到的是一个领导这个国家走出瘫痪的经济大萧条的人；他们看到的是一个在日军偷袭

① 爱丽丝·罗斯福对富兰克林极为忠诚，她那天生的尖刻话语后来被用来为她的表兄富兰克林辩护。当有人说罗斯福1940年总统大选的对手温德尔·威尔基是一个草根候选人时，她表示赞同，并接着指出那是“一万家乡村俱乐部里的草”。对罗斯福1944年大选的对手，穿着精致，头发一丝不苟的托马斯·杜威，她的评价是：“他看起来就像结婚蛋糕上的那个小人。”杜威是一个对他的身高极为敏感的人，他有时会坐在电话簿上，使他能在他的办公椅上看上去更高一点。爱丽丝的那句话像鬼影一样，在他余下的职业生涯中一直追随着他。

珍珠港的毁灭性打击之后把这个国家团结在一起的总统；他们看到的是一个竭尽全力帮助德国犹太人的总统。那些德国犹太人现在正在自己的国家里遭受迫害。他甚至召回了美国驻德国大使，从而长期面对着美国国内的反犹怒气。他们看到的是一位巧妙指挥了长达三年战争的全军统帅。波士顿的好人们今晚纷纷倾巢而出，以表示他们的感激之情。

罗斯福对着麦克风说道："我应该不谈我以前的到访。那样做的话我可以说上好几天。"这个老牌政客在开玩笑，希望笑话能让人们坐下来，这样他就可以开讲了。

但这并没有帮助。欢呼声持续不断。

芬威球场外围绕着甚至更大的人群。人行道上挤满了人，一直连到凯模广场，大约有四分之一英里长。人群中有些人能够吹嘘说，当年总统的表叔，美国前总统泰迪·罗斯福在芬威讲话时他们也在场。那是1914年，第一次世界大

埃莉诺·罗斯福在工作

战刚在欧洲爆发。但泰迪是在夏天来的，那正处于炙热的棒球赛季之中。这次不同了。罗斯福是在刺骨的寒冷中到来的。就在他进入芬威之前的那一刻，广播车的喇叭响起了震耳欲聋的爱国歌曲。为了撇清说他身体不好的传言，罗斯福下令将他的黑色防弹林肯轿车的顶部放下来。总统看上去苍劲有力，夜晚潮湿的空气中的寒意似乎对他毫无影响。当他的座车进入芬威时，著名的电影演员兼导演奥森·威尔斯就坐在他的旁边。林肯轿车作了一个左转——自由派的总统后来和他的特勤局保镖开玩笑说那是正确的选择。威尔斯一本正经地说了一句："灯光不错。"

威尔斯是为了让芬威球场热身而来的，他的工作完成得非常出色。随着他那深沉的戏剧性的嗓音和莎士比亚戏剧式的演说，威尔斯坚称，美国必须将罗斯福选入第四个任期。在罗斯福尽可能优雅地爬上讲台讲话之前，这位因电影《公民凯恩》而获得了持久不衰的名声的导演在芬威掀起了一阵热潮。

对富兰克林·罗斯福而言，现在正是一个微妙的时刻。他必须保持威尔斯造成的势头，同时隐瞒一个事实。用当时的话来说，他是一个残废人。1921年当他39岁时，他患了小儿麻痹症，这对一个享有特权的人来说是一个重大的打击。在那以后，他看到了大量的资金投入治愈疾病的研究，但都没有结果。总统现在整日坐在轮椅上，而这一事实可以很容易地被他坐在椭圆形办公室的办公桌后面，或坐在汽车后座的照片所掩盖掉。但他并没有完全瘫痪，他的眼睛也从未停止滴溜溜转动。罗斯福身边围满了一群相好，其中有他的私人秘书，他的一位隔了六代的表妹，甚至有一位来自瑞典的前公主。然而在富兰克林·德拉诺·罗斯福的生活中，再也不能走长路了，不能爬山，没有在白宫草坪上的午夜漫步。

唯有在这样的时刻，他的瘫痪才会成为一个严重的问题，成千上万的人正看着他的一举一动。他必须站起来。唯有这样，他最亲密的圈子以外的人才永远不会知道他的健康问题。

罗斯福已经策划、演练并检查了当晚活动的每一个细节。他的车是通过球场中心车库和一个直线上升的斜坡开上讲台的。当需要走出车子并走到讲台边去时，他继续按照计划，握着一根拐杖，扶着一位顾问的手臂。由于他的腿不会动，罗斯福必须采用一个经过多次练习的方法，摆动他的臀部，从一边到另一边向前移动。他绝对不会让这儿或任何地方的民众知道他瘫痪了，因为这会显示出他的虚弱。

在进行世界大战的时候，一个像罗斯福这样的人必须像阿道夫·希特勒、丘吉尔，或斯大林同样坚硬。

然而罗斯福的痛苦背后隐藏着一个更大的事实：美国还没有准备好接受一个瘫痪的总统。一个无法容忍种族差异的国家，更无法接受身体的残疾。

说实话，罗斯福的身体问题已远远超出了他的小儿麻痹症。他患有高血压，他有支气管炎。在吸了一辈子香烟后，他的肺功能受到了损害，他的脸色经常呈现出灰色的苍白。他不能乘坐时速超过每小时35英里的火车旅行，因为他下半身的肌肉萎缩，无法缓冲火车的震动。

总之，富兰克林·德拉诺·罗斯福正在走向死亡。他无法看到他的直接死因：罗斯福的动脉被完全堵塞并硬化了。以至于当他去世后，处理尸体的人无法将针头捅进去。

然而，罗斯福现在站立在凛冽的寒风之中，像任何的老牌政客一样寻求连任。这是他必须要做的。他和共和党候选人托马斯·杜威之间的竞争实在是太接近了。于是，他忍受着波士顿夜晚的寒冷，就像他两周前在雨中经历了四个小时的车程穿过纽约市一样。没有什么事情能够阻止他连任。

罗斯福终于对着麦克风大声说道："电台广播要花很多钱。"

一种不知所措的沉默持续了片刻。

这不是一个体弱的老人的声音，不是一个迟疑说出自己的想法的人的声音。

这是最高的权威发出的声音。

尽管由于身体的疾病使他只剩下一具躯壳，富兰克林·德拉诺·罗斯福仍然是这个世界上最强大的人。他的决策将决定人民和国家的命运，甚至将决定以后几十年间全球版图的形状。因此，当罗斯福会讲话时，他的国家的人民会倾听。

大家终于坐了下来。

★ ★ ★

富兰克林·罗斯福讲了35分钟，然后被他的特勤局保镖架入林肯轿车，开车回到了他的专列斐迪南·麦哲伦号。他的讲话是一次巨大的成功，触及了各种各样的主题，包括种族关系、工会的兴起，以及美国的多元化。罗斯福指出了这样一个事实，即美国军队是由“墨菲们和凯利们，史密斯们和琼斯们，柯汉们，卡洛索们，科瓦拉斯基斯们，舒尔茨们，奥森们，斯沃伯达斯们，以及和他们在一起的卡伯茨们和洛维尔斯们”组成的。

他说的是，来自于美国社会各阶层的每一个人，都在做着他那一部分的工作。

团结在一起打过欧洲的大规模战斗部队不再是由既成的富人和爱尔兰人、意大利人、犹太人、波兰人，或是斯堪的纳维亚移民组合而成，其中还有黑人。波士顿人大多数来自爱尔兰和意大利，他们都还记得找工作的时候听到的那句“爱尔兰人不能申请”。那句话从心里提醒他们，国家正在向好的方向转变。

不是每个人都相信这是真的。许多人认为，罗斯福总统由政府资助就业和公共工程项目的新政策略是社会主义，尽管这项新政可能已经从大萧条中拯救了国家。罗斯福在1944年总统大选的共和党对手，纽约州州长托马斯·杜威，就无情地抨击罗斯福正在提倡一种“共产主义”。

但富兰克林·罗斯福不是共产党人，就像托马斯·杜威不会在洋基队的中场打球一样。罗斯福是一个天生的领导者，他的首要目标是推动国家朝着正面的方向前进。他先是在1928年的纽约州长任上，然后作为总统在1933年的传奇般的“100天”里意识到，为了停止被称为大萧条的持续了四年的经济下滑，需要推动急剧改革政府管理的实验。

美国梦已经蒸发了。四分之一的美国人失去了工作，银行破产，贫困肆虐。美国人民觉得自己无依无靠。他们向其支付税款的政府，他们选入政府的那些人要么是不愿解决，要么就是无法解决那些问题。数以百万计的美国人陷入绝望之中，家庭分崩离析，繁荣看起来好像永远不可能再回来了。

罗斯福与国会紧密合作，精心设置了15项法案来解决银行体系的问题。

并促成了多项巨大的公共工程项目，从而为美国人提供了工作机会，就此开始了漫长的攀登回复到繁荣。共和党人和民主党人抛开分歧，密切合作，使罗斯福的想法获得通过，成为法律。他们如此之快地颁布着法律，以致喜剧演员威尔·罗杰斯在电台上开玩笑说，国会并没有通过法案，“他们只是在经过时对法案挥了挥手”。

罗斯福的社会实验获得了成功。美国梦又恢复了，由于“二战”期间所必须进行的生产，国家的繁荣又达到了新的高度。然而这些新的法律大大扩大了联邦政府的规模和权限。这使一些选民愤愤不平。自从美国争取独立，废黜国王后的150多年以来，一个掌握强大权力控制私人生活的幽灵一直是被许多公民所敌视的，而杜威则把扩大的政府权限与共产主义的压制相比较，针对民众的不满火上浇油。

温斯顿·丘吉尔不是唯一与约瑟夫·斯大林进行交易的人。

富兰克林·罗斯福与苏联领导人就美国和苏联划分战后世界势力范围作出了一系列秘密安排。向苏联让出波兰东部仅仅是一个开始。

正在华盛顿、莫斯科、伦敦和柏林进行着的全球阴谋的高风险性意味着罗斯福可以信任的人很少。然而很清楚的是，他需要有人在这个新的动荡的世界里做他的代表。即便罗斯福不是美国总统，他的残疾的身体也不允许他空降敌后。他那闻名于世的潇洒形象不允许他秘密出行。而对他的办公室的限制也不允许他搞类似政治暗杀或其他乱七八糟阴谋的不道德的事情。但是，战争就是战争，杀人的事情是必须做的。因此，罗斯福就任命了一个人专门干这类肮脏的事情。这个人的名字就是威廉·野比尔·多诺万。

多诺万那年61岁，只比总统年轻一岁。他们在哥伦比亚大学法学院同学时就彼此认识了。但两人的相似之处也就到此为止。罗斯福是一个自由派，而多诺万是一个坚定的保守派共和党人。罗斯福的健康很糟糕；多诺万是如此的强壮，看上去似乎刀枪不入。罗斯福最高兴的是沉浸在一大群人的阿谀奉承之中，大摇大摆的多诺万喜欢躲在幕后工作。在战争开始之前，罗斯福安排这个思维敏捷的前律师和荣誉勋章获得者[①]成为他在全球的眼睛和耳朵，而多诺万完成了一项卓越超群的工作。

正当罗斯福在这个寒冷的星期六晚上在芬威讲话的时候，野比尔正忙着破坏美国与温斯顿·丘吉尔和英国的关系——因为美国和苏联因此可以建立更紧密的纽带关系。

多诺万的地位似乎无伤大雅。他住在华盛顿特区第十三街那栋时髦的乔治城豪宅的家里，安全而且保密。多诺万拥有相当多的财产，并过着奢侈的生活，这使得很少有人怀疑他是美国顶级的间谍。

然而，多诺万的战略情报局（作为这个由他指挥的绝密特工组织的公开名称）与他保持着不间断的联系。虽然他可能正在家里轻松一下，但多诺万很清楚苏联红军部队正坐在美国造的坦克、卡车和吉普车上开进南斯拉夫。多诺万很快就会下令由美国出钱，将10吨医疗用品空运至巴尔干地区，它将有助于共产党在那里的接管。战略情报局还在希腊播撒挑拨离间的种子，而那正是丘吉尔觊觎的首要国家。

因此，就开始了战争本身的一支插曲：由威廉·多诺万和战略情报局统领的一场地下战争将确保东欧落入苏联手中。最重要的是，罗斯福不想与苏联对抗。他认为斯大林是他的朋友，一位真正的盟友。最好让斯大林去占有美国没有利益纠葛的那一部分世界。甚至当温斯顿·丘吉尔抱怨说，苏联的扩张正在伤害英国时，他得到的解释是多诺万已难以控制，并不可阻挡。德怀特·艾森

① 多诺万因在第一次世界大战期间，担任来自纽约的一个大部分由美国爱尔兰人组成的被誉为格斗第六十九团的指挥官而赢得了荣誉勋章。他于1918年10月14日和15日在进攻位于法国的德军阵地时受伤。多诺万拒绝撤离，并继续指挥战斗。在他的一生中，除了荣誉勋章，他还被授予杰出服务十字勋章、杰出服务奖章和国家安全奖章。没有任何其他个人曾经赢得过所有这四项美国的最高荣誉。另外值得注意的是，在他从第一次世界大战的战场上回来后，多诺万曾与泰迪·罗斯福合作，组成了现在众所周知的美国退伍军人协会的新机构。1940年初，发布了格斗第六十九团这部歌颂这个团的战功，由詹姆斯·卡格尼和派特·奥布莱恩主演的电影。演员乔治·布伦特扮演了多诺万。

豪威尔的高级参谋成员之一，沃尔特·比德尔“甲壳虫”史密斯将军在写给丘吉尔的信中是这样讲到多诺万的，“我一直为他对政治阴谋的偏爱而担心，并一直让他尽可能多地远离我”。

但野比尔·多诺万仅向美国总统报告。

★ ★ ★

在芬威公园胜利之夜的两星期之后，富兰克林·德拉诺·罗斯福在白宫里自我放松，他已有惊无险地被选入第四个任期。没有任何一位美国总统曾经有过这么长的任期。

罗斯福坐在他的椭圆形办公室办公桌旁的轮椅上，那是特地为看上去尽可能像一件正常的办公家具而制作的。这一天并不繁忙，直到将近中午会见英国海军上将詹姆斯·萨默维尔时才开始一天的活动。将军是一位战争英雄，刚刚被安排到华盛顿担任英国海军代表团的团长。稍后将短暂地接待一批女记者，随后和14位客人在白宫东翼有一个小型的正式晚宴。晚宴会很短，从7：30到晚上9：00。罗斯福随后会绕着白宫再活动三个多小时，但没有时间安排，没有计划，完全由他自己随意。1944年11月18日，将作为战时总统所有日子中最稀有的一天而被记载下来：没有危机的一天。

然而将来的某一天会把这一天视为具有重大意义的一天，这要归功于罗斯福现在握在手中的一份备忘录。那是打印在一张单页纸上的一封信，它是在会见之间送来的。这份备忘录直接来自野比尔·多诺万，他在信的底部签了名。罗斯福在10月31日亲自要求了这份备忘录。其高度机密的内容很快就被泄露了出去，当然不是罗斯福的过错。当报纸报道声称战略情报局的首脑正在试图建立一个“美国的盖世太保”时，他将被迫出面捍卫多诺万。

当那一刻到来时，罗斯福将别无选择，只能像“甲壳虫”史密斯一样与多诺万划清界限。正如他的一位助手所注意到的，多诺万“为了自身利益而热衷于权力”，罗斯福将尝试“找到一种方法来约束这个家伙，因为如果我们不这么做的话，他可能会干出许多我们没让他干的事情”。

但是，罗斯福无意停止多诺万的行动，因为野比尔做的正是罗斯福想要的。

多诺万写道："遵照你1944年10月31日的通知，我考虑了在战后时期组建一个情报机构。"

他补充道："虽然还处在战争的迷雾之中，我们已进入了一个过渡时期。我们现在在政府中已有一批为完成任务所需的训练有素的专门人才。"

罗斯福和多诺万对德国军队已不再有任何顾虑。这场战争将很快就会取胜；这已是一个定局。正如多诺万曾在罗斯福的授意下，在珍珠港事件之前游说各国，警告说美国应该扩大其海军和陆军，以准备在未来的某一天加入战争一样，罗斯福现在要他再次展望未来。两人预计，随着德国的战败，可能会出现另一个巨大的冲突。为了避免遭受又一次类似珍珠港那样的突然袭击，多诺万向罗斯福施加压力，让他来设计一个新的战后情报机构，这个机构将预测明确而现实的危险。没有了公开交战的敌人，这个新机构的作用将是刺探美国的朋友以及其对手的情报。

罗斯福赞同这个新的机构。他在打印的回复上简单签上"FDR"。

就这样，中央情报局诞生了。

★ ★ ★

历史将证明，罗斯福和多诺万两人为时过早地转移了他们的注意力。阿道夫·希特勒和纳粹德国的军队还远未被征服。当野比尔·多诺万正在制定巩固战后权力的策略时，德国国防军的士兵、火炮和坦克正悄悄地在靠近德国边境的地方集结。他们在这样做时保持了严格的无线电静默，以免美国人听到他们的交谈，预测到自珍珠港事件以来的一次最大的突然袭击。

德国军队向西逼近美国防线和比利时阿登森林的稠密荒野。这是美国军队最薄弱的环节，因为他们认为不可能通过这个原始森林发起攻击。对德国人更为有利的是，已经确认乔治·巴顿和他的第三军远在东南方向一百多英里以外，仍然迫切需要汽油、武器和士兵，并且仍然无法拿下梅斯。

希特勒和他的将军们确信观察莱茵河行动将是一次成功的反击，甚至伟大的乔治·巴顿也无法阻止。纳粹正准备以这次反击和一种希特勒认为几乎已准备就绪的新开发出来的原子武器为契机反败为胜。

元首仍然确信最终一定会胜利。

非常确信。

第六章

作战室

第三军总部，南锡，法国

1944年12月9日

早上7点

奥斯卡·科赫上校认为希特勒在搞鬼。

这位通常在军中被称为G-2[①]的巴顿将军首席情报官相当肯定，德国军队还远远没有被击溃。

事实上，他是盟军中认为德国军队正准备发起一次极具破坏性的圣诞反攻的唯一情报官。

只是到目前为止，没有人听得进他想说的话。

在法国东部，太阳还没有升起来，这将是又一个寒冷并潮湿的天气。科赫站在自己心爱的离前线南侧30英里的作战室里，望着墙上挂满的密密麻麻的作战地图。这位46岁的职业军人笔挺直立。他是秃头，并佩戴着一副厚厚的眼镜，使他看上去更像一个教授。

① 巴顿曾在1935年至1937年担任G-2，负责夏威夷群岛的安全。在那段时间里，他曾写了题为“惊愕”的论文，他在文章中预测了日本军队的实力增长和使用航母、潜艇和战斗轰炸机攻击夏威夷群岛的潜在可能。这使得巴顿成为第一个准确地预测了四年后日本偷袭珍珠港的美国军官。

当科赫开始早晨情报简报的时候，巴顿就坐在几英尺远的一个直背木椅里。巴顿穿着一件长大衣，带着围巾以抵御室内的寒气。他陷入了沉思，内心渴望着再发起一次攻击。在短短的十天之后，巴顿将发起自己的“天衣行动”，一次大胆的将让第三军首次攻入纳粹德国心脏地带的新攻势。经过两个月的长期战斗之后，终于拿下了梅斯。巴顿有系统地向梅斯逼近，绕过堡垒的网络，同时封锁堡垒守军的食物和水的供应。锥堡于1944年12月8日投降了，现在正等待着攻入德国。巴顿打算横渡莱茵河，直冲法兰克福，然后进军柏林。

不像许多在进攻前不先咨询他们G–2的将军，巴顿对科赫极为倚重。

这是有原因的。科赫是一个不起眼的逐级晋升上来的老兵，他或许是巴顿身边工作人员中最积极主动的一个。他全神贯注于收集战场上每一个方面的情报。科赫安排侦察机飞越敌方阵地，然后组织了一支绘图员队伍，精确绘制的地形图上标清了城镇、河流、铁路线、围栏线、小溪、农场建筑、桥梁和可能拖延第三军前进的其他障碍。

科赫还安排讲德语的美国士兵在夜间换上农民的服装潜入敌后，混杂在酒吧和餐馆里收集有关德军调动的信息。

科赫和他的团队仔细审查了从前线美国巡逻队发回的无线电报里的数据。

每一点滴的信息汇总成了作战室的核心部分，一系列详细标明了整个西部战线的地图。英国、美国、加拿大、法国和德国军队的位置都清楚地标了出来。

油脂铅笔在地图的透明聚酯保护层上作了标记，并写有装甲、步兵、炮兵的特别注解。每个部队单元用一个特殊符号来表示。一旦军队在移动，它将紧密跟踪其进展。用酒精湿抹布在聚酯保护层上擦拭干净老的标记，再用油脂铅笔标志上它的新位置。就这样，奥斯卡·科赫上校几乎掌握了安特卫普与瑞士之间的每一辆坦克、每一门榴弹炮、每一个机场、每一个油库、每一个供应站、每一座火车站和每一支步兵分队的高度精确的位置。

现在，巴顿像平时一样认真地听着，而科赫开始向他解释令他困扰的一个情况。有一些事情不对头。

第三军计划横跨莱茵河，进入德国的路线目前正由一支弱小的德国部队防卫着。所以完全有可能，巴顿的“天衣行动”将是一次鼓舞人心的成功，

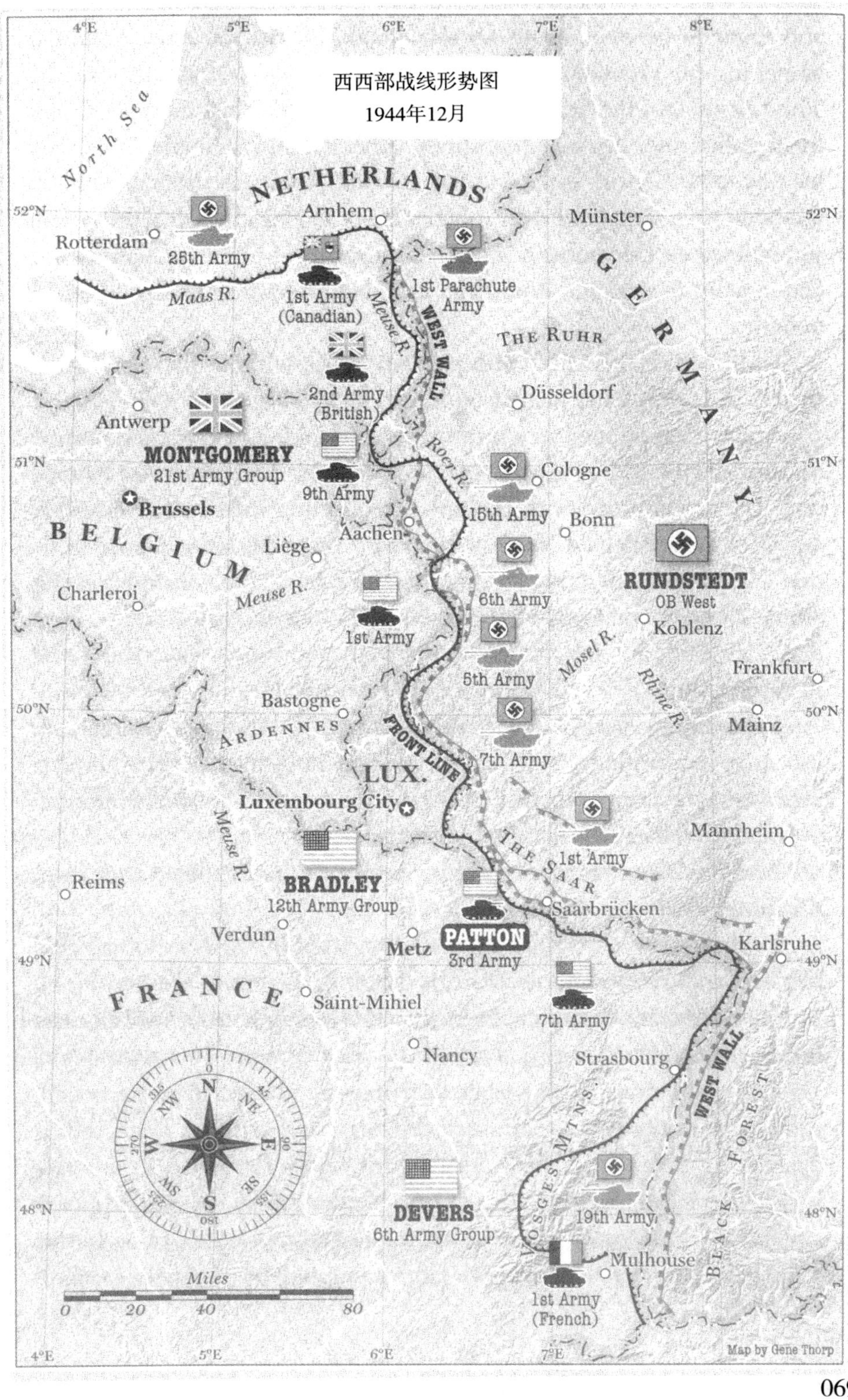
西西部战线形势图
1944年12月
4°E
5°E
6°E
7°E
8°E
52°N
51°N
50°N
49°N
48°N
North Sea
NETHERLANDS
GERMANY
BELGIUM
FRANCE
LUX.
Arnhem
Münster
Rotterdam
25th Army
Maas R.
1st Army
(Canadian)
1st Parachute
Army
Meuse R.
WEST WALL
THE RUHR
2nd Army
(British)
Düsseldorf
Antwerp
MONTGOMERY
21st Army Group
9th Army
Roer R.
Cologne
Brussels
15th Army
Bonn
Aachen
Liège
RUNDSTEDT
OB West
6th Army
Charleroi
Meuse R.
1st Army
Koblenz
Mosel R.
5th Army
Rhine R.
Frankfurt
Bastogne
Mainz
ARDENNES
FRONT LINE
7th Army
Luxembourg City
Mannheim
1st Army
THE SAAR
Meuse R.
Reims
BRADLEY
12th Army Group
Saarbrücken
Verdun
Metz
PATTON
3rd Army
Karlsruhe
Saint-Mihiel
7th Army
Nancy
Strasbourg
WEST WALL
VOSGES MTNS.
BLACK FOREST
DEVERS
6th Army Group
19th Army
Mulhouse
1st Army
(French)
Miles
0
20
40
80
Map by Gene Thorp

尽管科赫永远不会冒险来预测一次胜利。战争是太难确定的了。但是，科赫接着指出，一个真正的问题出现在更远的北部，那将是第三军“天衣行动”过程中的左翼。

让科赫特别焦虑的是一个数量巨大的德国部队的兵员集结。尽管道路在白天是空荡荡的，科赫还是发现敌人的13个步兵师已在夜幕的掩护下转移到了阿登森林附近的地方。这意味着在美国防线最薄弱的地方，德国人增加了额外的20万国防军士兵。在阿登的德军人数与美军人数之比超过了二比一。

此外，美国第一军的先头侦察部队报告说，他们听到了从德国防线一侧的森林里传来的卡车发动机的隆隆声和坦克履带行进时的沉重的铮铮声。科赫确认包括500辆坦克的5个装甲师正在向阿登方向移动。装载有士兵和弹药，开往阿登的德国铁路列车的频率越来越高。就在3天前，盟军截获的密码显示，一支庞大的德国战斗部队已要求战机在它向阿登运送部队和物资的时候给予保护。

也许最诡异的是，德国人的这一重大动作完全笼罩在无线电静默之下。

科赫无须提醒巴顿，无线电静默通常是进攻的前奏。

巴顿静静地听着科赫在说，有时做下笔记，有时打断他提出一个有针对性的问题。他相信，科赫是“所有美国军队指挥部里最出色的情报官”。而几乎每一个其他的盟军情报分析官都认为德国人已遭受了巨大打击，无法再发动大规模攻势了。

如果德国人发起大规模攻势，其攻击目标将针对目前由美国第一军占领的阵地，但第一军的G-2本杰明“僧人”迪克森上校对此并不担心。他事后声称他预见到了德军的进攻，但在这一刻，他的行为就好像他认为德国人不会构成威胁。迪克森也被告知了那几百辆坦克，那挤满了精英党卫军师团的铁路车辆和在盟军保持空中优势数个月后那最近出现在天空的梅塞施米特战斗机。但迪克森认为，德国的部队运动是进出该地区的定期轮换。

对这一形势缺乏关注也反映在盟军的最高指挥部里。英国陆军元帅蒙哥马利在给一位英国将军的信中写道，希特勒“正在各条战线上进行抵抗。他无法发起一场重大的进攻行动”。蒙蒂是如此肯定不会有突然袭击，他正在计划回到故乡伦敦过圣诞节。

奥斯卡·科赫上校是唯一认为德国人已准备好发起攻击的人。

科赫指出：“虽然盟军的进攻每周都会击溃几个德国师，但敌人仍然能够在不出动它的全部步兵和装甲预备队的情况下保持一条连贯的战线，从而使他有能力发起一次突击，以阻止盟军向坚固防守的德国本土展开进攻。”

科赫结束了他的通报。巴顿对发起天衣行动的兴奋被暂时搁置一旁，他在消化这个新的重要的信息。科赫是个谨慎的人，不愿推测，宁愿以铁的事实来说话。他确定德国军队将发起新的大规模进攻意义重大。

巴顿在凳子上坐了很长一段时间，静静地回味目前的情况。尽管在过去的几周里，第三军的前哨部队主动出击进入德国的萨尔地区，但几乎没有受到敌人的抵抗。这是非同寻常的。德国人通常会不顾一切地争夺每一寸土地。巴顿知道，自从恺撒的时候起，当日耳曼部落与罗马人作战时，德国人喜欢进攻，并运用独特战术来获取突袭的效果。巴顿想起来“不叫的狗”的故事，那个狡猾的食肉动物把自己隐蔽起来，然后突然冲出来，袭击它的猎物。巴顿想知道希特勒是不是也在玩这样的致命游戏。

但巴顿的内心是矛盾的。很显然，现在缺乏情报。德国军队在自己的国家里作战，而不是在一个敌对的国家，如法国。当地居民是爱国的，他们也不会窥探自己的士兵。如果在法国，抵抗运动早已经成功完成侦察任务了。由于德国人的电话线仍基本完好，实现无线电静默是很简单的，只要命令所有军事人员都使用电话，而不用无线电就行了。从这个角度看，德国军队的行为是完全合乎逻辑的。奥斯卡·科赫上校的警告可能是一种多疑的猜测。

巴顿仍然计划在12月19日发起“天衣行动”。那将是光彩夺目的行动，美国人将对德军进行历史上最大规模的空中轰炸。他终于有了弹药和汽油来支撑他的坦克和士兵继续他们的冬季攻势。运气好的话，这场战争可能会在新年之夜结束。

但是，如果科赫是正确的？如果第三军的北侧确实存在着危险？

最后，巴顿站起身来准备要离开了。他下令，除了对“天衣行动”做最后一分钟的细节调整之外，立即开始规划如果德军在阿登森林北部进攻的话，如何采取紧急措施救援考特尼·霍奇斯将军和他的第一军。他告诉他的参谋们，如果出现这种情况，“我们的进攻将会被取消，我们得去那里救急”。

巴顿私底下的情绪显示出他对此有着严重的关切。他在两周前的日记中就担心道：“第一军正犯着一个可怕的错误，德国人极有可能在他们的东边集结部队。”

★ ★ ★

巴顿将军离开作战室之后，科赫上校又回去收集无穷无尽的信息了。这是他后来终于有机会在中央情报局善加利用的技能。现在，他最高兴的是巴顿将军想让第三军“处于一个无论发生什么事都能应对的位置上”。

但巴顿需要做的不仅仅是做一个备份计划。他给艾森豪威尔将军打了电话，用科赫的评估向他施压。艾克把这个情报转给了自己的G-2，肯尼斯·斯特朗将军，斯特朗将军又把巴顿的关切转给了第一军。

第一军转身就忘掉了巴顿的警告。

第七章

德国前线

1944年12月16日

早晨5点29分

离天亮还有两个小时。黎明前的天空完全是黑的，甚至没有半点星星或月光。德军炮兵们站在他们的大炮旁边，愉快地闲聊着，不停地跺着脚取暖。破纪录的12月份的寒风刺痛了他们的脸颊。他们醒来已经几个小时了，就等待着这一刻。有一天，他们会告诉自己的孙子，伟大的“观察莱茵河行动”发起的那一瞬间，他们是如何向美国人打响第一炮的，如何一劳永逸地把战争的潮流改换成了有利于德国的方向。他们会向他们的后代大肆吹嘘，如何在阿登的森林里成功地对25万士兵，700多辆坦克和几千门大炮进行了伪装，以致几个星期未被发现。而那些年轻的士兵们将谈论割裂了美国军队和英国军队的偷袭，然后是无情的推进，以及夺回具有重大战略意义的港口城市安特卫普所带来的荣耀。接下来，希特勒将提议与西方议和，从而保持了第三帝国的实力并防止盟军入侵德国本土。随着美国人和英国人的溃败，希特勒将实行“观察莱茵河行动”的第二阶段，发动对斯大林和他的俄罗斯的传奇式的第二次攻击。

这就是他们希望讲述的故事。

但是，所有这些都属于未来。现在这些年轻的德国人都跃跃欲试，等待着命令下达，将地狱之火向他们的敌人撒播过去。

早上5点30分，命令下达了。上下80英里的德国前线，1600门大炮开火了。沉默的森林爆炸了，炮口的火光照亮了天空，就像地狱的熔炉打开了炉

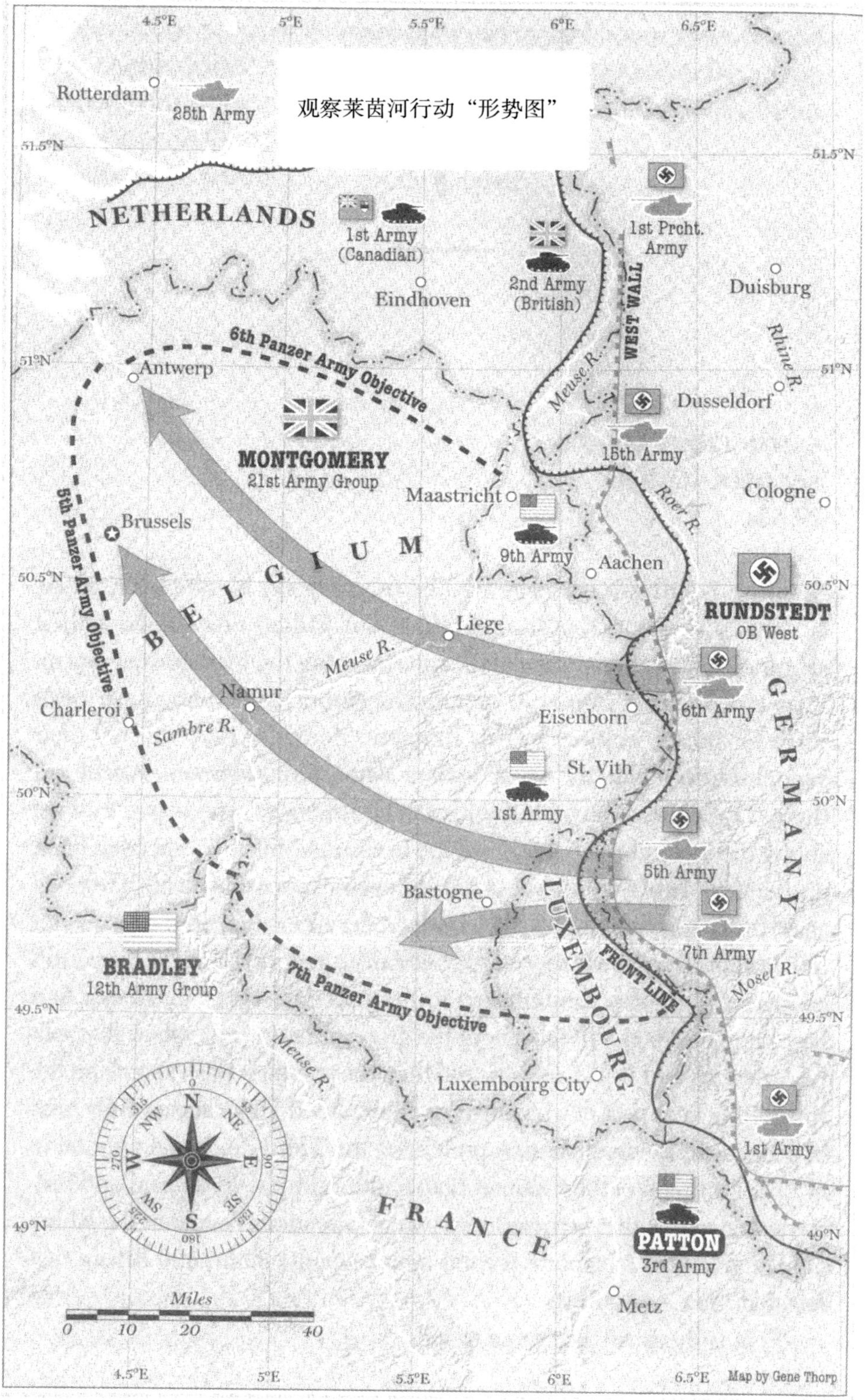
Rotterdam
25th Army
NETHERLANDS
1st Army (Canadian)
Eindhoven
2nd Army (British)
1st Prcht. Army
Duisburg
WEST WALL
Rhine R.
Meuse R.
6th Panzer Army Objective
Antwerp
Dusseldorf
15th Army
MONTGOMERY
21st Army Group
Maastricht
Cologne
Roer R.
5th Panzer Army Objective
Brussels
9th Army
Aachen
BELGIUM
RUNDSTEDT
OB West
Liege
Meuse R.
Namur
Charleroi
Sambre R.
Eisenborn
6th Army
GERMANY
St. Vith
1st Army
5th Army
Bastogne
LUXEMBOURG
7th Army
FRONT LINE
Mosel R.
BRADLEY
12th Army Group
7th Panzer Army Objective
Meuse R.
Luxembourg City
1st Army
FRANCE
PATTON
3rd Army
Metz
Miles
0 10 20 40
4.5°E 5°E 5.5°E 6°E 6.5°E
51.5°N 51°N 50.5°N 50°N 49.5°N 49°N
Map by Gene Thorp

观察莱茵河行动“形势图”

门。“尖叫咪咪”火箭弹发出刺耳的声音穿过黑暗，这是一种令所有的美国士兵惊恐不安的要命的声音。88毫米大炮的15英尺长的炮弹射向10英里外的目标，在美国人发现自己已成为目标之前，打在了他们头上。在大炮100码以内的每一个德国士兵都因爆炸声而暂时失聪。手势代替了口语。

党卫军上校奥托·斯科尔兹内从未发射过一发炮弹，但他和那些热切期待的士兵一样，等待这一刻已经很久了。两个月前他见过元首以后，他的生活就一直像一股旋风。由于他在格雷夫进攻行动中的特殊地位，他找遍了德国军队的战斗序列，寻找那些能讲英语的人。他为这些人配备了美军制服，并找来了美制坦克、卡车和吉普车，从而使他们能轻松地在美军后方行动。他们的最终目标是尽快地通过这崎岖的冰雪覆盖的地区，占领默兹河上的三座重要桥梁。而他们眼下的直接任务就是在整个美军战线制造混乱。他们将散布谣言和错误的信息，推倒路标，并尽一切力量在德军进入阿登森林时误导美国人。

斯科尔兹内所面临的问题是，美国人对格雷夫行动已了如指掌。他在狼穴会见希特勒后不久，德军最高统帅部的一些白痴向西线德军下达了通知：通知的页面顶部以粗体字标示着“秘密突击行动”。它接着宣布“元首已下令为突击行动组成约两个营的特别队伍”，号召所有会讲英语的士兵、水手、飞行员自愿报名前往斯科尔兹内设的培训中心。

愤怒的斯科尔兹内直接去要求希特勒撤回通知，但伤害已经造成了。正如斯科尔兹内所预料的，这个通知落入了盟军手中。而这正是像奥斯卡·科赫这样的G–2们所热衷的那种情报工作。虽然斯科尔兹内坚持认为由于这个失误应取消格雷夫行动，但希特勒亲自要求继续进行。斯科尔兹内不情愿地奉命执行了。在随后几周的培训中，他的突击队员被安置在一个与其他德国士兵隔离的特殊营地里。为了改善他们的英语，他们与关押在战俘营地的被俘美军士兵和飞行员们交谈。他们学会了和美国人一样咀嚼口香糖，赌咒，随便使用美国俚语戏谑。一名德国士兵犯了错误给家里写信提及了他的行踪，立刻就被枪毙了。

沿着战线，75毫米大炮雷鸣般的炮声此起彼落，这是格雷夫行动开始的信号。这是一个让斯科尔兹内既兴奋又惧怕的时刻。

这位传奇式的突击队员因他的手下无情而著称，而正是由于这个原因，盟军将他定为德国军队中最危险的人。但是，他对他的下属极其忠诚和热爱。当格雷夫行动开始以后，他变得有些小题大做，暗暗地为他们的命运担心起来。每一次任务都有危险，但正如斯科尔兹内精英突击队里所有的人都清楚地知道的那样，这一次任务特别危险。

如果被美国人抓住了，他们不会像普通德国士兵那样被视为战俘。

由于伪装成了美国人，斯科尔兹内属下的坦克第一百五十支队的士兵故意违反了《日内瓦公约》。如果穿着德国军服被抓住，他们可以期望在余下的战争期间为美国人所囚禁，但至少他们会活下去。

但斯科尔兹内的士兵们将穿上美国军服，因此将被归类为间谍。穿着敌人军服被抓获的惩罚是由行刑队执行枪决。

斯科尔兹内下令出发。

★ ★ ★

混乱降临了。从德国通往阿登的狭窄泥泞的道路上现在挤满了德国坦克、卡车、马拉大车和半履带运兵车，30个德国师洪水般地涌向美军防线。战线由北向南贯穿三个国家，德军正在德国、比利时和卢森堡发起攻击。这应该是一场闪电式进攻。但由于道路太窄，无法通过所有的德国战车，战争中最大的一次突袭成了一场巨大的交通堵塞。

尽管如此，希特勒的赌博还是取得了一定的成功。美国军队猝不及防。即便当穿着冬季白色制服的德国步兵在森林中匍匐前进时，盟军的最高指挥官们仍然认为德国人无法发动大规模的攻势。有些人认为这只是一次“破坏性攻击”，一个意图削弱美国防线的分流行动，迫使美军从其他位置上转移兵力和供应。德怀特·艾森豪威尔认为通过这样的森林和山地地形发起攻击是不可能的，阿登是疲惫的美国军队进行修整的一个庇护所。负责美国前线指挥的奥马尔·布雷德利将军指出：“进入法国有很多途径，阿登是最难渗透通过的地方。因为那里的道路太少，山上树木茂密，而山谷里的回旋余地太小。”

布雷德利是乔治·巴顿的顶头上司，他指挥着准备入侵德国的美国第十二集团军。在欧洲的美国军队中只有德怀特·艾森豪威尔握有更大的权力。然而，一年前当巴顿在西西里岛大发脾气惹上麻烦时，布雷德利还是他的部下，巴顿现在要向布雷德利报告了。更糟的是，艾森豪威尔挑选了奥马尔·布雷德利去执行以前可能会给巴顿的几个重要任务，特别是挑选布雷德利在6月份带领美国地面部队发起D日进攻。而当时，巴顿和第三军待在英国，直到两个月后才被允许参加战斗。

艾克向大家传递的信息是明确的：奥马尔·布雷德利是可以预测，容易控制并且使用安全的。巴顿尽管作战大胆并且战术杰出，但因为他太不可预测，所以不能赋予他指挥所有美国地面部队的权力。

然而，艾森豪威尔的选择很快就被证明代价高昂。8月中旬，布雷德利决定停止巴顿部队的进攻，从而没能实现对5万德国国防军士兵和党卫军部队的合围。德国人遭受了重大损失，但更多的人逃出了所谓的法莱斯口袋。如果是巴顿指挥那场战斗，他的坦克会将绞索套住那些受困的德国军队，俘虏数千名德国最好的士兵，大大摧毁德军发动战争的能力。布雷德利认识到这是一次机

奥马尔·布雷德利将军（中）与乔治·巴顿将军（左）和伯纳德·蒙哥马利将军（右）

会，“我们将摧毁整个敌军，我们会从这里一路打到德国边境”。

但最终布雷德利变得胆怯起来。他命令巴顿的坦克停止在阿让镇，在美国军队和加拿大军队之间留了个口子。结果，原来已近乎被包围了的德国人，很快就通过那个口子逃脱了。

巴顿知道布雷德利是错误的，但他别无选择，只能服从命令。8月16日，巴顿在日记中写道，布雷德利的失误具有“重要的历史意义”。那些巴顿几乎逮住的同一支德国部队后来还能继续作战。眼下，其中的许多人都排列在德国边境以对抗盟军。现在，当布雷德利对自己说阿登的德军进攻无非是一次破坏性的攻击时，许多曾经逃出包围的德国国防军和党卫军士兵，正在向美国防线进攻。其中有一位聪明年轻的名叫约阿希姆·佩普的党卫军坦克指挥官。

不过，在1915年和艾森豪威尔一起从西点毕业①，现在指挥着第十二集团军上百万人的布雷德利，并没有看到这一威胁。事实上，他让他的部队放松了警惕。

与此同时，巴顿和他的情报人员非常焦虑，他们明白阿登处于危险之中。但巴顿再次无能为力，而这次是由于他自己的过错。

★ ★ ★

尽管激怒了公众的西西里掌掴事件慢慢平息了，乔治·巴顿又在1944年4月25日犯了第二次大的公关失误。它发生在英国的诺士佛，当时他向一次主要

① 许多人把西点军校1915年级称为“将星降临的班级”。那一届的59名毕业生获得了将军军衔。其中有艾森豪威尔和布雷德利，他们两人都获得了五星等级，那是美国军队的最高军衔。到那时为止，历史上只有9人曾获得过这一荣誉，他们也都有陆军上将的称号。尤利塞斯·S. 格兰特，威廉·特库姆塞·谢尔曼和菲利普·谢里登都曾拥有这个称号，但在南北战争时代，没有比四星更高的军衔。约翰·潘兴将军在第一次世界大战后也曾拥有这个称号。那些戴着五颗星的将军是德怀特·艾森豪威尔，奥马尔·布雷德利，“好运”亨利·阿诺德，道格拉斯·麦克阿瑟和乔治·马歇尔。相当于五星上将的海军上将军衔被授予切斯特·尼米兹，威廉·莱希，欧内斯特·金和威廉·F. 哈尔西。

是英国妇女参加的集会发表讲话。这是一个为美国士兵设置的“欢迎俱乐部”的低调开幕式，这个俱乐部旨在使部队有个地方放松一下，在一个舒适的环境中和他们的英国主人相处。虽然巴顿起初拒绝出席，但他的总部就在附近，他最终同意并赶了过来说几句话。然而，他对参加这个集会的担忧是如此之大，以致他下令让他的司机晚到15分钟，希望这次集会到时已经结束了。

但是，诺士佛的妇女们在等着他。

巴顿的讲话本应是短暂的，只有几个段落。先引用萧伯纳的名言，“英国人和美国人是两个由一种共同语言分开的民族”，然后巴顿让女士们放心，美国人和英国人将统治战后的世界。这让女士们非常激动，她们并不理解巴顿这样说就轻视了苏联人。

巴顿当时本来应该保持低调，从而不让德国人在D日入侵之前搞清楚他的具体位置。所以，只有那么几个记者在那个温暖如春的一天出席了诺士佛的会议，在场的仅有几个摄影师也被要求发誓不发表他们拍摄的巴顿的照片。然而，将军的讲话不知何故泄露出去了。他那原本善意的讲话成了世界各地的头条新闻。

斯大林和苏联人被激怒了。

巴顿又一次犯了错。心烦意乱的巴顿在他的日记中写道：“最近的这次事件究其本质是如此的微不足道，但它的后果太可怕了。”

如同打耳光事件一样，有报道说公众要求解雇巴顿。争议，似乎到处都跟着他。

艾森豪威尔等了近一个星期才来讨论争议和巴顿的未来，这无疑加深了痛苦。那次会议是在艾克的总部进行的。结果当然不可能对巴顿有利。与苏联的友好关系对总统富兰克林·罗斯福是至关重要的。战略情报局的野比尔·多诺万和艾森豪威尔在华盛顿的顶头上司乔治·马歇尔将军正在努力维持这种友谊。一个疲惫的被D日入侵计划搞得筋疲力尽的艾森豪威尔，对他所认为的巴顿的不成熟极为愤怒。那些在诺士佛的错误讲话，尽管看上去很简单，但它们有潜在的可能去瓦解一个和平的战后世界。

巴顿驱车5个小时去见艾森豪威尔。那天是1944年5月1日。很有可能，他将被遣送回美国，甚至降级为上校。巴顿描述了进入艾森豪威尔的办公室之前的那一刻就好像等待着“可能被执行死刑”。

巴顿在他的日记中写道：“想到这一点实在令人悲伤并震惊。胜利和成千上万士兵的生命与‘对他们的畏惧’，与一群没有原则的记者的文章，与一些膝盖发软的议员相比是如此微不足道。但事实就是如此。”

巴顿所不知情的是温斯顿·丘吉尔的间谍泄露了他的讲话，所以狡猾的首相装模作样地站在巴顿的身边为他说话，指出将军“只是说出了实话”。政治敏锐的艾森豪威尔能够理解丘吉尔的言外之意。[①]因此，尽管会议开始时很凝重，艾森豪威尔不得不承认，他迫切需要巴顿的战场指挥官的技能。正如巴顿自己曾预言的那样，他们像内战时两位联邦传奇将军之间的伙伴关系，“艾克，你将是未来战争中的李将军，我将是你的杰克逊”。

艾森豪威尔知道军事历史。他知道“石墙”杰克逊曾经的辉煌和不可预测性。同时他也清楚地知道，在一个南方哨兵误击并让杰克逊将军受了致命伤之后，罗伯特·李的军队就再也不是以前那样的了。

巴顿因此才幸免于难，但受到了伤害。在1944年5月1日以后，巴顿再也不可能有机会来指挥在欧洲的所有美国军队了。因为他承担的政治责任太大了。他在战后美国和苏联之间划分的世界里担任一个主要指挥官的希望几近消失了。只有当这个世界需要他的战斗技能时，乔治·S. 巴顿所那么热爱的军事生涯才会持续下去。

他在会见后写道：“我走出来的时候，没有任何一个人会看出来我刚刚被打死。我觉得自己就像死了一样，但我还没有出局。如果他们让我打仗，我就会去打仗。”

---

① 仍然有很多猜想到底是谁泄露了这个故事。然而由于在当时，对什么新闻能发布，什么新闻不能发布是有严格限制的，如果没有英国或美国最高当局的批准，这个故事是不可能被印刷发表的。丘吉尔持续不断的努力以牺牲苏联的利益而将英国插入战后的安排，这使他抓住了巴顿的讲话并以此为契机来促使美苏关系紧张。

★ ★ ★

当德军加快了在阿登的进攻速度时，乔治·巴顿也在阿登以南60英里的南锡的总部追踪着德军的行动。他很沮丧，因为他的顶头上司是奥马尔·布雷德利将军，巴顿认为这个人不行，完全缺乏赢得战争所需要的预见性和战略眼光。

★ ★ ★

阿登战役证明了这一点。布雷德利完全猝不及防，他居然让一批美国职业棒球手游览了德国人现在进攻的区域。[①]迷人的电影演员玛琳·黛德丽也在这一带。她刚刚在比利时的交通枢纽城镇巴士东结束演出。今晚，她定于为驻扎在比利时小村庄洪斯费尔德的美军第九十九师的士兵们演出。

演唱会被突然取消了。

★ ★ ★

美国第一军的第九十九步兵师开始抵抗，拼命想阻止德军的精英第十二党卫军装甲师占领埃尔森博恩高地。那是一个巨大的没有树木的山丘，夏季的时候野草覆盖着山顶，非常美丽。但眼下毫无美感可言。只有冻结的淤泥、尸体和弹坑。除了浓雾经常覆盖着山顶，或强风常将雨雪吹入他们的眼帘，第九十九步兵师的士兵们占据着有利的地形，他们能从半圆形的散兵坑里开火。

---

① 那批球员包括了：纽约巨人队的右外野手和球员兼经理梅尔·奥特；辛辛那提红人队的投手巴基·沃尔特斯；曾一度效力于底特律老虎队和波士顿红袜队的退役的前投手荷兰·伦纳德；退休的二垒手，在纽约巨人队和圣路易斯红雀队当了18年职业球员，后来又管理红雀队的弗兰基·弗里施。这些人中最出色的球员是奥特。尽管身高只有5.9英尺，他在职业生涯中击出了511次本垒打，是历史上第一个在连续8个赛季中击出了100次得分打的球员，他的终身平均击打率是0.304，退休时离命中3000棒仅差124棒。这个终身的巨人队员在49岁时惨死于一场车祸。

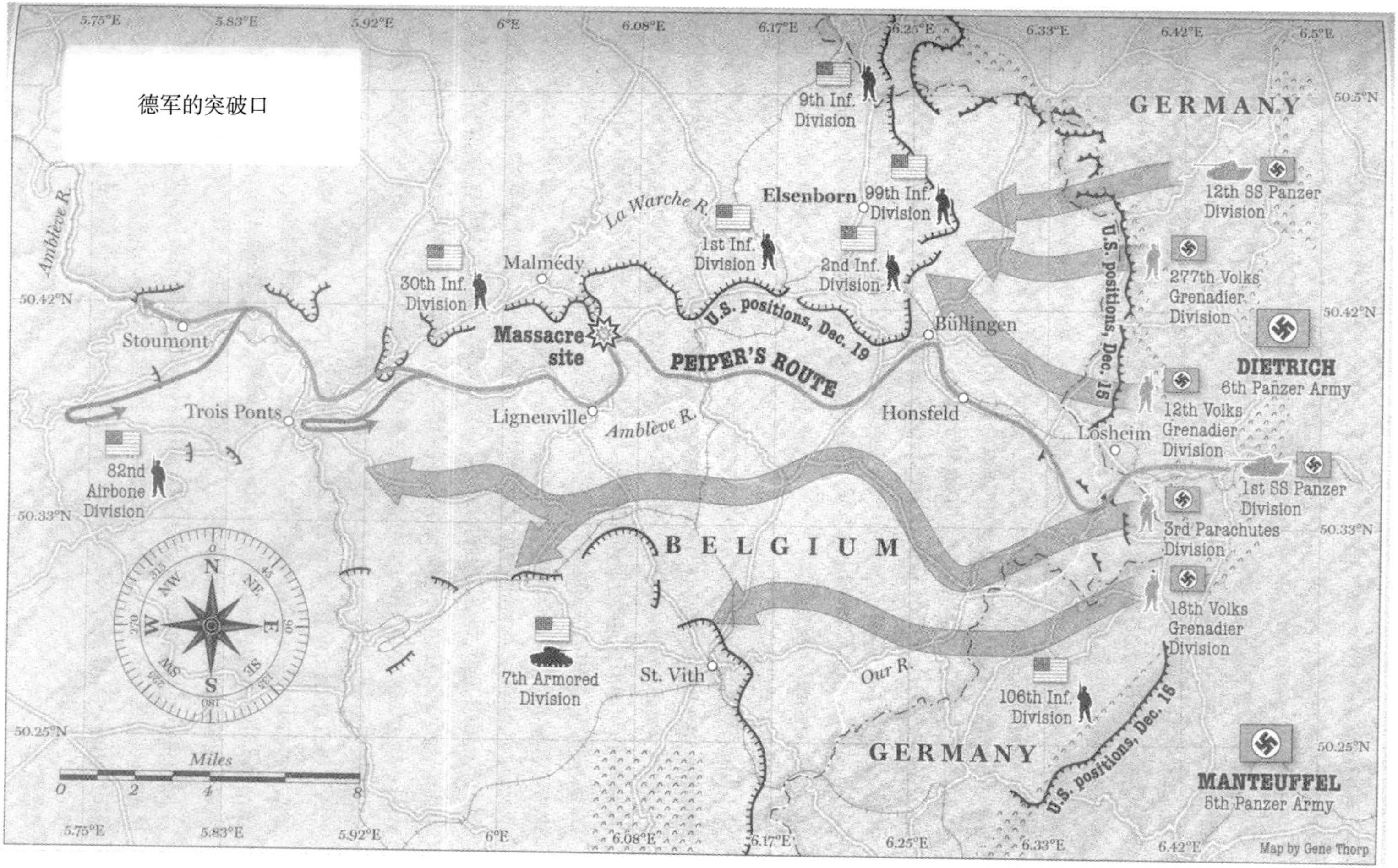
GERMANY
BELGIUM
GERMANY
9th Inf. Division
Elsenborn
99th Inf. Division
1st Inf. Division
2nd Inf. Division
La Warche R.
30th Inf. Division
Malmédy
Massacre site
U.S. positions, Dec. 19
PEIPER'S ROUTE
Büllingen
U.S. positions, Dec. 15
12th SS Panzer Division
277th Volks Grenadier Division
DIETRICH
6th Panzer Army
12th Volks Grenadier Division
Losheim
Honsfeld
1st SS Panzer Division
3rd Parachutes Division
18th Volks Grenadier Division
Amblève R.
Stoumont
Trois Ponts
Ligneuville
82nd Airbone Division
7th Armored Division
St. Vith
Our R.
106th Inf. Division
U.S. positions, Dec. 15
MANTEUFFEL
5th Panzer Army
Miles
0
2
4
8
5.75°E
5.83°E
5.92°E
6°E
6.08°E
6.17°E
6.25°E
6.33°E
6.42°E
6.5°E
50.5°N
50.42°N
50.33°N
50.25°N
Map by Gene Thorp
德军的突破口

德军的任何进攻都需要跨越半英里的空旷地带，而且都是上坡。

但坡下百码以外，就是一处茂密的森林，为德军提供了彻底的隐蔽。树林里一片晦暗，浓雾甚至让美军看不见德国人。第九十九师很容易就成了隐藏在森林里的德国大炮的目标——包括高速的88毫米大炮，它的炮弹每秒可飞行半英里。

第九十九师的许多士兵是刚上战场的新兵，他们到阿登来原是准备逐渐地进入一线行动的。他们缺乏冬季的伪装制服、弹药和御寒的衣服，但他们随时准备不惜一切代价来保卫自己的阵地。

因为如果他们不这样做，希特勒在阿登疯狂豪赌也许就会成功。

就像邻近的具有同等战略重要性的洛舍姆峡谷一样，埃尔森博恩高地扼守着一条重要通道，德国军队必须控制这条通道才能取得观察莱茵河行动的成功。洛舍姆峡谷是一条狭长的山谷，第三帝国曾于1940年通过它成功地入侵了法国，这是坦克通过崎岖的阿登森林的唯一路径。高地是至关重要的，因为在山头的另一侧有好几条重要的公路。占领了高地，进入了公路，第十二装甲师就获得了一个非常好的机会让它一路直取安特卫普。

第九十九师必须顶住。

就在昨天，他们还想着梅尔·奥特、玛琳·黛德丽和圣诞节。许多人甚至住在一个温暖的曾经属于德国人的兵营，在那里他们能睡在床上，每天早晚能吃上热腾腾的饭菜。

今天，这一切都没有了。

第九十九师主要是由刚刚在数星期前抵达欧洲的绿色新兵们所组成的。这支部队是在1942年10月加入战斗序列的，但许多部队组建时在密西西比州范·多恩训练营或在得克萨斯州马克西训练营，一起受训的成员不是战死就是在后方的某个医院里。这个师里的一些连队只有一半编制人员，这意味着厨师或文书现在都得临时履行作为步枪手的职责了。地面几乎冻僵了，但仍然可以挖出一个较深的散兵坑，第九十九师可以因此减少暴露。士兵的靴子没有防水的隔离层，所以当他们终于刨开地面，建起了藏身之地以保护他们免受弹片和狙击手之害时，战壕足病和冻伤又在他们的痛苦上雪上加霜。

当第九十九师的士兵们挤在自己的散兵坑里时，德国大炮和坦克从山谷森林的安全地带向他们不停地轰击。地面摇晃得如此厉害，以致几棵附近的树木没被击中，就被爆炸给震倒了。

与此同时，狙击手们打死任何敢把头露出地面的人。而当德国人不开火时，他们的笑声和谈话的片段传到了山上的第九十九师那一边。美国人的抑郁和焦虑在增长，因为他们听到从森林里传来的坦克履带的铮铮响声。这提醒他们，山下云集的确是一支庞大的军队。

这支庞大的军队攻上埃尔森博恩高地消灭第九十九师只是迟早的事。德军和美军的人数之比是五比一。

第九十九师那些活下来讲述故事的人将长久地记得88毫米高速炮弹的凄厉叫声，那种声音在炮弹着地之前会变得调门更高，声响更大。他们记得当那些炮弹砸向他们的位置时，他们会一遍又一遍地背诵主祷文。他们会记得“污垢、饥饿、寒冷和像畜生一样活着”。

他们遵守着一些新的不成文规定：他们不能长时间入睡，因为德国人可能随时发动攻击。他们不能在白天离开自己的散兵坑，因为德国枪手们时刻注意着任何移动的迹象。

在接下来的四天里，第九十九师有133人战死。600多人回到营急救站医治冻脚。多达1844人“失踪”，这意味着他们的亲人将永远无法掩埋他们的尸体。一名士兵会记得，“这是我们的福奇山谷”。

经历着所有这一切，第九十九师军官们的领导能力将受到严峻的考验。有些人会显现出他们是真正的领袖。有些人则不会。一名高级军官将因恐惧而出走，另外一名高级军官主张投降。毕竟第九十九师面临的党卫军，是希特勒最精锐、最残忍的战斗部队。当然，举起投降的白旗，在战争结束时能回到家里和家人团聚，比面对在党卫军手中几乎肯定的死亡或“失踪”要好得多。

那位心理变态的党卫军领袖海因里希·希姆莱曾鼓吹这样一个理念，如果一个敌人变得非常恐惧，那就没有必要进行战斗了。他会干脆就不打了。

但第九十九师很快就会发现投降并不总能防止暴力致死。

★ ★ ★

当"观察莱茵河行动"的第二天开始时，第一党卫军装甲师正在移动。他们是更为庞大的第六装甲集团军的前锋部队，负责快速通过村野，占领默兹河上的三座重要桥梁。

第一党卫军装甲师包含了德国军队中最出色的战斗部队。希特勒对他们是如此推崇，以致允许他们将他的名字缝制在他们的制服袖子上。在为"观察莱茵河行动"积聚力量的过程中，从空军和德国海军中抽调人员加入了步兵以解决人手缺乏的问题。但这不是第一党卫军装甲师的情况。他们是最坚强的战士，他们在这场战争中已几经考验。而他们的装备也足以证明他们的精英性质。第一党卫军装甲师拥有最好的武器：60辆坦克，3辆高射炮坦克，75辆半履带运兵车，14挺20毫米反坦克枪，27门75毫米突击炮，以及众多的105毫米和150毫米自行榴弹炮。

一位美国军官后来在回忆他作为第一党卫队装甲师俘虏的那段时间时写道："在我与他们在一起的整个期间内，尽管环境极其艰难，士气却始终高涨。纪律非常之好。所有人员的身体状况是良好的……除了机动设备中一些翻新的半履带运兵车以外，设备是良好完整的。所有的人都穿着几乎全新的靴子，都有着足够的衣服。他们中的一些人穿着部分的美国制服，主要是编织帽、手套、毛衣、套鞋，或一两件外套。官兵之间的关系……比我预期的更为密切，更加友好。"

指挥这支非同小可的战斗力量的是党卫军潇洒的广告男孩，29岁的约阿希姆·佩普。那位美国少校战俘后来写道："他的身高大约是5.8英尺，体重大约是140磅，长长的黑头发直梳向头背，挺直的面部有着与演员雷·米兰极为相似的特点。"

佩普是党卫军巴特特尔茨军校的毕业生。在德国，巴特特尔茨军校相当于美国的西点军校，或在桑赫斯特的英国皇家军校。入学的要求是极其严格的，包括背景调查以确保雅利安种族的纯洁性[①]和党卫军许可的个人行为。课程包括给予充裕的时间在课堂上课，并结合几小时的长跑，以确保最大的体能。实战演习包括使用实弹来确保未来战士的战斗感觉。最终的结果是一位在传奇式的希腊重装步兵传统下培养而成的军官，希腊重装步兵组成了斯巴达重步兵的骨干。

令人惊讶的是，巴特特尔茨党卫军容克学校的入学必要条件不是高等教育。最重要的是对阿道夫·希特勒的忠诚。这就是为什么一个像约阿希姆·佩普这样辍学参军的人，不仅被接受入学，而且成了明星校友。

毕业后，佩普经挑选成了党卫军首领海因里希·希姆莱的主要助手。海因里希·希姆莱是一个精于算计并且极为残酷的人，佩普对他十分崇拜。他甚至还让党卫队的全国首领为他安排婚姻。远在元首于1933年取得对德国人民的绝对权力很久以前，希姆莱就效忠于阿道夫·希特勒的国家社会主义了（国家社会主义后来被简称为纳粹）。他赞赏希特勒的自信，接受了消灭和压制被希特勒认为对第三帝国构成威胁的那些种族和敌人的严苛任务，这包括犹太人、吉普赛人、同性恋者和纳粹的政治对手。在希姆莱的指导下，佩普发展出了零容忍的哲学理念，而这种理念现在正指导着他的军事战术。他站在希姆莱的旁边，目击了战争初期对波兰知识分子的枪杀，并且是第一次使用毒气谋杀包括妇女和儿童在内的犹太平民的目击者。当希姆莱奖励佩普，让他到苏联前线

---

① 顶层的党卫军成员必须提供他们上溯到1750年的家族血统记录以证明他们的种族纯洁性。这种实现种族优越性的做法是基于被称为“科学种族主义”的理论。这种理论认为某一种族比其他种族更为先进。自1933年4月7日起，德国法律要求任何希望在德国担任公职或加入纳粹党的个人都必须获得“雅利安证书”。获得这种“雅利安证书”必须出示家族血统的完整记录（出生证书和结婚证书），以证明其种族纯洁性。一般认为高加索人种有三个分支：犹太人（诺亚的儿子闪的后代，常常与犹太种族牵连）；含米特人（诺亚的儿子汉姆的后裔，常与北非和中东地区的种族牵连）和纳粹定义为北欧和日耳曼种族的雅利安人。该种族的特征是蓝眼睛，金头发，一个近似雕像的体魄和白色人种的肤色。雅利安血统被认为更加纯洁，因为它没有夹杂着其他种族的成分。灭绝犹太人、吉普赛人、同性恋者和弱智及残疾人是为了在欧洲清洗非德国血统的杂质人群。科学种族主义在第二次世界大战后被扫地出门。值得一提的是，党卫军的成员在战争开始时都是德国人。但当战争结束时，由于战斗死亡的人数如此之高，耗尽了德国的人力资源，外国出生的捷克、波兰和挪威士兵也被征召加入雅利安师团。

约阿希姆·佩普

海因里希·希姆莱检查在苏联的德国战俘营

带领一个半履带装甲营后，这位狂热的年轻军官赢得了战场狡黠的声誉。他的士兵和坦克移动迅速，冲击和佯攻并举，让人联想到乔治·S. 巴顿闪电般的快速机动。在一次大胆的夜间突袭中，他的部队救出了被苏军包围的德军步兵师。在全歼德国第三百二十步兵师的前夜，苏军停止了攻击，以便休整并重新部署部队。等到过了午夜，确定苏联人的坦克兵们熟睡以后，佩普的坦克突破了俄军的防线，炮口火光闪闪。这一仗，不仅救出了第三百二十师仍然身强力壮的成员，救出了1500名受伤的国防军士兵。阿道夫·希特勒亲自向他的潇洒的雅利安坦克指挥官授予声名卓著的铁十字骑士勋章，使得佩普成了德国军队中获此殊荣的最年轻的军官。

在苏联前线时，佩普的士兵们很少抓捕俘虏，他们相信苏联人是不该活下去的劣等种族。由于他们在战场上喷射火焰的激情，他们还得到了一个绰号：喷火旅。有两次，佩普的坦克包围了苏联的村庄。他的突击部队放火烧毁了每一栋建筑，把里面的每一个男人、女人和他们的孩子都烧死了。佩普就是这样来惩罚劣等种族的。

自从隆美尔元帅自杀以后，没有几个德国坦克指挥官可以与佩普相媲美了。他和他的部下把他们的才智施展到了“观察莱茵河行动”之中，战场上的速度现在是至关重要的。由于美国人在士兵和武器数量上的优势，德军必须在援军到达之前摧毁盟军部队。

佩普在发起“观察莱茵河行动”之前发布的最后一道命令中指出：“将不会为任何东西而停止不前。不能收集任何战利品，不对敌人的车辆进行任何检查。作为矛头部队，不应顾虑战俘的处置。”

这项工作将留待尾随在其身后的缓行的步兵来解决。

然而矛头部队一开始就陷入了缓慢的进程。

多亏了第九十九师在埃尔森博恩高地上的防守，佩普原定的向默兹进攻的路线被封锁了。看着他的马克豹4型和马克豹5型坦克被卡在支援单位第十二国民炮兵师的马拉大炮背后，佩普急不可耐，亲自跑去指挥阻塞得一塌糊涂的交通。在“观察莱茵河行动”初始炮击14个小时后，佩普终于设法让他的坦克开始移动。这已是天黑以后了。泥土的道路在冬雨之后已经变成厚厚的泥泞，但还没有结冰。令他恼怒的是很多德国步兵指挥官已下令停止前进，让自己的士兵找到一个温暖的地方睡上几个小时。但佩普与第一装甲师的士兵们不能睡觉。整整一个晚上，五人[①]乘员组们推动着德军25吨重的装甲车和44吨重的豹式坦克穿过森林，希望他们不会沉入泥潭。雷区迫使他们进一步放缓了行进速度，当他们突破美国防线时发生了短暂的交火。到了早晨，突破完成了。再也没有美军的抵抗了。对约阿希姆·佩普和第一装甲师的士兵们来说，12月17日是新的一天。知道阴天将使美国战斗轰炸机停飞，佩普快速向默兹河进发。

拂晓前，他和他的部队经过一座小村庄洪斯费尔德，在那里他们发现一排民居外停着美国吉普车。佩普正压向比林根镇，他知道那里是美军的一个油库，他将党卫军步兵留在了后面。德军快速搜索了洪斯费尔德的民居，押出了一批美国士兵，他们在睡梦中被抓了个正着。17名美国士兵走在街上什么都没穿，只穿着一条薄薄的军队短裤。美国人赤脚站在黑暗中，咒骂自己的败运，对在他们面前开过的德国装甲大部队惊叹不已。远处的坦克、半履带装甲车和卡车看不到边。显然，这绝不是一场随意的攻击。

突然，党卫军士兵向手无寸铁的美国战俘开火。16名战俘站着就被枪杀了。剩下的一名美军士兵恳求饶他一命，但党卫军毫无怜悯，把他扔在一辆坦克面前给碾死了。

佩普成功地拿下了比林根的美军油库，200名美国士兵被俘，并被迫为德国战车加油。而在同时，第二步兵师信号连的12名士兵运气要好一些。他们设法躲开了党卫军搜查，整个早晨躲在地窖里。当他们连的爱犬“土匪”可能会吠叫从而暴露目标时，他们不得不狠心把它给勒死了。

这12人后来设法偷偷回到了美国防线一侧。在比林根被抓的那些美国人在为佩普的装甲部队加完汽油后没被杀死。这些第二步兵师的人都被押送到德国防线一侧，然后被关入了战俘营。

他们是幸运的。

---

① 指挥官，炮手，装弹手，驾驶员，机枪手/无线电话务员。

★ ★ ★

当乔治·巴顿仍然待在他设在南希的总部里，不曾意识到德军进攻的严重程度时，约阿希姆·佩普和他的部下正向60英里外的赛伊镇逼近，横跨默兹河的第一座关键桥梁就坐落在那里。急躁且沮丧的佩普催促他的士兵们急速奋力向前。他不需要提醒他们美国轰炸机一直在轰炸着德国城市，杀害无辜平民，甚至有一些可能是他们的家庭成员。"观察莱茵河行动"是一次复仇并夺取胜利的机会。

穿着作为他们标志的灰色长大衣，衣领上缝着党卫军的闪电螺栓标志，帽子上带着骷髅徽章，佩普的党卫军士兵已经跟着他经历了俄罗斯东线、意大利北部山丘和美军诺曼底登陆等残酷的战场。这些希特勒近卫部队的士兵们把佩普看作一个父亲那样的偶像，尽管蓝眼睛的长官比其中很多人年纪更轻。党卫军的军事分支是武装党卫军，而佩普的士兵们被认为是武装党卫军中的精英。正规国防军中的士兵从来不敢梦想他们的战场技能或威望能与阿道夫·希特勒的近卫军第一党卫军装甲师相匹敌。①

① 国防军和党卫军之间的差异可以在其名称的翻译加以概括。国防军在德文中的意思是"防御力量"，而党卫军大致可以翻译为"保卫中队"——保卫希特勒和纳粹党的意识形态。国防军包括了党卫军在内的所有的德国武装力量（陆军，海军，空军和党卫军）。两支武装力量穿着的制服是不同的。国防军穿着灰色的羊毛制服，而党卫军穿着迷彩或土灰色制服。除了作为军队的一个分支以外，党卫军成员发誓致死忠于希特勒，执行以元首的名义下达的任何命令。这导致他们干下了失去理智的恐怖和野蛮行为，这包括谋杀战俘、犹太人和其他无辜的平民。戴在党卫军制服上的骷髅徽章，以党卫军首领海因里希·希姆莱的话来说，标志着"你将永远愿意为了整个组织的生存而冒生命危险"。从1934年开始，党卫军负责管理集中营，系统地杀害了数百万犹太人、同性恋者、吉普赛人、残疾人和政治犯。党卫军的野蛮行为与国防军的士兵形成了鲜明的对比。埃尔温·隆美尔元帅属下的部队禁止虐待平民。隆美尔和其他德国指挥官没有理睬党卫军杀害犹太人和战俘的训诫。尽管如此，许多德国士兵还是参加了屠杀平民的暴行，尤其是对波兰、法国和苏联人民。德怀特·艾森豪威尔说过："我开始了解普通士兵和军官与希特勒和他的犯罪团伙之间的真正区别。德国士兵并没有失去他们的荣誉。某些人在战争中的不光彩和卑鄙行为这一事实仅反映了有关个人的品行，而不是绝大多数的德国士兵和军官。"具有讽刺意味的是，艾森豪威尔后来指责巴顿公开发表完全类似的言论。

党卫军死亡骷髅徽章

刚过中午，第一党卫军装甲师就突袭了莫达西特和叶纽维勒之间由33辆美国卡车组成的车队。第二百八十五野战炮兵观察营B炮兵连的美国人刚刚通过马尔梅迪。这个历久弥新的村庄坐落在由低矮的密林山丘环抱形成的山谷里。这是一个古雅的十字路口，狭窄的小路伸向北边、西南和东边。这是奶牛会堵塞乡村道路，当地的每个人都相互认识的地方。

★ ★ ★

美军车队的第一辆和最后一辆卡车被佩普的豹式坦克迅速摧毁了，这就使得美国人无法从一条车道的道路上逃离。美军士兵们从他们的车上跳下来，冲向四面八方。一些人竭尽所能隐藏起来，而其他人则冲向附近的树林寻找庇护。

20岁的下士泰德·帕卢赫，远离了千里之外他在费城的那个安全而又舒适的家，蜷缩在路边的沟里。他抓着自己的M-1卡宾枪，但看到坦克的主炮正朝下瞄准，很明显这枪不是坦克的对手。帕卢赫别无选择，只能投降，B连队的其他一百多个人也这样做了。

约阿希姆·佩普冷静地在他的半履带车的座位上看着俘虏们被押离战场，然后命令他的司机和坦克纵队继续赶去默兹河。他选择了西南方向的路线，不知道直接北上埃尔森博恩高地将让他与第十二装甲师连接起来，他们就可以摧毁第九十九师，开拓通往安特卫普的重要道路。

与此同时，帕卢赫和B连队的士兵们排着队行走远离了道路，走到了一处空地。如果他们想逃跑的话，那个地方无处藏身。这些美国人在他们去圣维斯市的途中。他们在马尔梅迪停下来吃午饭，享受了近两个小时的平和与宁静。现在，他们高举双手被押送到了一处空地。他们可以清楚地看到押送他们的士兵的长大衣上的骷髅和交叉骨头的徽章，显示出他们不是普通的德国士兵，而是可怕的党卫军。没有遵守佩普的命令，这一百多个美国人被搜身，所有稍有价值的东西都被夺走了：袜子、手表、手套、香烟。当这一切还在发生时，德国人的半履带装甲车和坦克在离他们只有50码的地方隆隆地开过去，长长的队伍跟着佩普向默兹河进发。

美国人既紧张，又困惑。而德国人似乎保持着礼貌，如果不是有点唐突的话。

第一次枪击没有警告。一个美国战俘倒下去死了。

德国士兵好像一直在等待这个信号，一字排开的坦克和半履带装甲车上的机枪开火了，在屠杀美国人的过程中，只有停下来重装子弹时才会停止扫射。可怕的德国自动武器射击的声音回荡在冬日的乡村旷野上。每一挺机枪每分钟至少能够射出850发子弹，这意味着每秒钟从每一挺MG-34机枪就有14发子弹朝着美国人射去。每辆坦克携带5000多发机枪子弹。第一个装甲师的士兵们都太专业了，他们无须在战俘身上浪费弹药。相反，枪手们在通过十字路口时打一个快速点射取乐。他们看着那些无助的美国战俘在还清醒的时候，子弹穿过他们年轻的身体时造成的痉挛性抽搐，更多的美国人已经倒在雪地上了，其中有一些将一直待在那里，直到春季解冻以后才能看到他们的尸体。

第一轮射击持续了整整两分钟。当它终于停下来以后，党卫军士兵握着手枪走进了空地。“嘿，乔，”他们叫着，模仿着最像的美国口音，希望倒下的士兵会回应，“嗨，吉姆。”

行骗成功了。子弹随即打在每个发出声音的美国人的脑袋上。

党卫军士兵会问，是否有美国人需要医疗救助，然后立即打死那些给了答复的人。

子弹会打在任何一个还在呻吟的人的脑袋上。子弹会打在任何一个在这个寒冷的周日下午被看出还在呼气的人的脑袋上。子弹会打在任何一个被踢后退缩或哭出声来的人的脑袋上。

下士特德·帕卢赫僵直地躺在寒冷的地上装死。他听着将他的哥们逐一打死的鲁格手枪的射击声，和伴随着每一次新的谋杀而来的德国人的笑声。躺在他附近的下士查尔斯·埃普曼被一个倒下的战友压在身下，他感觉到战友头部中弹的身体颤动。埃普曼问自己他是不是下一个，当子弹进入了他的头骨时他是否会感到任何疼痛。他后来会说，他看见一道明亮的白光，他感到了上帝的存在。

总共有84名美国人在这场被称为“马尔梅迪大屠杀”中惨遭毒手。

然而对战俘的屠杀并不只限于马尔梅迪。当特德·帕卢赫和查尔斯·埃普曼整个下午装死时，佩普的士兵在党卫军的坦克继续向默兹河进发的行程中屠杀了更多的美国战俘。在接下来的3天里，希特勒的精英近卫部队将谋杀350多名美国士兵和100名比利时平民。

★ ★ ★

下士帕卢赫和埃普曼几个小时挺在那里一动不动。当他们听到的最后一辆坦克隆隆开过去时，他们的手和脸都麻木了。最终，周围没有动静了。绝望的帕卢赫和埃普曼爬了起来，跑过整个空地，越过一道铁丝网围栏，进入了安全地带。他们后来结婚，有了孩子，有了事业，并活到八十几岁。当他们和其他幸存者到达美国防线并报告了他们所遭受的暴行后，“马尔梅迪大屠杀”的恐怖故事立即随着盟军的指挥链向上传递出去了。

新闻的速度是无与伦比的。第291战场工程营的一支巡逻队在下午2点30分救起了第一位幸存者，而那时泰德·帕卢赫和查尔斯·埃普曼还在装死。4个小时后，第一军的最高指挥官们知道了所发生的一切。4个小时后，整个美军防线上的每一名士兵都知道了党卫军对美国战俘的冷血屠杀。

美国人热血沸腾。战争公约将杀死已经投降了的人视为犯罪。许多美国指挥官告诉他们的士兵不要保留党卫军俘虏。如果德国人不打算遵守战争公约，那么美国人也不会遵守。

第八章

第十二集团军司令部

凡尔登，法国

1944年12月19日

上午10点30分

乔治·S.巴顿浑身冰冷。

巴顿缩在他的露天吉普车的右座上，静静地吸着一支雪茄。他的大衣的羊羔毛领紧紧地护着他的脖子，而头盔则紧扣在他的头上。当他的驾驶员穿行在这座古老的法国小城的街道上时，他几乎不说话。在从他设在南锡的总部开到这里的90分钟的车程中，将军一直对极冷的寒风置之不理。巴顿不会让环境影响到他。

巴顿的司机，来自阿拉巴马州阿布维尔的约翰·米姆斯①军士在第12军总部的石头营房的入口处减慢了速度。哨兵看到将军，立刻立正、敬礼。作为回礼，巴顿戴着手套的右手指尖碰了一下他的钢盔。吉普车开到了一处泥泞的操场，扫了一眼在场的汽车，发现艾森豪威尔和他的随从们还没有从凡尔赛到来。也看不见奥马尔·布雷德利的专车。指挥第一军的考特尼·霍奇斯将军也还没有到场，尽管巴顿对此并不感到奇怪。霍奇斯没有预料到德军会从阿登发动进攻，然后又花了两天时间来否认它的发生。他甚至花时间采购了一把新的

① 米姆斯从1940年9月至1945年5月担任巴顿的司机。

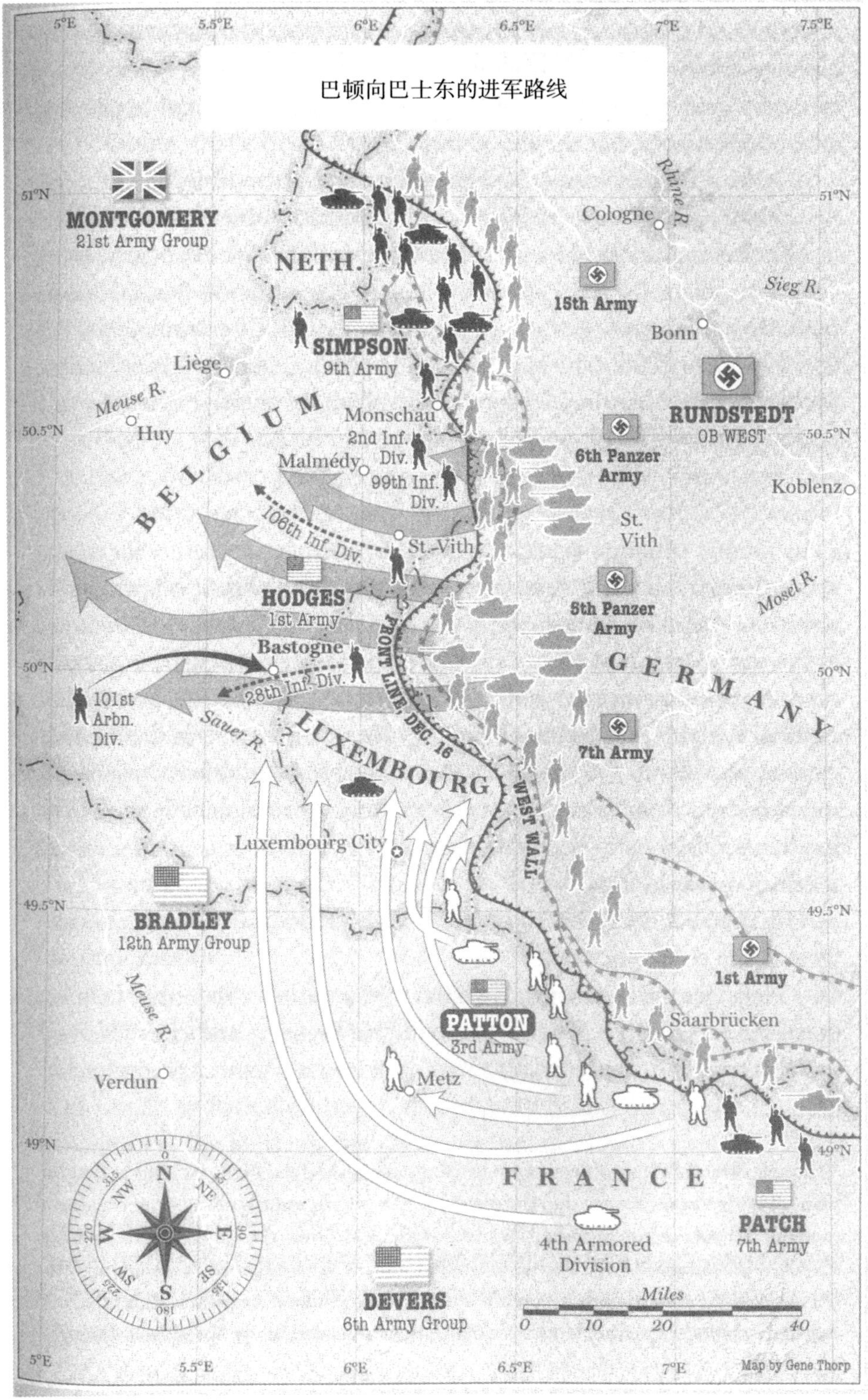
巴顿向巴士东的进军路线
MONTGOMERY
21st Army Group
NETH.
SIMPSON
9th Army
Liège
Meuse R.
Huy
BELGIUM
Monschau
2nd Inf. Div.
Malmédy
99th Inf. Div.
106th Inf. Div.
St.-Vith
HODGES
1st Army
Bastogne
28th Inf. Div.
101st Arbn. Div.
Sauer R.
LUXEMBOURG
FRONT LINE, DEC. 16
WEST WALL
Luxembourg City
BRADLEY
12th Army Group
Meuse R.
PATTON
3rd Army
Metz
Verdun
FRANCE
4th Armored Division
DEVERS
6th Army Group
PATCH
7th Army
Cologne
Rhine R.
15th Army
Sieg R.
Bonn
RUNDSTEDT
OB WEST
6th Panzer Army
Koblenz
St. Vith
5th Panzer Army
Mosel R.
GERMANY
7th Army
1st Army
Saarbrücken
Miles
0 10 20 40
Map by Gene Thorp

猎枪，然后居然还举行了喧闹的员工圣诞派对。现在，这场屠杀的惨烈程度已经很清楚了。霍奇斯把自己关在办公室里，弓着背坐在他的书桌前，把头埋在手掌里。要是有人问起，他的随从人员会解释说他得了感冒。

布雷德利将军为德国人的进攻而感到震惊和心烦意乱。就在昨天晚上，他还告诉一名助手说，他并不认为德国人会进攻。而现在，布雷德利看上去就像一个傻瓜。德国军队在过去的12个小时里不停地向美国军队进攻。战况使得艾森豪威尔召集了盟军最高指挥官的紧急会议。巴顿的天衣行动停止了。正如脾气暴躁的将军两个星期前所预料的那样，考特尼·霍奇斯和他的第一军需要救援，而巴顿将军的第三军将不得不去救援。

★ ★ ★

艾森豪威尔对着在长会议桌两旁就座的将军们和高级官员们说道：“现在的情况应该被视为是我们的一次机会，而不是一次灾难。”明天，艾克将正式晋升为五星上将。然而，他看上去脸色苍白，疲惫不堪，而不是喜气洋洋。环视二楼这间潮湿的房间，可以看到英国陆军元帅伯纳德·蒙哥马利不在场。[①]一张战况地图覆盖了一整面墙。空气中混杂着巴顿的雪茄、其他军官们的香烟、湿羊毛和在大肚子火炉中燃烧的木块散发出的烟雾的气味。低微的火焰没能烧暖房间，这使得几乎没有人脱下厚厚的大衣。

艾森豪威尔勉强地笑了一下，继续说道：“下一次在会议桌旁出现的只会是笑脸了。”

巴顿打断了他，“该死的，我们应该放胆让这狗娘养的一路冲到巴黎。然后，我们就可以把他们完全切断，彻底消灭。”

巴顿的豪言壮语只引起了一阵轻微的笑声，但它定下了一个基调。因为

① 虽然有几名英国军官们出席了会议，在巴顿说出他的计划时大声笑了出来，蒙哥马利选择了缺席会议。在这样一个关键时刻公然抗命不出席会议并没有让他受到惩罚。恰恰相反，艾森豪威尔在第二天将布雷德利属下部队的很大一块重新配置给了蒙哥马利指挥。这导致了多家英国媒体宣称没有元帅的战术专长，美军将束手无策。这当然激怒了许多美国士兵。

在曾经绝望的北非、西西里岛和法国战场上，正是巴顿的攻击天性使盟军一而再、再而三地反败为胜。

艾森豪威尔试图再次掌控会议，他回答道："乔治，这主意不错，但决不允许敌人越过默兹河。"这是在沙滩上画线。约阿希姆·佩普和他的党卫军坦克部队正在拼命赶往默兹河，夺取河上的桥梁，以确保德军的进攻道路畅通。

艾森豪威尔的G-2首席情报官英国少将肯尼斯·斯特朗向会议通报了美国和德国军队的当前位置。9月下旬以来，德国军队成功地阻止了美国和英国军队向德国本土的推进。这场战争已经成为一个僵局。盟军曾经愚蠢地假设德军永远无法扭转颓势。这是一个错误。

如果现在通过阿登的17个师的德军士兵能以某种方式跨过默兹河的话，战争的态势可能会朝着对盟军不利的方向急剧转变。

艾森豪威尔说道："乔治，我要你来指挥这次行动。当然，在布雷德利的督察下。"说到这里，艾森豪威尔向奥马尔·布雷德利点了一下头。恶劣的天气使布雷德利在从卢森堡市开过来的漫长的车程中迟到了，但他还是赶上了会议。他很紧张，因为他很清楚他上了敌人的当，他可能要为德国人的进攻承担责任。在战争时期是不允许任何一位将军犯这样的错误的。

艾克继续说道："反击至少需要有三个师的部队。你什么时候可以开始行动？"

巴顿早已准备就绪。他不仅带着3个不同的作战计划来参加会议，而且在当天上午的早些时候召集了他的工作人员开会，编排了几组暗号。启动第三军的进攻很简单，只要巴顿打电话到他的总部，说出代表哪个作战计划的暗号就行了。

"只要你我商量定了就行。"巴顿回答道。

"你什么时候能发起攻击？"艾森豪威尔压着巴顿给出一个确定的日期。

"12月21日早晨。"巴顿回答道。那是两天以后。手上夹着点燃的雪茄，他又补充道，"三个师的部队。"

房间陷入了尴尬的沉默。这些职业军官们懂得当有人当众出丑时需保持外交礼仪。显然，巴顿已越过了这条界线。三个师不是一支小巧的部队。这是一个慢速移动的庞然大物，撒开的前沿可长达数英里。以为能将10万人和装备以某种方式连根拔起，在48小时内移动百英里的念头是荒唐可笑的。如果只是移动部队，而弹药和汽油跟不上，那一切都完了。试图在隆冬季节，在狭窄和结冰的道路上完成这样的任务，那是完全不可能的。巴顿的大嘴巴似乎又一次让他陷入困境。

艾森豪威尔已经多次见过这样的场面了。他说道："不要头脑发昏，乔治。"

巴顿看着他的副参谋长保罗·哈金斯中校。哈金斯没说什么，只是点了一下头，确认巴顿正站在坚实的基础之上。

"我们可以做到这一点。"巴顿说道，眼睛直盯着艾森豪威尔。

巴顿的副官查尔斯·科德曼后来写道："当在场的人在椅子上直起身子时，出现了一阵脚步移动的骚动。有些人的脸上显示出怀疑的神情。但是整个房间里跳跃起了兴奋的火花。"

巴顿抓住了那一刻。他走向地图，一一指出德国人的弱点。这花了一个小时。奥马尔·布雷德利说得非常之少，他意识到这是属于巴顿的行动，是巴顿一个人指挥的行动。

最后，当会议结束时，艾森豪威尔和他的老朋友开玩笑说道："乔治，有趣的是我每次得到一个新的将星时，我就受到攻击。"

巴顿堵着他回答道："是的，每次你受到攻击时，我都会来把你救出去。"

★ ★ ★

然而这一次，巴顿可能晚了一点。

安东尼·麦考利夫准将早已赶赴前线了。他是德怀特·艾森豪威尔为竭力阻止德军前进而投入战局的后备部队的一部分。作为一名职业军官，麦考利夫是一个相貌平平的人。他身高5.7英尺，他那向后梳的头发让他看上去更矮了一些。麦考利夫正试图在德国人到达之前先占领比利时城市维伯蒙，但行程是令人沮丧的。麦考利夫的吉普车无法在结了冰的道路上快速行进。相反，他正面临着反向交通的冲击。

盟军的坦克、卡车、半履带装甲车和士兵们都朝着相反的方向行进，直冲着麦考利夫扑面而来。

他们并不是迷了路；他们是被打败了。他们尽了一切所能来阻止德军的进攻，他们的部队已元气大伤。他们的战斗胜算无望，只是为了争取时间让第一百零一空降师能赶到巴士东。现在，他们从前线成群结队地撤了下来。他们那肮脏、冻伤的脸上充满了看着自己的好友被炸成碎片后的悲伤。撤退的士兵们阻塞了狭窄的乡间道路，德国人的进攻彻底击垮了他们的斗志。美国军队从未遭受过如此的摧残。

麦考利夫的司机按着喇叭，大声叫喊给将军让路，但没有任何用处。大部分士兵对此都没有反应。有些人自说自话，胡言乱语。有些人在哭。其中有一些来自一百一十步兵团。3200人的一百一十步兵团刚刚在战斗中失去了2750人。一位目击者后来回忆道："他们蹒跚而行，充满了震惊和恐惧。我从来没有见过表现出这样绝对恐惧的士兵。"

麦考利夫对阻止撤退无能为力。他关注的不是这些人。他已受令赶去维伯蒙，在那里带领久经沙场的第一百零一空降师投入战斗。这些坚强的战士现在落在他身后数英里，乘坐在排有10英里长列的敞篷装牛卡车里。

46岁的麦考利夫本不应负责指挥的，但他的顶头上司们似乎都在圣诞节休假了或者像前师参谋长那样，开枪自杀了。所以麦考利夫得坐车艰难地向维伯蒙驶去。快速反应对制止纳粹渗透是至关重要的。如果用一个军事术语来表达，盟军前线出现的穿孔被称为一个突出部。

美国报纸只是简称它为"凸起部"。

麦考利夫是那种和气、直言不讳的男人。他在西点毕业生和将官中是如此罕见，他在谈话时从不讲脏话。他是务实的。那些被打败的战士是明显的证据，表明"克鲁兹"（那是美国士兵对他们的对手德国国防军的称呼）还远没有被击败。在短短4天里，他们已经打死了几千美国人。

克鲁兹将全力以赴来宰杀第一百一十空降师。这原本是不应该发生的。经过几个月的艰苦战斗以后，第一百一十空降师被撤回后方修整。他们驻扎在离前线100英里的兰斯，在那里他们被允许去附近的巴黎休假，补上他们曾经失去的睡眠。并不急于向他们供应冬季内衣和保持他们靴子干燥的套鞋，或额外的弹药，第一百零一空降师并不需要它们。在冬季结束之前，他们将不会有任何行动。

但那是那时。现在，他们正在运动之中。在6月份被空降到诺曼底海滩德军防线背后，在9月下旬的市场花园行动中被再次空降之后，他们应该享受一下休息。但艾森豪威尔急切需要他们赶往前线。当命令到达时，有些人在兵营里休息。而另一些人在巴黎的小酒馆里喝得酩酊大醉，最后被宪兵拉出来的。他们乘坐的是由近400辆汽车组成的特殊车队。许多车打开了车头灯。这在作战区域通常是被禁止的，但现在这样做能让他们以更快的速度行进。危险是如果德国飞机飞来，第一百零一空降师的每个人都会遭受来自空中的屠杀。他们的身影在雪地上非常显眼，纳粹飞行员可以在空中看得一清二楚。

但算计过的赌博卓有成效。天空布满了铅灰色的云层和大雾。德国空军夜晚是不飞的。[①]挨冻的美国士兵们挤着站在摇曳的卡车上，一个小时，又一个小时。当撤退的大军延缓了大篷车的行进时，第一百零一空降师的士兵们会向他们要供需品，弹药，头盔，口粮，甚至步枪。

但没有笨重的冬装，没有羊毛袜，当然也没有长内裤。那些在撤退的人不会把那些给他们。

“那儿的情况怎么样？”一群士兵齐声呼喊着。“有多少克鲁兹？他们有多远？他们有坦克吗？”

对这些问题，撤退的人群中有一个人简单地回答道，“你们都会被打死的！”

毫不气馁，第一百零一空降师继续向前推进。任何人都可能迷失。但前进中的美国人知道他们并没有那种奢侈。就像在这片相同的土地上罗马军团曾经

---

① 德国空军曾雄霸欧洲上空。但它在不列颠之战中几乎损失了1900架战斗机和轰炸机，以及3500名机组人员，外加967名成了俘虏。德国空军再也没有恢复过来。盟军在D日之前和之后在欧洲的集结日益依赖于不断增强的空中力量。盟军空军通过近战支持和轰炸敌方设施和城市来协助地面部队的进攻。虽然直至1944年底德国空军还在实施有计划的轰炸，但盟军几乎已完全掌握了空中优势。

击退了日耳曼游牧部落那样，他们手中握着欧洲的命运。

尽管直到最后一刻才被叫上拿起武器，麦考利夫将军和第一百零一空降师早已做好了战斗准备。当被击溃的部队中的一名上尉莫名其妙地堵住了道路，并拒绝移动他的卡车让第一百零一空降师通过，伞兵们拔出了他们的格斗白刃。

一名空降兵军官迅速采取行动来缓解状况，他拔出了自己的手枪，承诺将把子弹打进上尉的脑袋。

值得庆幸的是，用一位军队牧师的话来说，上尉看到了“立即服从的智慧”。

“没有人会念叨他。”一名伞兵平静地说道。

第一百零一空降师继续向前推进。

但西点军校1918年级的托尼·麦考利夫准将没能赶到维伯蒙，第一百零一空降师也同样没能赶到。

相反，他们转移到了一个小镇，在阿登的地图上那不过是一个小点。德国人把这个小镇叫做“通路章鱼”，因为有7条不同的公路从小镇中心向7个不同的方向散发开去。“观察莱茵河行动”成功的关键就是控制当地的道路，这将让重型坦克能更迅速地通过。因此，德国人觊觎着这个城镇。

通路章鱼的正式名称是巴士东。

直到几天以前，麦考利夫还从来没有听说过巴士东。但现在，不管是好是坏，他已经到了这里。当他的吉普车怒吼着冲到镇中心时，他看到的是一个凄惨的场景。在最好的状况时，巴士东也几乎没有一点自然的魅力或美丽。而现在是一片遭到彻底破坏的景象。没有电力供应，镇中心到处都是难民，推车上高高地堆满了逃难人的财物。德国人的持续炮击已让巴士东成了一片瓦砾。

然而麦考利夫必须不惜一切代价守卫这个可怕的小城堡。他把他的指挥所设在和火车站隔街相望的一家酒店的地下室里，不耐烦地等待着他的部队的到来。看一眼沿墙竖着的战场形势图板就可以明白德国人正拼命想拿下巴士东：他们出动了3个整师和4个师的部分。麦考利夫的11000名伞兵和第十装甲师B作战指挥部的3000名士兵和坦克几乎就要被55000名德军和他们的坦克给包围了。[1]一旦德军收紧了口袋，美国人就无路可逃了。他们能活下去的唯一希望就是乔治·巴顿将军和他的第三军能突破包围来营救他们。

特洛伊·米德尔顿少将在逃离巴士东之前向麦考利夫通报说："托尼，你不久就会在这里被包围。"米德尔顿是美国陆军第八军团司令，是麦考利夫的顶头上司。他正把他的总部撤回一个安全的名叫纽峡图的小镇。麦考利夫注意到第八军团是如此急于撤退，他们甚至扔掉了数量充足的酒类专卖店。

米德尔顿强调道："不过不用担心，巴顿正赶来支援。"

说完这些，米德尔顿急匆匆地赶到他的车旁，跳上车并迅速开出了城，因为他知道德国人离这儿只有两英里远了。自12月16日以来，他的表现一直很出色。但第一百零一空降师的到来意味着他和他的总部工作人员留在巴士东已没有任何意义了，而且还有成为俘虏的潜在危险。

麦考利夫现在执掌了全部指挥责任。他清楚地知道，很多人可能会把眼下的情况看成当年卡斯特背水一战的第一百零一空降师版本。

但麦考利夫不相信结局将会如此。

或用巴士东野战医院一名医护兵的话来说："他们把我们包围了。那些可怜的王八蛋。"

★ ★ ★

与此同时，在巴士东东北50英里，当太阳照上了埃尔森博恩高地时，德国人发起了攻击。

---

① 在战争期间，17000多辆马克4型坦克组成了德军坦克军团的中坚力量。但当入侵苏联后发现苏联T-34坦克的装甲更厚，火力更强大，德国人又设计并建造了豹式坦克。豹式坦克的75毫米火炮和流线型装甲防护（偏转弹片）在苏联前线被证明是很有功效的。豹式坦克被认为是战争中最好的德国坦克。设计于1942年的虎式坦克原本应被命名为6型坦克，但阿道夫·希特勒下令使用一个新的名称。虎I型和虎II型都是庞大的重型坦克，与当时在战场上的任何其他装甲武器相比绝无逊色。但虎II型坦克过早地投入了使用，从而遭受了机械故障的影响，限制了其效用的发挥。

第一百零一空降师的士兵在比利时巴士东行军

德国人从林中瞄准，向在高地上挖坑隐蔽的冻僵的美军射击，高地的高度近海拔2000英尺。第九十九步兵师的士兵们听着一发88毫米炮弹打过来时的轰鸣。它在空中的飞行是短暂而令人恐惧的，在它打到一个美军散兵坑之前，那尖叫声会越来越响。尘土、积雪、鲜血和身体的残部炸飞到了空中，有士兵当场死亡。第九十九步兵师的士兵们把自己冻伤的身躯更深地压到他们的掩蔽坑里。在过去的一个星期里，第九十九步兵师掌控着埃尔森博恩高地，他们知道德国人迟早会发起正面进攻。现在，进攻开始了。

这单独的一发炮弹只是随之而来的几百发炮弹中的第一发。德国人向美军阵地轰击了一个多小时。弹着点并没有规律。当炮弹在附近爆炸时，一些美国士兵恶心想吐。他们的耳朵里嗡嗡作响。有些人不知不觉尿了出来，悄悄地在这零下的寒冬里获得片刻温暖。

然后万籁皆寂。

但这沉寂只持续了很短的时间。

上午9点，德军第三装甲师在西瓦姆溪谷旁的树林里出现了。不服输的纳粹士兵朝着美军的散兵坑冲去。

他们应该对地形有更好的认识。

要在新下的雪地上跑步通过是不可能的。深雪漫到了德国人的膝盖。他们很快就上气不接下气了。他们无法跑步通过，只能蹚过雪地，每一步后面都留下了一个巨大的空洞。

这是第九十九师的机枪手们瞄准目标的绝好时机。现在轮到他们来制造敌人的死亡了。

他们就这么干了。

这是整个早上美国人能够第一次从他们的散兵坑里探出头来开火。前沿斜坡上的机枪手们利用他们没有遮拦的地形开火，每个人不慌不忙地左右转动枪管，来回扫射，手指紧紧地压在扳机上。山坡上布满了德国炮弹炸出的弹坑。除此以外，没有任何可以让克鲁兹们在这片白色的广袤无垠的雪地上藏身的地方。

美军机枪的射速比德国的要慢一些。但布朗宁水冷式0.30口径的机枪完全能够完成任务，每秒发射出7发两英尺长的子弹。眼下在埃尔森博恩高地上，因为战场平坦开阔，这样的设置非常要命。事实上，对第九十九师的机枪手们来说找到目标来射杀不是问题。向坡下瞄准的诀窍就是不要瞄得太高，以免子弹只是飕飕地在敌人的脑袋上飞过。

因此，当第三装甲师的士兵们缓慢地向上通过横在他们防线和那些隐蔽的第九十九师士兵之间的漫长而空旷的半英里时，他们实际上在自投罗网。

一些德国士兵穿着冬天的白色伪装。其他人则身着纳粹的灰色军服。但当美国子弹狠狠地把他们打倒时，雪地很快就染成了红色。

第九十九师的士兵们从来没有经历过现在这样的时刻。他们的班排已被无情的炮击打乱了。他们已是筋疲力尽。许多人还患有肺炎和痢疾。有些人甚至不是步兵，而是后方的厨师或文书，从来没有学过最简单的步兵战术。

但这并不能让他们停止战斗。随着每一个死去的德国兵在雪地里倒下，他们觉得自己能活着看到另一个日出的希望就增添了一分。

第九十九师的步枪和自动武器不停地射击着，德国人的尸体越堆越高。不用很久，德国人就别无选择，只能撤退了。

两小时后，他们再次发起了攻击。

他们再次失败了。

最后，随着夜幕降临，第三装甲师的德国士兵们又一次向埃尔森博恩高地发起了进攻。[①]

但第九十九师打退了他们的第三次进攻。当美国人趴在他们的散兵坑里承受着第五个零下严寒与无法入睡的夜晚时，他们听到了散落在山脊下面雪坡上垂死的德国士兵的呻吟声。他们迫切需要救助。但是，没有人会来。

第九十九师在他们的防线上连续坚守了五天。即使美国军队几乎在其他所有地方都在大规模地撤退，他们仍坚守在那里。但他们能坚持多久？他们继续经受着巨大的人员伤亡，而且仍然在人数上以一比五处于劣势。在下面的山谷里，坦克和半履带装甲车排成了15英里的长龙，焦急地等待着第九十九师的最后一名士兵被打死，从而使他们能获得通过阿登的这些重要道路。

如果第九十九师没有坚守他们防线的话，德军将能迅速调整其攻击朝向默兹和巴士东。如果出现了这种情况，乔治·巴顿解救巴士东的希望就无法实现了。

所以问题依然存在：第九十九师还能坚持多久？

★ ★ ★

巴顿在他的日记中写道："艾克和布尔认为我发起进攻过早而感到非常紧张。"布尔就是艾森豪威尔的G-3哈罗德·布尔少将。巴顿的部队正在向巴士东开进，一路上遇到了德国人的顽强抵抗。"我有着我可以得到的一切。如果我继续等待，我将失去突袭的效应。"

"在我看来，如果第一军愿意的话，他们可以在22日发起攻击（或者，如果迫使他们这样做的话），但他们似乎并没有这样的信心。"

---

① 德军的精确伤亡人数不详。总体上，美军因死亡或失踪损失了5000人，而56000进攻的德军的死亡率是异乎寻常之高，他们还失去了100多辆坦克和装甲车。

“除了派去第八军团的人以外，我召集了由所有工作人员参加的一个会议。像往常一样，在进攻的前夕，他们有很多疑问。我似乎永远是一缕阳光。感谢上帝，我将永远是一缕阳光。我们能够而且将会获胜，上帝将帮助我们。”

★ ★ ★

德国人也在向巴士东开进，他们并没有意识到正在与巴顿和第三军竞争对这个交通要道的控制。现在，离巴士东市中心5英里处，纳粹们正试图占领诺维尔镇。

挡住他们去路的是一个身材高大、意志坚定的年轻少校威廉·戴斯欧布雷和他那极其弱小的被称为戴斯欧布雷小队的步兵和坦克分队。

他们把指挥部设在村里学校的房子里。村子教堂就在街对面。当战斗结束后，党卫军将进入同一个教堂，把乡村牧师枪毙了，因为他为美国人提供了帮助。为了确保成果，他们还枪毙了这个本来在沉睡中的小镇的6名居民。

现在，这一切正在来临。

戴斯欧布雷今年26岁，在军队只待了短短四年。

虽然他去了乔治敦大学，而不是西点军校，但他那敏捷的思维和准确的判断力已经使他屡获提升，超越了那些长他十几岁的前辈。人们对他的才华寄予厚望。瘦瘦的戴斯欧布雷受令带领他的分队在进犯的德军和巴士东的心脏之间构筑防线。戴斯欧布雷研究了一下地图，发现诺维尔非常难以防守，但同时又具有战术上的重要意义——三条道路从诺维尔出发，其中之一直冲巴士东市中心。这些是柏油路面的宽阔道路，是从阿登直接通往巴士东的最近的高速公路。

当他在领受保卫诺维尔的任务的时候，戴斯欧布雷曾经略带紧张地问他的上级指挥官：“如果情况到了我认为有必要撤退的时候，我能自己做决定吗？还是我需要得到你的许可？”

戴斯欧布雷的上级指挥官是第十装甲师的战场指挥威廉·罗伯茨上校。他们两个关系很好，戴斯欧布雷把罗伯茨当成了他的第二个父亲。他专注地听着上校的答复，决心一字不差地执行命令，生怕让上了年纪的人丢脸。

罗伯茨直接回答道：“你明天早上可能会变得非常紧张，想要撤退，所以你必须等待我的命令才能撤退。”

撤退的命令还没有到达。

靠着15辆谢尔曼坦克和4辆M–18反坦克驱逐装甲车，戴斯欧布雷坚守着诺维尔，并等来了支援他的第一百零一空降师的一支部队。伞兵营与戴斯欧布雷的小分队合力挫败了德国人数次试图夺取诺维尔的进攻。德国坦克和谢尔曼坦克很快就在道路的两旁燃烧起来。很多燃烧的坦克中困有受伤的士兵。火焰的热量过于炙热，无法实施救援，所以他们都烧死在自己的钢铁棺材里了。

这个村镇也在燃烧之中。从燃烧的建筑物里冒出的浓烟与大雾混合在一起，使诺维尔看上去像是在另一个世界里。士兵们对着一片混沌射击，不知道他们该瞄准哪里，也不知道他们是否打中。德国炮弹从镇外射来，以每十分钟二十几发的速度落在美国人的防线上。校舍被炸毁了，戴斯欧布雷少校被迫寻找新的指挥所。德国人的炮击甚至在晚上也不停止。

夜幕降临了，戴斯欧布雷与他的空降兵伙伴找了个地方来商量对策。他把指挥权让给来自得州，1939年毕业于西点军校的詹姆斯·拉普拉德中校没有问题。拉普拉德是罕见的人，他不仅是戴斯欧布雷的上级，和戴斯欧布雷差不多的身高，略低于6.4英尺，而且他职业生涯的晋升速度甚至超过了戴斯欧布雷。在30岁时，拉普拉德只差两级就是将军了。

但这两名军官所不知道的是，戴斯欧布雷小分队里的一个人刚犯下了一个致命的错误。天色还没有完全暗下来，一名负责维修的美国军官把他的车直接停在指挥所前面，而不是几百码远的路边。在远处的一位德国坦克乘员通过望远镜发现了车辆。他们没有浪费时间来仔细分析这个选择的目标。在估算距离和弹道之后，他们的88毫米大炮喷射出了绿色的火焰，炮弹向戴斯欧布雷和拉普拉德飞来。

两人坐在他们的指挥所里。一位文书正在写他的日记。粗心的维修军官进入了狭小的房间里，室内有椅子和电话，墙上挂满了地图。他向戴斯欧布雷报告，已把破损的坦克拖去了巴士东。一个衣橱堵着一个窗口，以保护室内的人免受狙击手的射击。

88毫米炮弹在击中之前发出的尖叫声，是在指挥所里的人绝对没有想到的。

衣橱被炸成无数碎片。屋顶坍塌，石墙也倒塌了。戴斯欧布雷被埋在一堆瓦砾里，松木穿透了他的身体。他的左眼几乎从眼眶中掉落出来，他的头上扎满了金属、木头、石头和玻璃碎片。

但他还活着。

詹姆斯·拉普拉德中校躺在戴斯欧布雷的旁边，几乎无法辨认他的模样了。

托尼·麦考利夫认为他是第一百零一空降师里最出色的营长。

他妻子的名字叫马西。他的弟弟罗伯特是一名海军陆战队士兵，因在瓜达尔卡纳尔岛表现英勇而荣获海军十字勋章，并有一艘舰艇以他的名字命名。罗伯特在瓜达尔卡纳尔岛阵亡。

死了的指挥官的名牌上刻着“拉普拉德”。

如果不是那块名牌，他那破碎的身躯可以是战争双方中任何人的。即便是他的妻子也无法辨认她所爱的男人。

一个医护兵迅速地赶来照看戴斯欧布雷，并帮忙抬着他的担架进了救护车。司机打着了发动机，飞快地朝着巴士东郊外的野战医院帐篷驶去。但一支德国巡逻队拦截了救护车。出于某种原因，他们对戴斯欧布雷发了慈悲，没有打死他，也许以为他反正很快就会死的。

对戴斯欧布雷少校来说，战争已经结束。他被带到了德国战俘营。

但他在诺维尔的功绩不可磨灭。通过延缓德军的向前推进，克制撤退的冲动，他为第一百零一空降师赢得了他们所需要的宝贵时间，让他们在巴士东周边形成了一个紧凑的防卫圈。

★ ★ ★

托尼·麦考利夫将军收到了坏消息。美军在诺维尔伤亡了275人。戴斯欧布雷分队损失了他们15辆谢尔曼坦克中的11辆。在浓雾和黑夜的掩护下，第一百零一空降师，第十装甲师和戴斯欧布雷分队剩余的人员撤回到了巴士东的核心防线，很快他们就得在那儿进行他们最后的抵抗。

麦考利夫感到筋疲力尽。他昨晚几乎没有睡，因为德国空军轰炸了巴士东，一颗炸弹几乎摧毁了他设在商务旅馆地下室的指挥所。他将他的指挥所迁

安东尼·麦考利夫将军（右）与乔治·巴顿将军（左）

移到了一个比利时军队兵营的地下室。就在中午之前，他找到了一间狭小但安静的房间，钻进他的睡袋，睡了一小会儿。他的下属知道，如果发生了任何重要情况，就得叫醒他。

与此同时，在环绕巴士东周边的草地和森林里，第一百零一空降师的士兵们设法把被包围的不利形势转换成一个战术上的正面局势。他们紧缩防线，面朝外，等待德军的进攻。尽管下着小雪，他们觉得很安全，放心大胆地爬出了他们的散兵坑，抽几分钟时间刮刮胡子，使用一下狭缝厕所。[1]

① 狭缝厕所是一条狭长的沟，宽度刚好够一个人跨在上面放松。事后将尘土撒在沟里以消除异味。

在战斗的间隙中，谣言和传闻在前线到处流传，人们都听说巴顿正派出一个装甲师来帮助他们摆脱困境。也许是两个装甲师。他们不能肯定这一点——他们曾经听到谣传，C–47运输机昨晚会来巴士东空投宝贵的食物和子弹等物资。但从来没有来过。使第一百零一空降师的人感到困惑的是美国飞机因天气不好而无法飞行运送重要的援助，但德国空军似乎并没有问题飞到巴士东投掷炸弹。[①]

还有一个令人沮丧的传闻（真实事件）也在流传，德国人昨晚进占了巴士东的野战医院。很多伤员被俘，还有医生和手术室的人员。所有的医疗用品，包括手术器械和大量的抗生素青霉素都被拿走了。当战斗再次打响时，这将成为一个生死存亡的问题，因为青霉素对重伤员的生存是至关重要的。

1944年12月22日中午时分，美国防线的前沿形势十分紧张，但也十分安静以致第三百二十七滑翔机步兵团的一些士兵居然站在他们在巴士东南部凯斯勒家庭农场的散兵坑外面聊天。

一个非常奇怪的景象出现了。从阿尔隆的方向有4个德国士兵举着一张床单那么大的白旗向他们走来。他们无所畏惧地越过了美国防线，甚至毫不犹豫地走过了一个火箭筒分队的工事。F连队的士兵们举起了他们的M–1卡宾枪，但德国士兵仍然向他们走来。一位美国军士兵说道："这是怎么一回事？"不明白为什么德国人想要投降。

3名美国士兵小心翼翼地走到路上接待了德国人。他们很快与两名军官和两名士兵面对面地站在一起了。德国军官穿着黑色的抛光皮靴，暖和的长大衣。其中一个稍矮敦实的上尉拿着一个公文包。

美国士兵们的手指一直紧扣着他们M–1步枪的扳机，不知道这是否是一个骗局。

这不是一个骗局。

实际上，这是包围了巴士东的德军部队指挥官海因里希·路特维兹将军的

---

① 绝望的希特勒曾下令德军在所有天气情况下飞行，而美国人就不会冒这个险，这使巴顿感到愤怒。

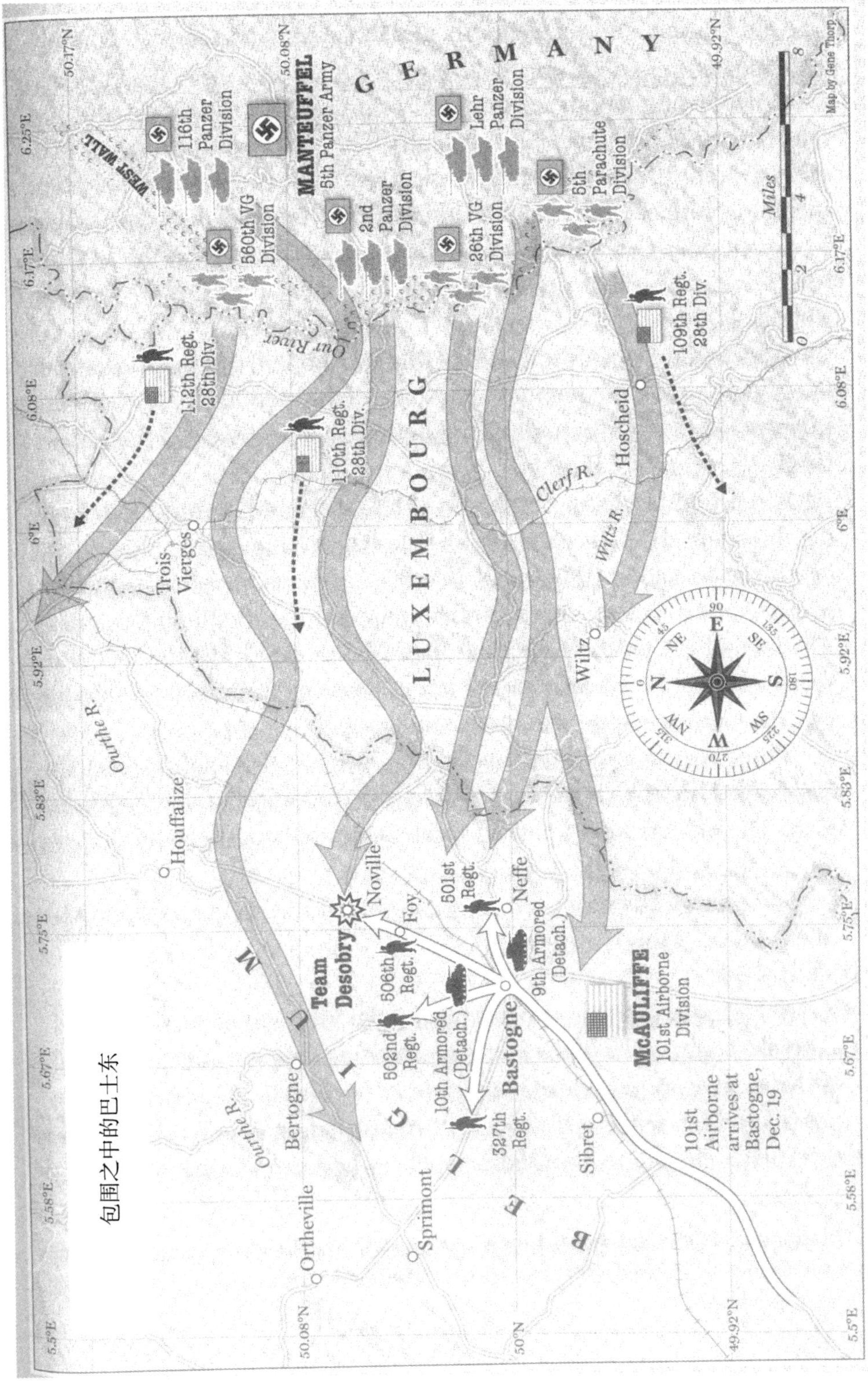
GERMANY
LUXEMBOURG
BELGIUM
WEST WALL
MANTEUFFEL
5th Panzer Army
116th Panzer Division
560th VG Division
2nd Panzer Division
Lehr Panzer Division
26th VG Division
5th Parachute Division
112th Regt. 28th Div.
110th Regt. 28th Div.
109th Regt. 28th Div.
Our River
Clerf R.
Wiltz R.
Ourthe R.
Hoscheid
Trois Vierges
Wiltz
Houffalize
Noville
Foy
Neffe
Bastogne
Bertogne
Sibret
Sprimont
Ortheville
Team Desobry
506th Regt.
501st Regt.
502nd Regt.
327th Regt.
9th Armored (Detach.)
10th Armored (Detach.)
McAULIFFE
101st Airborne Division
101st Airborne arrives at Bastogne, Dec. 19
Miles
0 2 4 8
Map by Gene Thorp
50.17°N
50.08°N
50°N
49.92°N
5.5°E
5.58°E
5.67°E
5.75°E
5.83°E
5.92°E
6°E
6.08°E
6.17°E
6.25°E
N
NE
E
SE
S
SW
W
NW
包围之中的巴士东

一个既勇敢又傲慢的姿态。他认为不必要地屠杀那么多勇敢的美国士兵是荒谬的。相反，路特维兹向托尼·麦考利夫和第一百零一空降师提供一个投降的机会来挽救自己的性命。战争就是战争。如果美国军队拒绝放下武器，路特维兹将下令把巴士东夷为平地，而每一个美国士兵都将被打死。不会有任何战俘。

稍矮敦实的德国下级军官说道："我们是德国军队特使。"

他的名字是赫尔穆特·亨克，他英语说得很好。"我们想见你们的指挥官。"

穿着坦克指挥官制服的德军少校用德语对亨克说了些什么，他很快纠正了自己："我们想和被包围了的城市巴士东的美国指挥官谈一下。"

亨克示意了一下他的公文包，那公文包里有一封给麦考利夫的信。

德国人带来了自己的眼罩，估计到美国人不会让他们看到自己的防守位置。眼睛遮住了以后，他们就在美国防线一侧绕着圈走了起来。没有人知道该如何处置他们。

最后，阿尔文·琼斯少校收到了无线电报告："从阿尔隆的路上刚来了4个扛着白旗的克鲁兹，他们现在到了我们的F连队。他们自称是德军特使。我们该怎样处置他们？"

琼斯不懂，也没有其他人知道特使到底是怎么回事。[①]但是他要来了那封信，让那几个德国人不耐烦地坐在作为F连队前进指挥所的大散兵坑里等候答复。

很快，信的内容随着指挥链向上传递出去了。

不到一个小时，托尼·麦考利夫就被一个德国投降要求正在送往他的指挥部的消息给唤醒了。

"疯子。"他喃喃自语，还在半睡半醒之中。

琼斯很快就带着信到了。实际上有两封信，一封是德文的，另一封是英文的。

麦考利夫从他的参谋长内德·穆尔斯中校手中接过信来，问道："他们要投降？"

---

① 一个古老的法国术语，意指来往于双方之间履行其职责而免于处罚或迫害的外交代表。

“不，”摩尔纠正他道，“他们要我们投降。”

麦考利夫笑着开始读起信来。

这封信的日期是1944年12月22日：

致已被包围的巴士东城的美国指挥官：

战争的前景正在发生变化。这一次，巴士东城中和附近的美国军队已经被强大的德国装甲部队包围了。更多的德国装甲部队已经越过了奥勒特尔维勒附近的乌尔特河，夺取了马尔凯，并通过洪姆泊莱-西布莱特-梯尔莱特到达了圣休伯特。利布拉蒙特已在德国手中。

只有一种可能可以挽救被包围的美国军队不被完全消灭：那就是被包围城镇的体面投降。从阅读这封信开始，将给予两小时来考虑这件事情。

如果这一提议遭到拒绝，一个德国炮兵军团和六个重型防空炮兵营已做好准备歼灭巴士东城中和附近的美国军队。在两个小时的期限之后，将会立即下达炮击的命令。

所有因炮击而造成的严重的平民伤亡将不会符合众人皆知的美国人性。

德国指挥官

麦考利夫看着他的工作人员。“怎么办，我不知道该对他们说些什么。”

哈利·金纳德中校带着他的得克萨斯鼻音回答道：“你刚才那第一句话将是精美绝伦的答复。”

麦考利夫问道：“你这是什么意思？”

“长官，你说了‘疯子’。”

麦考利夫斟酌了一会儿。他知道历史，并想到此刻将被载入史册。一位法国将军拒绝在滑铁卢战役中投降，曾使用了更粗鲁的回应“他娘的”。

所以答复很快就打出来了：“致德国指挥官，‘疯子！’美国指挥官。”

当这封信被交给德国使者们时，他们搞不明白。亨克问道：“这是什么意思，‘坚果’？”德国人在等候答复的时候变得冷酷和傲慢起来。他们完全相信他们将作为促成投降的英雄而返回德国防线。

第三百二十七团团长保罗·哈珀上校领受了负责将麦考利夫的答复递交给德方的任务。他命令德国人上了他的吉普车，开着他们回到了在第一百零一空降师和德国军队之间的无人区。当德国人下车时他告诉他们："这意味着你们将下地狱。"

他又补充道："我还得告诉你一件事，如果你们继续进攻，我们将杀死每一个试图闯入这个城市的该死的德国人。"

亨克向其他人翻译了上校的话。德国人立正敬礼。亨克回答道："我们将杀死许多美国人，这是战争。"

哈珀哼了一声："滚吧，你这长不大的。"

第九章

佩斯卡托基金会

卢森堡城，卢森堡

1944年12月23日

上午9点

当乔治·巴顿走进这个有百年历史的天主教堂时脱下了他的头盔。虽然他是圣公会教徒，他现在需要有个地方来膜拜。当他虔诚地走向祭坛的脚下时，石头地面上回荡着他的脚步声。从许许多多许愿蜡烛上散发出来的熔蜡的气味充斥着教堂的小厅。巴顿跪了下来，展开了他特地为这次祷告写的祈祷文，低下了他的头。

他说道："主啊，这是巴顿在祷告。"他坦率地向全能的上帝倾诉着："过去的14天里一直在受罪。下雨，下雪，更多的雨水，更多的雪，我不知道在你的总部里发生了什么事。你究竟站在哪一边？"

巴顿和第三军现在在巴士东以南33英里的地方。在他指挥下的每一名士兵都已投入了这场援救巴士东的竞赛。美国防线上的这个突出部纵深60英里，宽30英里，美国控制的巴士东像一座孤岛位于其中心。虽然巴顿的士兵至今一直成功地稳步推进，但很多人仍然怀疑他能成功。与德国人相比，巴顿在人数和装备上处于劣势，他面临着艰巨的挑战，在结冰的道路和厚厚的积雪上发起攻击，而且缺少空中掩护。难怪被巴顿称为"累了的小蠢蛋"的英国指挥官陆军元帅伯纳德·蒙哥马利和其他英国官员正私底下嘲笑着巴顿的推进。他甚至还听说，很多人都建议他守住他的防线，而不是进攻，因为蒙蒂就是这么干的。

害怕狡猾的德国陆军元帅歌德·冯·龙德施泰特正准备发起另一次偷袭，从而使盟军遭受无法挽回的损失。“守住冯·龙德施泰特？”巴顿在答复时抱怨道：“我会逮住冯·龙德施泰特，并用他来擦蒙哥马利的屁股。”

不去计较那些狠话，事实是第三军可能已遇上了麻烦。巴顿已经向托尼·麦考利夫和第一百零一空降师许愿，他将在圣诞节抵达巴士东。然而由于天气的缘故，他将非常有可能无法兑现这个承诺。

所以将军祈祷。

“三年来，我的牧师一直在告诉我，这是一场宗教战争。他们告诉我，这是又一次十字军东征，只是我们不是骑马，而是驾驶着坦克。他们坚持认为，我们来这里是为了消灭德国人和不信神的希特勒，从而使宗教自由可以重返欧洲。到现在为止，我一直和他们在一起，因为你施予我们你毫无保留的合作。在非洲时的晴朗天空和平静海面使登陆非常成功，帮助我们打败了隆美尔。相比之下，西西里岛比较容易。你提供了良好的气候让我们的坦克冲击横跨了法国，这是你迄今让我获取的最大的军事胜利。你经常在我面临困难的指挥状况时给我出色的引导，你领着德国军队进入陷阱，使得消灭他们变得相当简单。

“但是现在你在中途改换乘骑。你似乎已经给了冯·龙德施泰特圣经中的每一个突破，坦率地说，他不断地打击着我们。我的部队既没有经过冬季作战的训练，也没有装备。如你所知，这样的天气更适合于爱斯基摩人，而不是南部骑兵。

“但现在，主啊，我不禁觉得我曾冒犯了你。你突然失去了对我们事业的所有同情。你把冯·龙德施泰特和他的纸挂神‘希特勒’搅了进来。不用我告诉你，你知道我们的情况是绝望的。当然，我可以告诉我的下属一切都在按计划进行，但不用告诉你，我的第一百零一空降师在巴士东正面临着巨大的困难，而这持续的风暴让甚至从空中向他们投放供给也成为不可能的了。我已派出我最能干的将领之一休·加菲将军，带着他的第四装甲师向北方重要的道路中心推进，以舒缓被包围的守军。但他发现你的天气比他的克鲁兹更难战胜。”

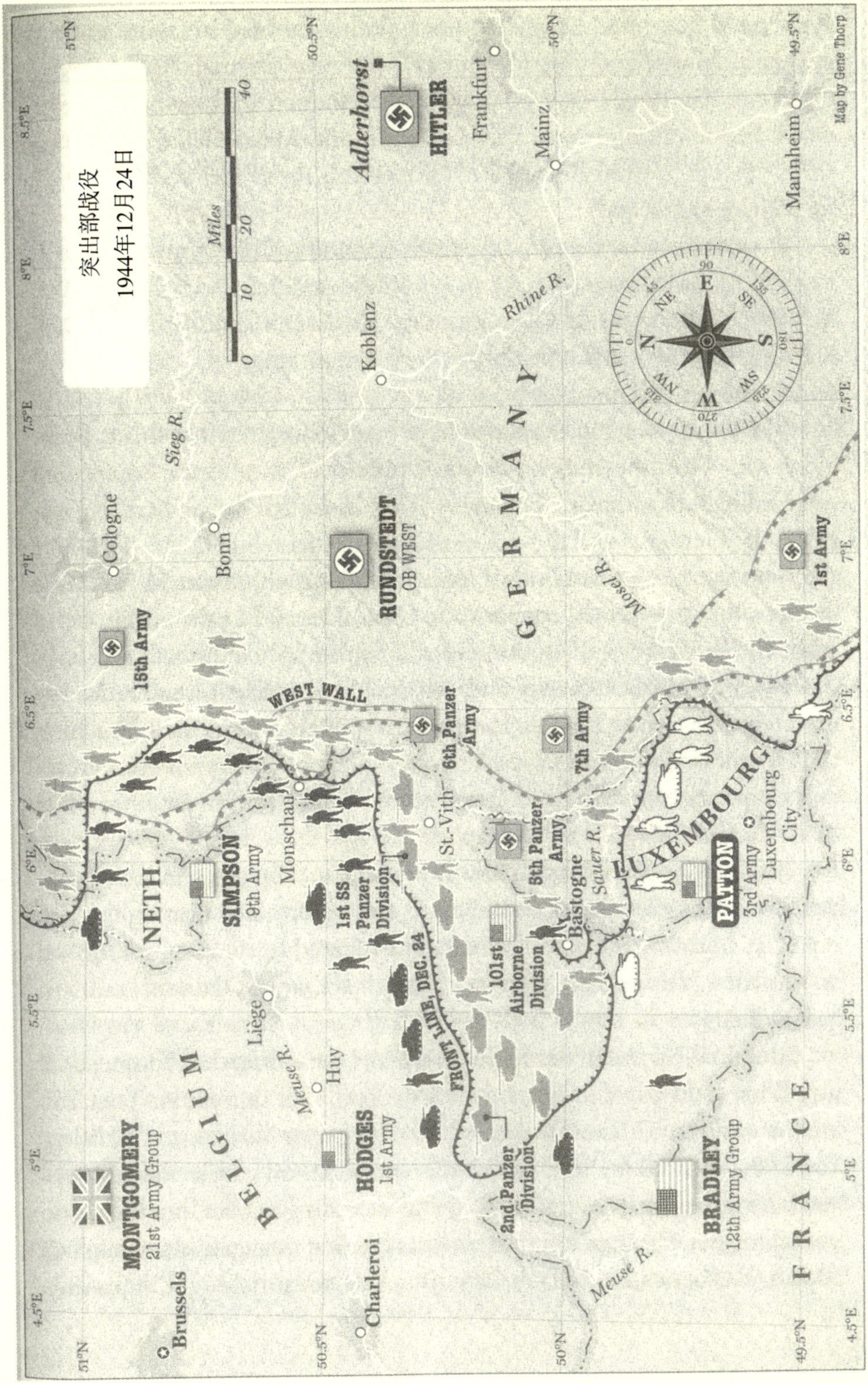

突出部战役
1944年12月24日
Miles
0 10 20 40
MONTGOMERY
21st Army Group
Brussels
Charleroi
BELGIUM
HODGES
1st Army
Huy
Meuse R.
Liège
NETH.
SIMPSON
9th Army
Monschau
1st SS Panzer Division
FRONT LINE, DEC. 24
2nd Panzer Division
101st Airborne Division
Bastogne
5th Panzer Army
St.-Vith
6th Panzer Army
WEST WALL
15th Army
7th Army
Sauer R.
LUXEMBOURG
PATTON
3rd Army
Luxembourg City
BRADLEY
12th Army Group
FRANCE
Meuse R.
Cologne
Bonn
Sieg R.
RUNDSTEDT
OB WEST
GERMANY
Mosel R.
1st Army
Koblenz
Rhine R.
Adlerhorst
HITLER
Frankfurt
Mainz
Mannheim
Map by Gene Thorp
4.5°E
5°E
5.5°E
6°E
6.5°E
7°E
7.5°E
8°E
8.5°E
51°N
50.5°N
50°N
49.5°N

★ ★ ★

这已经不是巴顿第一次祈求神助。第三军中的每个人现在都带着一张三寸乘五寸的卡片，一面印着巴顿的圣诞节问候，另一面印着祈求良好天气的特别祷告。将军坚信，当要去做不可能的事情时，诚信是至关重要的。巴顿认为祈求上帝让他杀死敌人并没有神学上的冲突。他甚至给出了残忍的命令，所有的党卫军士兵都得枪毙，而不是当俘虏。

★ ★ ★

巴顿继续着他的祷告："我不会随意抱怨，但我的士兵从默兹到埃希特纳赫一直在经受着该死的折磨。今天我造访了几家医院，到处都是冻伤的病员，受伤的人正在战场上死去，因为无法将他们带回来接受医护治疗。"

巴顿低着头祈祷时，罗伯特·米姆斯中士在外面的敞篷吉普车里等候着。当将军祷告完了以后，他们又将一整天跑在路上。巴顿最终离开了教堂和设在佩斯卡托基金会的城堡般的总部，他和米姆斯将在阿登森林的道路上游弋。因为没有飞机进行空中侦察，巴顿必须亲自察看战线的实况。

但这些游弋也有助于其他目的。只要有机会，巴顿就会出来寻找他的部队。当他们驾着一长列坦克，排着队在白雪皑皑的农庄道路上行军的时候，他可以给他们打气。133000辆坦克和卡车正昼夜不停地朝着巴士东开来。步兵穿着长大衣，许多人身上仍然溅有梅斯的泥浆。坦克指挥官们把他们的胸口和肩膀探出顶部舱口，脸上包裹着厚厚的羊毛围巾。大雪覆盖了道路、森林和农田，也覆盖了他们的车辆，平息了发动机的隆隆声，使第三军的推进有一种幽灵般的感觉。但它也可以是致命的：无法区分被冰雪覆盖的坦克中哪些是美国谢尔曼坦克，哪些是德军装甲部队。一些美国P-47战斗机的飞行员就犯了残忍的错误，轰炸了自己人。

巴顿的吉普车也被扫射过，但那是德国战机。当米姆斯中士无畏地驾车在坦克和卡车的长列中左右穿梭前行时，涨红了脸，冻烂了嘴唇的巴顿坐在他的敞篷汽车里，就是一个不屈不挠的存在。他后来在他的日记中写下了他在重大行动时的热情。“我几乎每天在一辆敞篷汽车上花五六个小时，但我从来没有感冒过。我的脸虽然有时稍微有些起泡，但对我并无太大伤害，我也没有穿厚重的衣服。我有一条毯子裹着我的双腿，这对我免受冰冻之苦极有价值。”

就在昨天，向巴士东推进的第四装甲师的一支部队惊讶地看到巴顿跳出了他的吉普车，帮助他们把一辆陷在雪堆中的车辆推了出去。第三军的士兵们因巴顿的不断出现而受到鼓舞。他们热情地和他攀谈，使用老家伙和乔治这样的昵称。他把自己放在易受伤害的地方，并愿忍受冰冻之苦，这让许多美国士兵现在开始相信将军绝不会让他们去做他自己不会做的事情。

在美国，突出部战役震惊了公众。巴士东的围困正成为勇敢和战胜重重困难的象征。在全国各地，人们在这个圣诞季节所做的正是巴顿做过的：跪下来祈祷。他们求神赐福予“巴士东的受苦的英雄们”，那是报纸上对第一百零一空降师的士兵们的称呼。

然而巴顿的祷告是独一无二的。他要的不仅仅是解救，而且还要有力量。很少有人有这样的机会如此彻底地改变了历史的进程。如果被围困在巴士东里的士兵都被解救出来，那将是因为乔治·S. 巴顿的大胆，他自己也很清楚这一点。

但要成功，他需要上帝给他一点点帮助。

★ ★ ★

巴顿祷告的最后几段将永垂青史：

“该死的，主啊，我无法与阴影作战。如果你不在气象方面合作，我就被剥夺了知晓德国军队精确配置的机会，我如何在发起攻击的时候作出正确的决定？所有这一切在你听起来都可能是不合理的，但我已经对你的牧师失去了所有的耐心。因为他坚持说这是典型的阿登的冬天，我必须有信心。

“该死的信心和耐心！你必须作出决定要站在哪一边。你一定要来帮助我，让我可以把整个德国陆军作为生日礼物送给你的和平王子。

“主啊，我从来就不是一个不讲理的人；我现在也不会要求你做不可能的事。我甚至不坚持要出现一个奇迹，我所要的一切就是四天天气晴朗。

“给我四天，让我的飞机能起飞，让我的战斗轰炸机能投弹扫射，让我的侦察飞机能够为我的炮兵选定目标。给我四天的阳光晒干这该死的泥潭，让我的坦克开动，让弹药和口粮能够送到我的正忍受饥饿、缺少装备的步兵手中。我需要这四天把冯·龙德施泰特和他的不服从神意的军队送进他们的坟墓。我无法忍受美国青年作出这种不必要的牺牲。作为换取四天战斗天气的交换，我将向你呈上足够多的克鲁兹，让你的账房先生们忙上好几个月。

“阿门。”

第十章

埃尔勒霍斯特

茨亨伯格，德国

1944年12月24日

下午1点

这个还能活上127天的男子勉强可以看到眼前的东西。

灿烂的阳光照在阿道夫·希特勒苍白疲惫的脸上，他凝视着天空，1000多架盟军轰炸机正在圣诞前夕飞来轰炸德国。元首站立之处位于巴顿跪下祈祷的地方以东165英里。希特勒藏身在一个名为埃尔勒霍斯特的地下坑道里，轰炸机的空袭把他从1号居所的餐厅里引了出来。希特勒观察着他头顶上方的危险，他的午餐变凉了。

长期担任他的私人秘书，漂亮且长着一头深色头发的36岁的克里斯塔·施罗德气喘吁吁地跑了过来："我的元首，我们是不是被打败了？"

希特勒向她保证，情况并非如此。因此，即便B-17飞行堡垒和B-24解放者轰炸机继续着他们的致命之旅飞向德国的中心地带，希特勒仍悠闲地回到坑道里面吃饭，路上经过一棵精心装饰的圣诞树，这棵树很快就将被烛光照亮。

元首的身体状况不断恶化。他步态不稳就像是一个老人。午餐是他所喜爱的蔬菜和水果——芦笋，辣椒是他的个人最爱，配上沙拉和米饭。十几名女性品尝师都已经试吃了样品，以确保希特勒不被下毒。现在，他再次坐下来，和他的情妇，骄奢淫逸的埃娃·布劳恩一起吃饭。希特勒吸入他的食物。尽管他勉强可以握住刀叉，但他的右手已经变得如此虚弱，他不再签署公文，而是让

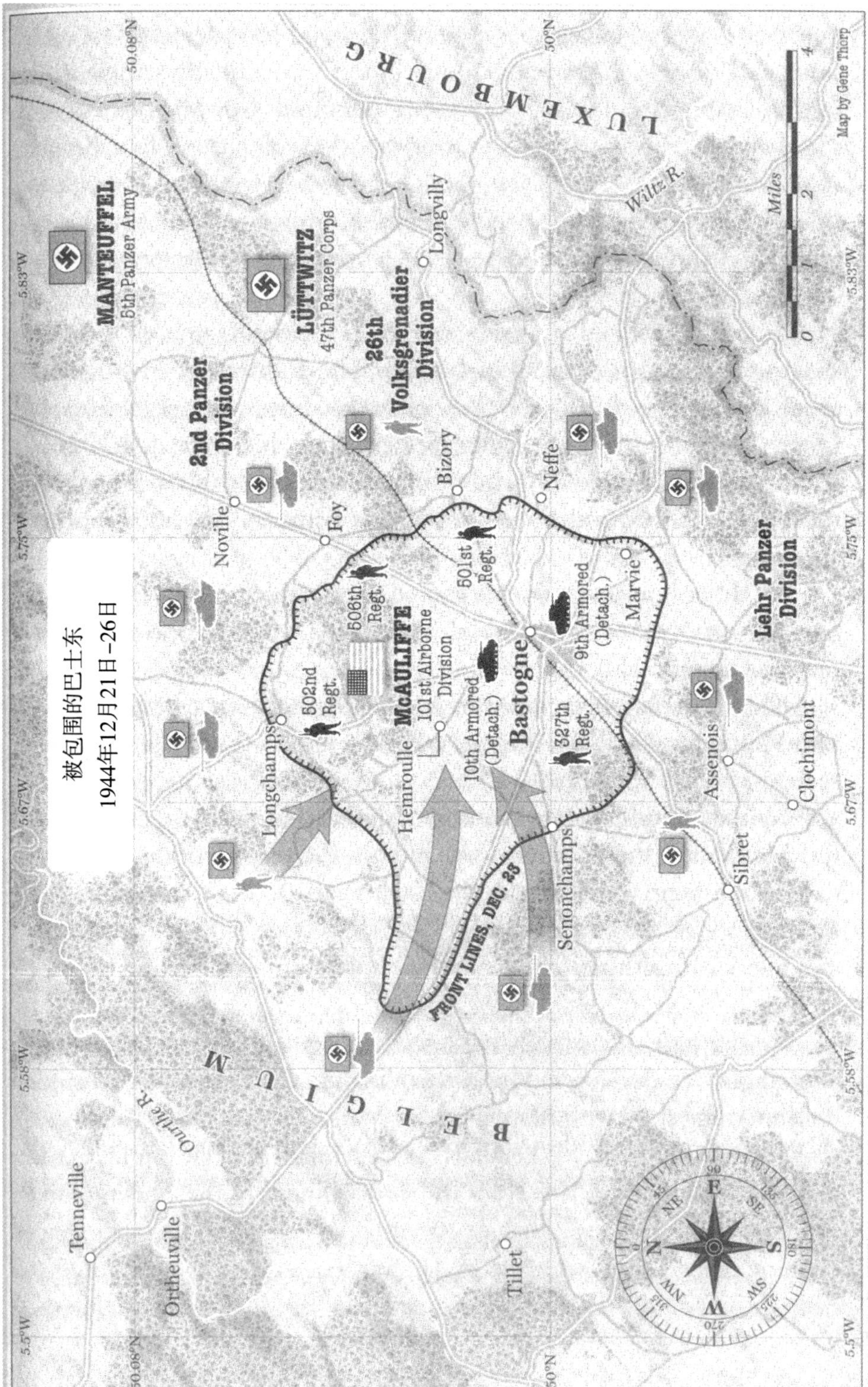

被包围的巴士东
1944年12月21日-26日

他的工作人员模仿他的签名。

希特勒的左手更加糟糕。他无法让它停止颤动，所以他现在把左手放在他的腿上。元首近似疯狂地吃着，甚至把他的头伸向盘子，以便更快地把蔬菜铲入口中。他用右手食指捋着他的黑色短胡子，心不在焉地咬着他的指甲。用一个目击者的话来说，元首的餐桌礼仪“差不多就是令人瞠目结舌的了”。

然而，希特勒是一个已经造成数百万人死亡的人，他现在的情绪非常难以预测。这不是一个纠正他礼仪的好日子。

元首在“观察莱茵河行动”开始之前就龟缩在埃尔勒霍斯特了，现在从这个秘密要塞指挥着战斗。精心建造的七栋房子其实是一个巧妙隐蔽的军事指挥所。埃尔勒霍斯特坐落在陶努斯山的峭壁上，建在中世纪城堡卡伦斯伯格的近旁，城堡遮蔽着老鹰的鹰巢不受侵害。每栋建筑看上去似乎都是一幢有着木头外墙的无辜的“德国”小屋，室内陈设了鹿角和描绘狩猎场景的油画。

但实际上墙壁是用三尺厚的钢筋混凝土加固的。高射炮都隐藏在周围的森林里，希特勒每天早上都会和他的德国牧羊犬布朗迪一起在那里散步。希特勒在12月11日把他的高级将领带到了埃尔勒霍斯特，并且就在那里决定了他的反攻策略。就是在2号房的隐蔽的地下战况大厅里，兴高采烈的希特勒在12月16日庆祝了行动开始时的胜利。他高兴地无法入睡——他的肥胖的私人医生莫雷尔给他注射的葡萄糖、铁和维生素B无疑加剧了他的病情。[①]

---

① 希特勒是年55岁。有人猜测，他那颤抖的左手和摇摆不定的步履是由帕金森氏症所引起的。还有一种理论推测他受到了梅毒后期症状的影响。他在他的文集《我的奋斗》中把它称之为“犹太病”。据说，他曾于1908年在维也纳与一名犹太妓女发生过性关系，也许就在那个时候染上了这种疾病。可以肯定的是，希特勒对糖的喜爱使他的牙齿出了大问题，并因此可以解释为什么他从来不在公众面前露出笑容。他沉迷于可卡因和冰毒，患有肠易激综合征，心跳也不规则。他的腿上一直有皮肤病变，相信是由一种被称为“神经性梅毒”的病毒所引起的。这种病毒的晚期会使人变得疯狂。战争初期，在野比尔·多诺万和战略情报局发表的一份报告中曾提到过希特勒很喜欢女性在他身上大小便，尽管这似乎是有意在造谣诋毁元首。然而，可以肯定的事实是，在1944年的圣诞节，希特勒已经性无能了。

自从阿登战役开始后的8天里，希特勒已经有过太多次的欢呼。他最喜爱的脸上有疤的奥托·斯科尔兹内和执行格瑞夫行动的突击队员们，在美国战线后方成功地散布着谎言，并造成了大范围的恐慌。有几个斯科尔兹内的突击队员被抓住，并被迅速枪决了，因为他们犯了穿着敌方军服掩饰自己的战争罪行。但到那时，损害已经造成了。

战场上的美军士兵人心惶惶，有德国士兵穿着美军制服并会说英语的消息在盟军的指挥链里上下传播着。美军士兵对任何陌生人都无法相信了。在张冠李戴的情况下，发生了美国人打死其他美国人的事故。车辆通过军事检查站被叫停，车上的人被要求回答有关美国文化的问题来证明他们是美国人，那些问题只有真正的美国士兵才会知道。

那些不知道美国联盟和国家联盟之间的差异，或者讲不出女星贝蒂·格拉布尔最近一部电影的名字的人，都被拘留起来。一位美国准将说了芝加哥小熊队属于美国同盟而被逮捕，并在枪口下待了5个小时。英国陆军元帅伯纳德·蒙哥马利拒绝回答问题，并下令他的司机冲过了一个检查站，美国士兵就打爆了他的车轮胎。

当电影演员出身的英国士兵大卫·尼文记不起谁赢了1943年的棒球冠军赛时，他回答道："我一点都不知道。但我确实与金捷·罗杰斯合演过喜剧电影《未婚母亲》。"

哨兵让他通过了。

斯科尔兹内所引发的歇斯底里是如此之大，当一名被抓获的德国突击队员交代说斯科尔兹内正策划暗杀艾森豪威尔后，艾森豪威尔就被置于全天候的保护之下了。

最终，格瑞夫行动所造成的实际损失是巨大的，但并没能改变战争的进程。即便是张扬的斯科尔兹内也承认自己的诡计无法改变突出部的命运。

★ ★ ★

希特勒在他的地下指挥所里凝视着在长条形会议桌上展开的战斗地图。他时而停下来细细品味充满糖蜜的姜饼①，暂时安抚一下他对甜食的贪恋。他极为渴望听到从前线传来一些好消息。但相反的是，他听到还未攻下巴士东。第二装甲师离默兹河仅3英里，但已经耗尽了燃料，无法再向前走了。第二装甲师现在不是发起攻击，而是隐藏在森林里，拼命地用树枝和积雪伪装停滞不前的车辆，不让在阿登天空徘徊的P-47雷电战斗轰炸机发现他们。

★ ★ ★

在欧洲上空飞行的众多的盟军战斗轰炸机中，单发动机的P-47因它的体积（满载重10吨，可载两个一千磅的炸弹）和向地面部队提供近距离火力支援的能力而尤为突出，这要归功于在每个机翼下安装的四挺0.50口径机枪。巴顿把P-47、谢尔曼坦克和步兵的协同攻击作为他的战术的重要组成部分。

但最毁灭性的打击也许是希特勒最出色的坦克指挥官约阿希姆·佩普和精英第一装甲师的人员的命运。将永远被称为“马尔梅迪屠夫”的佩普被困在名为拉格莱兹的小村庄里了。在过去的三天里，佩普一直用他所剩无几的弹药来抵挡美军的炮兵和坦克攻击。

他在他的总部的地下室里度过了整个夜晚，与一名被俘的美军少校彻夜长谈。两人相处得非常好。哈尔·麦科恩少校后来说道：“我和他从晚上11点一直聊到早上5点。谈话的主题主要是他为纳粹主义的辩护和为什么德国要打仗。我从未见过有人像这位德国军官那样在那么短的时间里给我留下了深刻的印象。”②

★ ★ ★

和第一党卫军装甲师只差两座桥就能跨越默兹河，并致命性地打破盟军的

---

① 一种烘烤得很像一个小姜饼的点心。

② 佩普会多种外语，所以不需要翻译。战争结束后，他被美国人抓获，因战争罪行在监狱中待了将近12年。他举家搬到了法国，在那里他以写作为生。1976年，法国共产党人攻击了佩普的家，放火烧了他的房子。佩普在试图逃离房子时被枪杀了。

防线向安特卫普推进。然而正如佩普不情愿地向麦科恩少校承认的那样，这个目标现在已经变得不现实了。

★ ★ ★

一种只提供给党卫军成员的官衔，这个名字直译为“高级风暴突击队领导人”，军衔相当于德国国防军的中校。

第一党卫军装甲师被隔离了。美国人在他们面前炸毁了关键的桥梁，使佩普无法发起攻击。德国人无法前进，但又不能撤退。退回去就意味着他们的毁灭。这个师的汽油、药品和弹药即将耗尽。他们只能吃一点硬饼干，嘬几口抢来的白兰地和烈酒。士气一落千丈，一名佩普的士兵被逮着犯了弥天大罪。因为怕可能很快就会成为美国的战俘而被枪决，这名士兵从他的军服上撕去了党卫军标志。他被立即押着靠石墙站着，被他自己的同胞开枪打死了。

德国空军试图从空中向佩普空投补给的结果是灾难性的。下降的降落伞偏离了航向。汽油和弹药（代号为奥托和赫尔曼）错过了它们的地标，马上成了美国人的资产。情况变得如此糟糕，佩普甚至不得已采取了极端手段，让他的那些受伤最重的党卫军士兵去当俘虏。他们都对他表现出了极大的忠诚。确保他们得到适当的医护，是以佩普的方式来回报他们的奉献。

佩普上校不希望他的部下去死。因此，他琢磨出一个大胆的计划，可能会给身陷绝境的德军一丝希望。

12月23日，刚过下午5点，约阿希姆·佩普用无线电电告德军总部，要求允许他炸毁剩余的28辆坦克，然后徒步逃生。

这项请求被拒绝了。元首拒绝任何防守性的行动。

那天晚上，佩普再次为他的800名剩下的士兵的生命而恳求，他争辩说挽救他们的唯一办法就是穿过树林逃走。

请求又一次被拒绝了。

愤怒的佩普拔出了他的手枪，对着报话机连发几枪。报话机的爆炸反映出了他内心深处的无奈。

佩普知道末日即将来临。第一党卫军装甲师不可能再坚持下去了。如果他们挺身出战，他们都将死去。但是如果他们投降，佩普很可能将因允许对美国战俘和无辜平民的谋杀而受到审判。如果美国人选择将佩普交给苏联人，甚至可能没有审判。佩普可以肯定，他的死将会是缓慢而残忍的。

佩普下定决心：第一党卫军装甲师必须逃出去，即使这意味着不服从直接的命令。

他的决心被传下去了。

平安夜的早上3点钟，佩普和第一党卫军装甲师剩余的人集合起来，做一件他们在战场上已经很久不做的事情：走路。当他们离开他们的战斗机器时，坦克指挥官们竭力控制着他们的情感。在过去的那个惊险而无法入睡的一周里，那些战斗机器给了他们生与死的神圣力量。在佩普战斗群和德国防线之间隔着十几英里和两条河流。他的计划是在晚上穿过树林，而在白天保持隐蔽，以避免被那些可怕的美国霹雳机飞行员察觉到。

第一党卫军装甲师的士兵们排成了一个单行的长列，开始在完全的静默中行进。一小队人员留下来炸毁那些现在已经没用的坦克和半履带装甲车。战俘哈尔·麦科恩少校勉强留在佩普的身边，他走在前面，惊叹着党卫军的纪律严明。他后来写道："整个800人的队伍所产生的噪声是如此之低，我敢肯定我们可以在哨位前200码处通过而不被察觉。"

"观察莱茵河行动"的矛头不再向前移动了。

★ ★ ★

在乔治·巴顿的第三军以东30英里的地方，第一党卫军装甲师现在正全面撤退着，他们坦克的舱体燃烧照亮了寒冷的圣诞夜天空。

★ ★ ★

希特勒的神圣之夜，或像整个德国将平安夜称之为"神圣的夜晚"结束得很晚。那已是圣诞节的早上4点了。他缓慢地从作战室的楼梯走上来，准备上床睡觉。中午起来以后，这个试图去除圣诞节所带有的任何宗教色彩的人[①]收到了消息，佩普和他的部队已经逃离了包围圈。今天上午，当希特勒还躺着睡觉时，从拉格莱兹走出来的800人中的770人游过了冰冷的萨尔姆河，安全抵达了德军防线。

★ ★ ★

哈尔·麦科恩少校不在其中。他在德军与美军第八十二空降师的一次短暂的前哨战中成功地跑了出去。值得一提的是，第八十二空降师原本应该去防守巴士东的，但他们在最后一分钟时被转往到其他位置，而由第一百零一空降师来保卫巴士东。

穿好他平时的正式着装后，希特勒和他的随员们一起欢度节日，罕见地喝了一杯酒，和他们愉快地闲聊。然后，他再一次走到他的作战室。他寻找着来自巴士东的最新报告，确信如果他能攻占那个通路章鱼，他就可以打破僵局，继续他的进攻。尽管希特勒的身体状况越来越差，但当他审视地图的时候，他的眼睛突然一亮。这仅仅是一丝闪光，但他的将军们都非常清楚，那是元首卜算出某种别出心裁的办法来制胜他的敌人时所表现出来的样子。

就在昨天，德国潜艇U-486在法国海岸击沉了运兵船SS利奥波德维尔号，把800名美国军人送到了大西洋的底部。希特勒的特制V-1火箭推进炸弹飞到了英国城市奥尔德姆，炸死了27名齐聚一堂庆祝平安夜的无辜平民。

不管盟军可能会怎么去想，希特勒还远没有被打败。

---

① 希特勒是作为天主教徒长大的。他的父母，阿洛伊斯和克拉拉，是虔诚的教徒。元首的父亲于1903年去世，享年65岁，他的母亲4年后因乳腺癌在47岁时去世。希特勒的5个兄弟姐妹中，只有他最小的妹妹保拉活到成年。她在战争结束后被带到美国关押。当一切都变得清晰，她和她哥哥的行为没有任何牵连时，她被释放了。她在战后从奥地利迁往德国隐居。保拉·希特勒在1960年去世，享年64岁。像她的哥哥一样，她没有子女。她的死结束了希特勒的血统。

第十一章

莫斯科，苏联

1944年12月25日

下午5点

约瑟夫·斯大林正密谋掌控整个世界。

他不庆祝圣诞节。这个宗教节日在无神论的共产主义苏联已经没有立足之地了。因此这位苏联独裁者现在在克里姆林宫的办公桌上工作，而不是坐在圣诞树前，和他18岁的女儿斯韦特兰娜一起解开圣诞礼物的包装。斯大林在二层楼的办公室显得昏暗和局促。房间里散发着从他的登喜路烟斗出来的烟雾气味。他讨厌噪音，所以当斯大林伏在小桌子上向一位年轻的秘书口述时，他的话语是打破房间彻底安静的唯一声音。

斯大林在给美国总统富兰克林·德拉诺·罗斯福写信。“我收到了你的来信，谈到将从艾森豪威尔将军那里派遣一位主管官员到莫斯科来。”窗外，雪花飘落在红场上。气温远低于冰点，莫斯科河将很快被厚厚的冰层覆盖。如果他愿意，斯大林可以到他在黑海海滨索契的乡间别墅去，那里阳光普照，温暖如春，没有寒冷冬天的冰天雪地。他可以泡在他的咸水游泳池里。知道5.4英尺的斯大林不会游泳，建筑师们把游泳池的水深维持在5英尺的深度。然而即将到来的假日，更不用说正在进行的战争，会使斯大林离开莫斯科显得非常触目。所以这位独裁者仍然待在克里姆林宫里，以显示出与苏联人民的团结一致。他白天工作，晚上抽他的烟斗并下国际棋。有时候，他也看卓别林的电影或喜剧片，但那总是在私底下进行的。

“当然，我同意你的建议，我也同意会见艾森豪威尔将军派来的人，并安排和他交流信息。”

签名：“J. 斯大林”。

一个鲜为人知的事实是，俄语实际上是斯大林的第二语言。他在很晚的时候才学会俄语，并仍然带有他那粗糙的格鲁吉亚的口音。

★ ★ ★

英语是他的第三语言，斯大林的英语比外人所知的要好得多。这使他在与英国和美国盟友的全球谈判中占有某种优势。他能窃听他们的谈话，并相应地调整他的谈判地位。斯大林写的这封信没有标点，语法也使用不当，他想显示出他对罗斯福的母语不是很流利，从而继续保守他的秘密。

★ ★ ★

斯大林在儿童时期讲格鲁吉亚语。这个黑海地区的语言有它自己的字母。

他对温斯顿·丘吉尔也使用了同样的诡计，丘吉尔曾写了贺卡来祝斯大林56岁生日快乐。斯大林写道：“谢谢你的祝贺和对我生日的良好祝愿。我一直非常感激你的友好感情。”

尽管丘吉尔现在正在希腊海岸外的皇家海军阿贾克斯号军舰上享受着喧闹的圣诞庆祝活动，这封短信仍将被送往伦敦唐宁街10号。

★ ★ ★

庆祝活动包括英国军官们的拼酒和没有限制的免费威士忌和香槟。

即使英国军官们在庆祝，斯大林支持的希腊共产党正在行动。尽管仅仅两个月前，丘吉尔和斯大林在莫斯科会议期间商定的协议将希腊划归英国势力范围之内，希腊共产党正试图夺取整个国家的控制权。丘吉尔正在接受教训，斯大林不是一个可以被信任的人。

那也是年轻的斯韦特兰娜·斯大林知道得非常清楚的一个教训。

★ ★ ★

斯韦特兰娜曾经非常享受圣诞节的快乐。

她的母亲已经死了13年了。娜塔莎·阿利卢耶娃隔晚上床睡觉，第二天早上没有下来吃早餐。一名女佣发现她独自一人在她的卧室里，死于手枪射击。床头柜上可以看见她的自杀遗书。[①]

娜塔莎比斯大林年轻23岁，在前一个妻子死于斑疹伤寒后成了他的第二个妻子。

当她的母亲去世时，5岁的斯韦特兰娜对父亲的粗暴行为一无所知。她只知道，她的母亲突然神秘地在夜间从她身边被带走了。过去很多年以后，她才体会到她父亲的邪恶性格，并开始与他的坏脾气和酗酒保持距离。

然而，约瑟夫·斯大林对斯韦特兰娜非常钟爱。很多年以后，她会回忆道："他是一个很简单的人，非常粗鲁，非常残忍。他并不复杂。他爱我，希望我能和他在一起。"

娜塔莎自杀四年后，这位苏联独裁者收到了一份令人好奇的派对邀请函。[②]这一年是1935年，斯大林被邀请参加一个在莫斯科英国大使馆举行的圣诞节晚会。虽然他不相信圣诞，斯大林觉得这是给斯韦特兰娜，甚至是给自己的一个机会。

显然，斯大林不会去参加圣诞派对。

然而，还在格鲁吉亚的时候，斯大林曾在孩提时代庆祝过圣诞节。尽管他那专横并酗酒的父亲经常严厉地揍他，甚至把他打得小便出血，年轻的约瑟夫有一位慈祥的母亲，知道欢乐和温馨会随着圣诞节到来。

当斯大林长成为一名年轻男子时，圣诞节对他仍然是重要的。从15岁到19岁，他学习成为神职人员。他一直很叛逆，只上过神学院，因为他的父母强迫

---

① 有证据表明，她可能是被谋杀的。娜塔莎·阿利卢耶娃是个右撇子。但子弹的创口出现在她的左太阳穴，这意味着她是用她的左手开枪的。此外，做尸检的医生报告说在她的皮肤上没有弹药粉痕，而子弹是从至少3英尺远的地方发射的。这名医生后来被枪毙了。

② 这个圣诞的故事也许是杜撰的。

他去那里。尽管如此，他仍然忠实于教会，直到神学院增加了收费，斯大林离开了神学院。

在1935年这个寒冷的夜晚，斯大林将斯韦特兰娜送到河那边的英国大使馆去做他的代表，也许是想这不过仅仅是他宝贝女儿的一次独特的度假体验。

当她回来时，斯韦特兰娜滔滔不绝地讲述着礼物和漂亮的装饰，尤其是那棵庄严的圣诞树。

那棵树的形象引起了斯大林的注意。

斯韦特兰娜的描述融化了他那颗冰冷的心。如果英国人能享受这样一个神奇的庆祝活动，为什么苏联人民不能？当然，要过圣诞节还是有问题的。但无情的独裁者意识到他可以利用他的优势来操纵制造这样一个假日。

因此，即便日期已经很近，斯大林还是下令将1月1日立为一个新的在整个苏联举行的一年一度的庆祝活动。人们将不会庆祝耶稣的诞生。在1931年，他下令将基督救世主大教堂，一座位处莫斯科心脏地带的巍峨的基督教纪念碑式的建筑炸成了碎片。

不，苏联人不会庆祝耶稣的诞生。永远不会。相反，他们将庆祝苏联成立二十七周年这个伟大的历史时刻。

斯大林安排了他的一个心腹帕维尔·波斯蒂谢夫在国家报纸《真理报》上发表了一封公开信。如果没有斯大林的直接批准，这种将改变苏联政策的信是永远不会被刊登出来的。这样做将是一种会被处以死刑的犯罪。因此，波斯蒂谢夫，这个就在两年前刚刚制造了一次人为饥荒以确保数以十万计乌克兰人死亡的人，显然是在为苏联独裁者讲话。在他的信中，波斯蒂谢夫谈到了一个新的苏联假日。不是圣诞老人，而是一个名叫戴德·莫罗兹（冰霜爷爷）的白胡子老汉将会坐着一架三匹马拉的雪橇在整个苏联游弋，在元旦那天交送礼物。不是基督的孩子，而是一个名叫新年男孩的儿童将对庆祝活动举足轻重。

当然还得有树。这棵假日树再也不带有“宗教色彩”和“野蛮人的习俗”，就像整个苏联一直知道它的那样。由于波斯蒂谢夫给《真理报》的信，斯大林下令，“是时候结束对树的这种错误谴责，应该到处都是孩子们的新年树——在学校，在孤儿院，在少先队俱乐部，在电影院和剧院！”

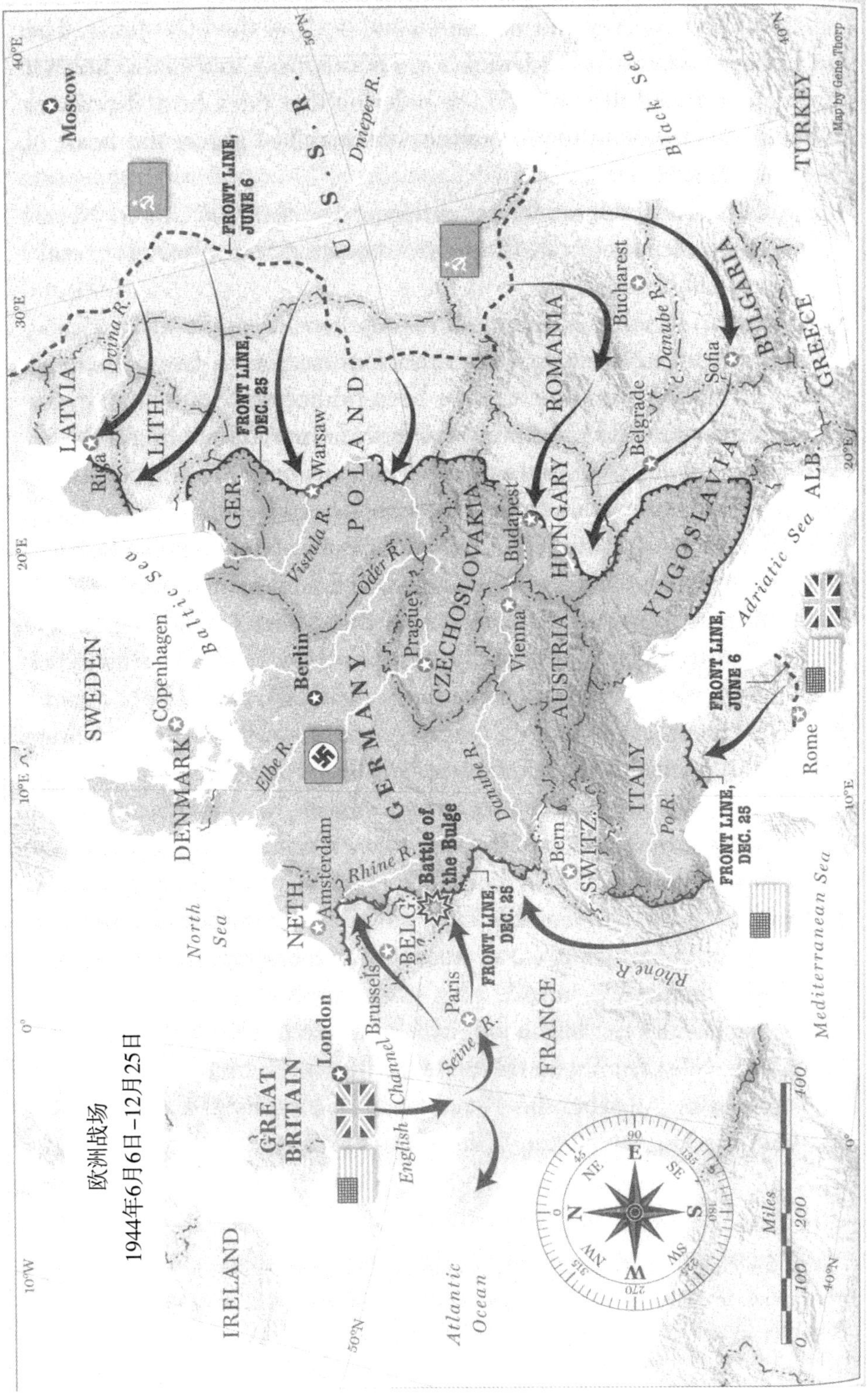

欧洲战场

1944年6月6日–12月25日

由此，一个假日诞生了。[①]

苏联的玩具工厂开始生产红色星星作为树的顶部装饰，还有新年花环以及冰霜爷爷和新年男孩等玩偶。克里姆林宫甚至向苏联儿童们敞开了大门，让他们知道他们应该庆祝“优卡”——“枞树”。

★ ★ ★

一个精心人为的假日对斯韦特兰娜没有多大影响。不久，她与她的父亲完全疏远了。关系破裂是因为在她生命中第一次，她爱上了阿列克谢·卡普勒，一位犹太人作家和电影制片人。他长她22岁，几乎与约瑟夫·斯大林和自杀的娜塔莎之间的年龄差距一模一样。但斯韦特兰娜和阿列克谢将不会结婚。因为斯大林决定他将是斯韦特兰娜的生活中的唯一男人。在1944年的这个白雪皑皑的圣诞节，阿列克谢·卡普勒正待在5000英里以外西伯利亚的一个劳改营里。那儿环境恶劣，气温在零下很多度，积雪覆盖，终日黑暗。他是因“鼓动反苏联”而被送到那里去的。

阿列克谢·卡普勒将因爱上斯大林的女儿之罪在古拉格待10年。

圣诞快乐，斯韦特兰娜。

★ ★ ★

圣诞节快结束了。斯大林完成了他的感谢信，然后把注意力转向阅读从阿登过来的战场报告。他猜想希特勒为西线战事所累，或许会认为苏联军队正利用冬季的天气重新组合和固守防线。

如果情况是这样的，那希特勒就错了。即使在这一刻，苏军正在捷克斯洛伐克和匈牙利重拳出击德国。一旦把这些国家从希特勒的手中夺过来，斯大林决意向北推进到柏林的心脏地带，计划在美国人和英国人之前赶到，他将因此

① 斯大林逝世以后很久，苏联于1991年解体后，俄罗斯的圣诞节庆祝活动仍然是在1月1日与新年树的仪式一起举行。

拥有所有的荣耀。

如果一切按斯大林的计划进行，东欧将很快处于苏联的控制之下。随着美国人和英国人在法国东部越陷越深，约瑟夫·斯大林下令他的军队加紧攻击，以扩大他的全球帝国。

竞赛开始了。

第十二章

第三军总部

卢森堡城，卢森堡

1944年12月26日

下午2点

巴顿不愿意失信于他的承诺。他的总部装潢得富丽堂皇，在和平时期原是一家养老院。现在里面充满了浓厚的香烟气味和打字机敲击声。在指挥部进出的下级军官和士兵们都尽量离将军远一点，不想招惹显然已是筋疲力尽的巴顿。当从艾森豪威尔那里传来了消息，说他“对我是否已尽了一切努力来保住巴士东感到很焦虑”时，巴顿几乎暴跳如雷。

“他以为我上个星期在干什么？”巴顿后来在自己的日记中写道。由于以前的麻烦，他现在小心一点了，没有在总部工作人员的面前骂他的上司。

但私底下，巴顿对艾森豪威尔的错误战术选择愤愤不平。第十七空降师、第十一装甲师和第八十七步兵师已经全部作为预备队撤回了100英里外的法国城市兰斯，以防德军更深地突破进入美国防线。巴顿对他的下属抱怨道：“我们应该进攻。”他完全可以使用这些部队带来的额外火力给巴士东解围。现在恰恰相反，巴顿顿足痛惜他们只能以防御态势耐心地等在那里。

“我们应该进攻。”

将军俯身研究起了前线图。巴顿的坦克手们展开在30英里宽的战线上，与他们的德国对手僵持不下。他们几乎没有进展，夺回的每一寸比利时土地都会失去太多的士兵和坦克。在肖蒙的一个小村庄里埋伏的德国人让巴顿损失了11

辆谢尔曼坦克和近一百人。第四装甲师在一次夜间攻击中损失了许多坦克，但仅仅前进了四分之一英里。

更糟糕的是，一旦第三军穿过小镇，宣布重新收复了失地，紧跟在后面的德国伞兵会马上跟进。由于截获了无线电信号，他们知道美国人的计划是不断进攻。因此，只要美国人一离开，他们就会立即跟进，收回小镇。

被打死的美国人现在躺在巴士东外围冰冻的原野上。按巴顿自己的描述，他们的脸上竟然由于死后仍在流血，呈现出“红葡萄酒”的颜色。巴顿在他的日记里详细记载了盟军和德军的伤亡人数，他知道德军的死亡人数远高于美军。

但伤亡人数只是整个战场状况的一部分。德国人仍然坚守着他们的防线。巴顿和第三军被卡住了，而托尼·麦考利夫和第一百零一空降师还得在巴士东的炼狱里再忍受一天。肮脏的街道上堆满了碎石，炮弹引起的一堆堆小火仍在燃烧。在不断的炮击下，一个可以让人感到安全的唯一地方就是躲进地下的地窖，在那里，至少可以免受坠落碎片的伤害。因此，托尼·麦考利夫决定把他的指挥部迁移到了比利时军营。虽然暂时得到了安全，但换来的是在这些掩体里充斥的令人窒息的没有洗过澡的身体的气味和浓浓的香烟烟雾。一种称为苯酚或石碳酸的芳香化合物被喷洒在地上，以掩盖人粪尿的气味，因为现在士兵们要和无论如何都不愿意离开自己酒窖的3000平民共享巴士东。

在巴士东的其他地方，在由旧车库改成的移动式野战医院里，美国伤员躺在肮脏的垃圾堆上。他们能听到军队外科医生割掉自己伞兵战友被打坏的胳膊和腿时锯骨的声音。

今天早些时候，当德国轰炸机在圣诞节早晨飞过时，在通往小镇纳沙托道路上的救助站里的伤员根本无法保卫自己。那时，屋外星空晴朗。夜晚是美丽的，清澈而寒冷。伤员们不能动弹。一些人因使用了止痛的药物而昏睡过去了，其他的人则正尽力设法入睡。远在飞机飞临他们的目标之前很久，他们就听到了容克JU–88轰炸机的声音。在前线待了漫长的几个月后，他们能判断出扔下的炸弹距离还很远或已近得足以杀死他们。

这些炸弹非常接近。

袭击野战医院的该炸弹并没有直接命中目标，但爆炸的气浪是如此之大，坍塌的屋顶倒在了伤员们的身上。建筑很快着了火，很多尸体被烧得面目全非。但大部分人那时都已死了，埋在成千上万倒下的重重的石块之下。

★ ★ ★

乔治·S. 巴顿津津乐道于战争。他在战斗中获得荣耀，他认为那是考验一个男人勇气的最好方式。他接受这样一个事实，可怕的死亡可以发生在任何时候，发生在任何人的身上。

然而，他对人类的痛苦无法无动于衷，阿登战役的战况正揪着他的心。他有能力去减轻被围困的第一百零一空降师的伤痛和困难。但他没能做到，这使他心中难以平静。

参加艾森豪威尔在凡尔登召开的会议已有一个星期了。巴顿由于过于激动，了无睡意，每天晚上只睡几个小时。他已经耗得筋疲力尽了。因为在他的露天吉普车里坐得太久，他的脸被气流吹袭烧得红彤彤的。他那双蓝眼睛周围的皱纹也显得更深了。一位在平安夜的教堂祈安祷告中看到过巴顿一眼的红十字会志愿者写道：“我看到一个疲惫、衰老的人，一个悲痛、寂寞、孤独的人，一双忧郁的眼睛背后隐藏着的愤怒和压抑。”

巴顿无法休息，他正面临失败。他在昨天的日记中写道：“很明显，这是一个寒冷的圣诞节。天气对杀死德国人来说是可爱的——看看这是谁的生日，似乎有点古怪……我今天凌晨离开指挥部去探访所有与敌人有接触的部队。所有的人都情绪高涨。但我不是，因为我们前进得太慢。”

与第一次世界大战期间发生过的情况不同，眼下圣诞节并没有休战。因此，在安排好他的部队里的每个人都有一份火鸡晚餐之后——前线的士兵只有冷的三明治，后方的人才有热饭——他一大早离开了他的指挥部去探访他的每一个作战师。

这是漫长的一天，巴顿看到的情况并没有使他的情绪变好。第二天早上传来的唯一好消息是，有报告说，新加入的炮兵对德军防守重镇埃希特纳赫的炮击非常有效。他在日记中不经意地写道，我们“实际上打死了他们700人”。

现在，已是26日，礼节日了，[①]他听到报告说他的一些坦克离巴士东不到6英里了。但今天和昨天以及前天一样，几乎不可能会有胜利。送到他的司令部的报告称他的坦克师们继续承受着惨重的伤亡。

非常非常糟糕的是，英国陆军元帅伯纳德·蒙哥马利拒绝攻击，不愿指挥他的部队向南朝巴士东方向推进以帮助巴顿。他说他的军队还没有准备好。不是鼓励巴顿的大胆计划为第一百零一空降师解围，蒙哥马利预言他的军事竞争对手巴顿和第三军将失败。

当蒙哥马利越走越远，坚持要艾森豪威尔让巴顿返回梅斯，声称巴顿的军队太小，无法为巴士东解围时，巴顿扯掉了与他的英国同行的所有友谊伪装。他称撤退到梅斯的想法“恶心”。

然而蒙哥马利只是增加对巴顿的压力，因为只要简单地看一下战场态势图就可以发现一件事正变得越来越清晰：除了巴顿和他的第三军，没有人能救巴士东。事实上，甚至没有人为此而努力。

没有一个人。

★ ★ ★

就在那一天，巴顿的指挥部的电话铃响了。在电话另一头的是统领第四装甲师的休·加菲少将，他请求批准立即发动高风险的出击攻到巴士东去。

巴顿对此毫不犹豫。他当天晚上在日记中写道：“我告诉他去试一下”。有了这项命令，第四装甲师开始向着托尼·麦考利夫和第一百零一空降师被困的士兵们突击前进。

① 之所以会称为礼节日，是因为在那天英国贵族会向他们的仆人发放被称为“圣诞节盒子”的礼物。可以理解，仆人们不会在圣诞节那一天接受这个礼物，因为他们忙于干活，帮助他们的雇主进行圣诞节期间的庆祝活动。

★ ★ ★

克雷顿·艾布拉姆斯中校指挥的第四装甲师第三十七坦克营是突击的矛头。他衔着的那根没有点着的长雪茄是如此之大，他的部下把它比作了一根枪管。艾布拉姆斯今年30岁，一个宽下巴的马萨诸塞州人，8年前才从西点军校毕业。有一天，他会成为陆军参谋长，一名如此著名的四星将军，他们将用他的名字来命名某型坦克。

但现在，艾布拉姆斯只是一个大胆的年轻坦克指挥官，他正在拟订计划违背一道直接命令。

栖息在离巴士东只有几英里远的一座小山顶上，艾布拉姆斯高高地坐在他的绰号为“霹雳七型”的谢尔曼坦克的炮塔舱口。他已经指挥6辆谢尔曼坦克在他下方投入了战斗，所有的坦克都是霹雳七型。9月时，他因战场上的勇气而被授予杰出服务十字勋章。艾布拉姆斯的部下都喜欢他，因为不在战场上时

克雷顿·艾布拉姆斯中校坐在他在德国的办公桌旁

他是一位宽松的长官，知道在适当时间和地点找到乐趣。但当进入战斗时，他们知道他们必须精确地执行他们指挥官的命令。

艾布拉姆斯的身后，在狭窄而不平的乡村道路上开来了一长列谢尔曼坦克。这些坦克也有名字：眼镜王蛇，任意对子，贝蒂，破坏等。

艾布拉姆斯的任务是攻占位于西北3英里处戒备森严的小镇西博莱特。但他的部队只剩下20辆谢尔曼坦克和不到230人的步兵了。艾布拉姆斯不喜欢西博莱特的战斗计划，即便那是他的指挥官乔治·巴顿刚刚下达的。

用他的高倍望远镜扫过地平线，艾布拉姆斯看到数以百计的C-47运输机正向被围困在巴士东的士兵们空投。铅灰色的天空中缀着一朵朵携带着弹药和食物的降落伞伞花，但与此同时德国高射炮火击落了许多缓慢的双引擎运输机。它们打着螺旋坠向地面，不久就爆炸了，飞行员在一团火球中当即死亡。

看着眼前这种人道主义空投，知道巴士东里面的美国士兵已经在痛苦和死亡中挣扎了一个多星期，艾布拉姆斯心中充满了紧迫感。为何要攻击西博莱特呢？那个小镇有重兵防守，攻占它并不能让巴顿的军队接近巴士东。为什么不绕过西博莱特，直接支援麦考利夫呢？

艾布拉姆斯思考着这个问题，继续观察着战场。他看到第一百零一空降师的士兵们蜷缩在白雪皑皑的散兵坑里。他也知道成千上万隐藏着的德国人正等着摧毁任何前去救援的部队。

但艾布拉姆斯中校坚信他和他的部队可以打开通路。

因此，艾布拉姆斯通过无线电请求对小村庄克发动一次全力以赴的突击。这是到巴士东去的最直接的路线。如果他拿下了这两个小村庄，艾布拉姆斯只要几个小时就可以抵达巴士东。但是，如果这个计划失败了，他的那支小部队将被消灭。他打算通过的那条狭窄的道路可能会成为一个死亡陷阱。

他的请求送给了加菲少将，加菲又把它送到了乔治·巴顿那里。

巴顿下令攻击。

★ ★ ★

艾布拉姆斯很快下令让所有在那个地区的美军炮兵立即发起炮击以软化德军的防线。155毫米炮的轰鸣很快就响彻在比利时乡村的原野上，炮弹一发接一发地打在隐藏在厄散瓦及附近森林里的德军阵地上。总共有两千多发炮弹落在德军士兵的头上。艾布拉姆斯命令他的坦克兵们，“把巴士东的那些人救出来”。他的手臂在空中划过，他的坦克向前开去。

他们的推进并不是快速的。谢尔曼的最高时速仅为每小时30英里。同时也没有任何办法可以掩盖他们的推进。因为炮击，德国人知道美国人将会打过来。现在，他们可以清楚地看到艾布拉姆斯和他的谢尔曼坦克和半履带装甲车正排成一队从山上向克劳科蒙特冲来。

当他自己的和其余的谢尔曼坦克通过厄散瓦的古镇广场时，艾布拉姆斯关上了舱门，把自己隐蔽在坦克炮塔3英寸厚的钢甲之中。德国炮弹在各处爆炸。一枚炮弹击倒了一根电线杆，堵在路上，5辆谢尔曼坦克和1辆半履带装甲车不得不停了下来。

这根电线杆必须被移走。

艾布拉姆斯和几名士兵立即爬出了他们的坦克。德军狙击手的枪弹不时打在坦克的铁甲和布满车辙的路上，他们合力将沉重的电线杆移到了路边，然后，又回到他们的谢尔曼坦克里去。在他们身后，一队步兵正清扫着厄散瓦，并将待在那里，直到攻击行动完成。另一队步兵跟着艾布拉姆斯的坦克，向着隐蔽在森林里道路两旁的德军阵地攻击前进。

不是简单地穿越小镇而过，艾布拉姆斯决定将整个村庄夷为平地，每一栋可能隐藏德国人的建筑都成了目标。谢尔曼坦克的76毫米大炮每分钟装弹并发射多达7次。与此同时，步兵们无情地搜捕着德军士兵，用德语高喊着“出来”，迫使他们投降。

一名美国士兵后来回忆说：“他们不会投降。一个德国兵从散兵坑里探出头来，我一枪打在他的脖子上。”

麻烦很快就来了。在给出停止炮击的信号之前，载着炮兵观察员的吉普车被击中了。美军的大炮还继续下雨般地把炮弹洒向厄散瓦，不知道艾布拉姆斯

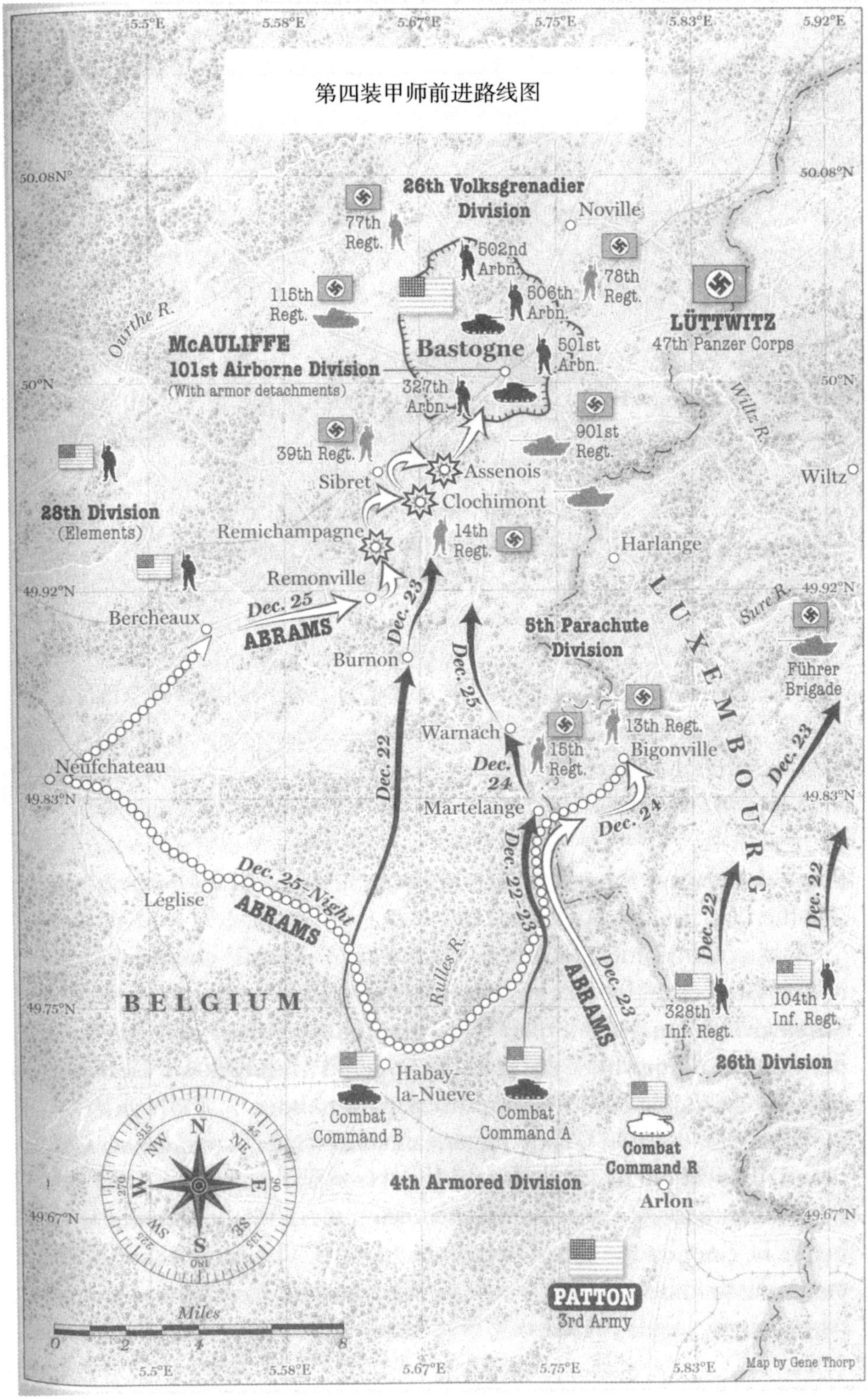

5.5°E
5.58°E
5.67°E
5.75°E
5.83°E
5.92°E
50.08N°
50.08°N
50°N
49.92°N
49.83°N
49.75°N
49.67°N
26th Volksgrenadier Division
Noville
77th Regt.
502nd Arbn.
78th Regt.
115th Regt.
506th Arbn.
LÜTTWITZ
47th Panzer Corps
Ourthe R.
McAULIFFE
101st Airborne Division
(With armor detachments)
Bastogne
501st Arbn.
327th Arbn.
Wiltz R.
39th Regt.
901st Regt.
Sibret
Assenois
Clochimont
Wiltz
28th Division
(Elements)
Remichampagne
14th Regt.
Harlange
Remonville
Bercheaux
Dec. 25
ABRAMS
Dec. 23
Sure R.
5th Parachute Division
LUXEMBOURG
Burnon
Dec. 25
Führer Brigade
Warnach
13th Regt.
Dec. 24
15th Regt.
Bigonville
Neufchateau
Dec. 22
Dec. 23
Martelange
Dec. 24
Dec. 22-23
Dec. 25-Night
ABRAMS
Léglise
Dec. 22
Dec. 22
Rulles R.
BELGIUM
Dec. 23
ABRAMS
328th Inf. Regt.
104th Inf. Regt.
26th Division
Habay-la-Nueve
Combat Command B
Combat Command A
Combat Command R
4th Armored Division
Arlon
N
NE
E
SE
S
SW
W
NW
PATTON
3rd Army
Miles
0
2
4
8
Map by Gene Thorp

第四装甲师前进路线图

和他的部下现在正在村庄里面。美国大炮射出了360发炮弹。每颗炮弹炸出了自己的深坑，整个村庄就像地球的间歇泉在喷发。查尔斯·博格斯中尉是艾布拉姆斯冲锋矛头的指挥官，他在自己的眼镜王蛇坦克里拼命地用无线电呼叫停止炮击，但没有人听他的。美国人和德国人都被打死了。美军的炮击和坦克不间断的轰击完全扫平了厄散瓦，把它从地图上擦掉了，就好像它从来没有在那儿存在过。火焰的浓烟和烟尘把白天的天空变成了黑夜。最后，一架侦察机的飞行员看到出了问题，命令炮兵停止射击。

德国人在路上埋设了反坦克地雷，作为他们阻止美军突破的最后一招。没有一辆谢尔曼坦克被炸到，但一辆美国半履带装甲车压到地雷爆炸了，司机被炸死，并使美国坦克进攻队列再次完全停了下来。艾布拉姆斯的营运官威廉·德怀特上尉快速反应，冒着生命危险爬出坦克，把自己暴露在敌人的火力底下，用手把地雷从道路上清除了出去。

透过尘埃和烟雾，阿肯色州农民的儿子列兵詹姆斯·R. 亨德里克斯看到了两门隐蔽着的德国88毫米大炮。在大炮旁边的散兵坑里，躲着两个德军士兵。亨德里克斯蹲下身子，穿过一道篱墙向他们接近。他然后把身体放倒在一个弹坑里，向敌人爬过去。亨德里克斯身高只有5.6英尺，体重只有125磅，但他不害怕，他准备独自攻击散兵坑里的德国人。

“一个人就得有个人样。如果该他上的时候，他就得上，一切就是这么简单。”他后来是这样解释他的勇气的。

用德语高喊着“走出来”，亨德里克斯端着他的M-1卡宾枪冲到敌人的散兵坑前瞄准了德军士兵。

他们不投降。亨德里克斯被迫向一名德军士兵的脑袋开枪，然后用他的枪托打碎了另一名德军士兵的头骨。

他后来回忆时是这样描述他的行动的，“我拿了他们的枪，回到我的弹坑隐蔽，并再次高喊‘走出来’。果然，德国人开始从各个不同的散兵坑里走出来了，一共有13个德国人投降。”他的这一行动让他荣获了国会荣誉勋章。

那天晚上，在激烈的一片漆黑的战斗中，双方都抓了很少的俘虏。亨德里

1945年1月美军反坦克装甲车准备去巴士东推进

克斯打掉了两个德军机枪巢，并不顾德国狙击手的冷枪，从燃烧的美国半履带装甲车中救出了一位伤员。[1]

在厄散瓦周围森林里的战斗将持续到深夜，但在下午时，美国军队就在德国防线上撕开了一道小小的裂口。通道只有400码宽，德国人正在通道两侧准备反攻，并再次关闭道路。但现在，美国的坦克正开向巴士东。

博格斯对巴士东的郊外的一个德国碉堡发射了炮弹，硝烟散尽。查尔

① 亨德里克斯似乎生来就为幸运之星所眷顾。几年后的1949年9月，在佐治亚州本宁堡进行的一次跳伞演习中，他的主伞和后备伞都未能打开，但他没有在1000英尺的自由坠落中丧生。他背部着地降落在刚犁过的软土上。他只受了轻微的淤伤，没有骨折。

斯·博格斯中尉打开眼镜蛇王的炮塔，并通过开口伸出了他的身子。在道路对面，在他的右手边的散兵坑里，匍匐着身着军服的士兵们，他们的枪都对准了他。他高声喊道："来这儿！出来吧！这是第四装甲师。"他没有用德语叫喊，希望能得到一个美国人的答复。

没有答复。紧张地过了短暂的片刻。他的头部和胸部完全暴露在步枪射程之内，博格斯中尉思索着他该怎么办。

谢尔曼坦克的76毫米炮筒转动着，直到它直接瞄准了散兵坑。列兵詹姆斯·G. 墨菲已经装填了一发炮弹，炮手下士米尔顿·迪克蒙等待着开火的命令。

博格斯再次紧张地呼喊着，"出来吧！"一个孤独的士兵向他走来。

他说道："我是第一百零一空降师第三百二十六工兵团的韦伯斯特中尉，很高兴见到你。"

巴士东的围困被正式解除了。

眼镜蛇王开到了城镇的中心，后面跟着谢尔曼坦克的纵队。

不久，艾布拉姆斯也来到了。

"哎呀，我非常非常高兴能见到你。"托尼·麦考利夫说道。

巴顿的大胆豪赌成功了。他授予艾布拉姆斯第二个与杰出服务十字勋章相当的奖章，并称赞他是美国最出色的坦克指挥官——甚至说艾布拉姆斯是比他更好的坦克指挥官。

★ ★ ★

第二天早上，1944年12月27日，乔治·巴顿再次走到一个天主教小教堂前，跪下并开始祈祷。

"主啊，这又是巴顿"他以忏悔的语气开始祷告，"我祈求你让我报告全部进展。主啊，看起来，你对形势的观察要比我明智得多，我曾为那可怕的天气而诅咒你，但正因这样，才有可能使德国军队采取自杀行动。主啊，那可真是一次无与伦比的军事行动，[①]我对你那至高无上的智慧谦卑地低下头来。”

★ ★ ★

授予艾布拉姆斯青铜橡树叶簇勋章（代替第二个杰出服务十字勋章）的铭文在结束时是这样描述巴士东突破的最后时刻的：“不顾危险逼近黑暗和敌人的强固防御，他带领他的坦克营出色地夺取了更大的目标。艾布拉姆斯中校的无畏行动、个人勇敢和忠于职守的热情体现了美国军队的最高尚的传统，并反映了他自身和第四装甲师以及美国军队的巨大功绩。”

★ ★ ★

德军的进攻在1944年的圣诞节前夜被止住了。德国人的补给线拉得太长。如果没有弹药和汽油，他们就无法发动进攻战役。巴顿和他的第三军的持续进展最终宣告了观察莱茵河行动的末日。1945年1月25日，德军撤回到了他们6个星期前发起进攻时的位置。因此，西线的最后一次德国攻击结束了。巴顿在给他的妻子比阿特丽斯的信中写道：“救援巴士东是我们迄今有过的一次最辉煌的战斗，而且在我看来是这场战争中最为出色的战绩。”“现在敌人要跟着我们调子跳舞了，而不再是我们跟着他们的了。”

---

① 另一块绊脚石是美军第九十九师。他们坚守在突出部攻击的北部战线，在埃尔森博恩高地战役中造成了巨大的德国人员伤亡。尽管德军的攻势四处碰壁，德国人并没有在战场上放弃争夺，直到巴顿能够将巴士东解救出来。事实上，德军在1月1日发动了底座行动，德国空军对盟军机场进行了最后一次空中轰炸。轰炸是成功的，炸毁了465架美国和英国飞机。然而，严重枯竭的德国空军损失了近300架飞机，这使它几乎无法再成为一个战斗力量。

第十三章

白宫，华盛顿特区

1945年1月20日①

上午11点55分

战争在美国人的心中永远不会陌生，甚至在这个国家历史上独特的一天。

在元旦结束第二次世界大战的希望早已被放弃了。受伤的战士们，其中许多还拄着拐杖，都是7000名受邀的嘉宾之一，在这个恶劣的天气里站着见证富兰克林·德拉诺·罗斯福宣誓就职成为美国总统。这是自林肯在80年前的1865年的就职演说以来，第一次在战争期间发表的就职演说。此外，这也是第一次在白宫举行就职典礼，白宫南草坪被称为“总统的后院”。最后，这是第一次，也是唯一的一次，一位美国总统将宣誓就职他的第四个任期。

在这个星期六的早晨，微微小雪覆盖着白宫，受邀的嘉宾们向卫兵出示他们的邀请函，然后走到寒冷的草坪上。雪在3个小时前就停了，但天空看上去正酝酿着另一场风暴。没有座位等候在那里，所以7000名嘉宾仍然站着，甚至包括那些拄着拐杖的士兵们。罗斯福的13名孙辈站在南门廊的阶梯上让新闻纪

---

① 《第二十宪法修正案》正式将总统宣誓就职的日期从3月4日改为1月20日。改变的理由是现代通信的速度已经很快，这意味着总统选举的新闻不再需要几个月的时间传达到全国各地；总统也不需要几个月的时间前往华盛顿特区述职。这项新的修正案于1933年被批准，并于1937年罗斯福总统第二次就职时开始生效。《第二十二宪法修正案》于1947年被批准，它规定总统的任期不得超过两届。

罗斯福总统在他的第四次就职典礼上演讲

录片的摄影师拍摄，离讲台上仅有几步之遥。罗斯福的白宫幕僚长哈里·霍普金斯站在阶梯底部的地上，一丝不苟地监督着程序的进行。

除了退伍军人和政要们外[①]，在人群中可以看到零星的黑人，这反映了罗斯福希望能有一个种族更为融洽的国家。多元的与会者们肩并肩地站在那里，等待着仪式在中午开始。汽油和木材在战时的短缺意味着将不会有传统的就职后游行，宣誓就职仪式有望是气氛活跃的。

随着时间越来越近，拥挤的人群越来越接近白宫的墙壁。特勤局特工和华盛顿特区警察组成的单薄的屏障保护着弧形的南门廊。

当12点的钟声敲响时，安格斯·敦牧师走上了讲台，开始了就职典礼。正确的牧师选择应是华盛顿特区新教圣公会教区的主教。敦是一个和平主义者，让他在全面开战的时刻带领祷告是一种奇怪的选择。更耐人寻味的是敦是一

① 乔治·马歇尔将军，欧内斯特·金海军上将，战争部长哈罗德·斯廷森。

个明显的残疾人。由于小儿麻痹症，他失去了一条腿，靠拄着拐杖保持平衡。他的双手和剩余的脚已经变形。或许可以说在那个时代，神职人员是适合残疾人担当的唯一职业，但事实上敦是成功的。不像罗斯福总统那样从来不敢透露他的残疾状况，安格斯·敦[①]丝毫不掩饰他是一名残疾人。因此，就在83天后一切就显得非常恰当，在那个时候，罗斯福的担心已完全没有意义了，安格斯·敦将在总统的葬礼上带领祈祷。

★ ★ ★

来自密苏里州的60岁的参议员哈里·S. 杜鲁门步上讲台，宣誓就任副总统。这是美国和世界各地都在紧张的时刻，所以杜鲁门和罗斯福选择了放弃正式着装，只穿深色西装。

新任副总统把他的左手放在一本家庭圣经上，举起他的右手宣读就职宣誓。他是一个矮小、结实的人，带着感染人的笑容，一个不怕公开自己观点，但当情况变得紧张时能掩饰自己情绪的人。那些运气不好，曾在牌桌上坐在哈里·S. 杜鲁门对面的人对这一点知道得太清楚了。他名字中间的S不代表任何东西；那字母实际上是他的中间名字。杜鲁门曾梦想去西点军校，但他那较差的视力结束了他的野心，使他必须戴上眼镜。然而杜鲁门曾作为军官参加过第一次世界大战的战斗。他把视力表背了下来，通过了视力检测而参了军。

杜鲁门十年前才从一个小小的县长一跃成了密苏里州的联邦参议员。而华盛顿所拥有的权力仍然使他感到震撼。眼下就是这样的时刻。他和罗斯福几乎互不了解，总统根本没有兴趣就如何治理国家来征求杜鲁门的建议。众所周

① 总统就职典礼祷告的做法是1937年才开始的。参议院牧师兹巴尼·索恩·菲利普斯带领了那次祈祷，然后又在1941年再次带领了祈祷。他于1942年去世，罗斯福随后就选了敦来代替他。除了葛培理在1989年、1993年和1997年带领过祈祷以外，菲利普斯是唯一的神职人员进行过不止一次总统就职典礼祷告。一个小的脚注：安格斯·敦的父亲是信用评级公司邓白氏的创始人之一。

杜鲁门总统在1945年

知，杜鲁门没有竞选这个新的职位。事实上，去年7月在民主党全国代表大会上提名他为副总统候选人时，他最初是不愿意接受的。预见到自己即将死亡，罗斯福试图找到一个自由派倾向更少，和劳工运动不那么紧密关联的人来取代他的来自爱荷华州的现任副总统亨利·华莱士·罗斯福研究了好几个候选人的档案，最后选定了务实的杜鲁门。

但全靠他的一位朋友和长期的政治助手说服了哈里·杜鲁门接受了提名。爱德华·D. 麦金在芝加哥民主党全国代表大会期间的一个晚上告诉他说："参议员，我认为你应该接受提名。"

杜鲁门生气了。"是什么让你觉得我该接受提名？"

麦金对杜鲁门非常了解，深知该如何点中他好朋友的情感穴位。"因为在密苏里州的格兰德维有一位瘦小的90岁的老母亲就是想看到自己的儿子成为美国总统。"

杜鲁门想到他母亲的形象不禁热泪盈眶。他气冲冲地走出房间，拒绝和麦金说话。

麦金未受影响。他深知，恐惧使杜鲁门不愿接受提名，因为在芝加哥接受提名存在着巨大的压力。“在整个会议期间的一致共识是，无论谁被提名为副总统，他最终将成为美国总统。”

而这并不意味着要等上4年，直到罗斯福完成他的任期。总统的健康状况不佳，已经不是一个保守得很好的秘密。杜鲁门相当肯定的是，即使罗斯福宣誓就职，他也将很快死去，而他将成为第三十三任总统。

有一种说法，用杜鲁门的另一位知己的话来说，“那把他身上的那个魔鬼给吓出来了”。

当终于在1944年民主党全国代表大会上进行投票时，1176位代表被要求选择党的新副总统候选人。参议员哈里·杜鲁门囊括了90%的选票。现任副总统亨利·华莱士只得了9%的选票。

现在，在罗斯福–杜鲁门团队压倒性地战胜了共和党的托马斯·杜威11周后，华盛顿的人群见证着杜鲁门宣读誓言。这是一个尴尬的时刻，因为那个领读誓言的不是别人，正是他将要取代的极端自由主义的副总统亨利·华莱士。

宣誓很快就完成了。哈里·杜鲁门成了美国副总统。现在，轮到富兰克林·德拉诺·罗斯福在别人帮助下站了起来，摆动他的臀部和腿部支撑尽力走上几步。支撑他腿和臀部的钢架隐蔽在深蓝色西装底下，罗斯福站在最高法院首席大法官哈兰·斯通的面前。他的左手放在他前三次就职宣誓时用过的同一本荷兰语《圣经》上。按照罗斯福总统的传统，《圣经》被打开到哥林多前书第十三章，教诲的三项道德是信仰、希望和爱，而人类可以显现的最大的特征是爱。

罗斯福有6个孩子，他对他的13个孙儿辈也非常照顾，这些孙儿辈现在正站在几英尺远的地方看着他。他还有一个保持结婚40年的妻子。罗斯福以自己的方式爱他们所有的人。

但富兰克林·罗斯福的最大的爱是给予美国人民的，他带领着他们走过了为贫困和战争所困扰的严峻的12年。罗斯福第一次当选为总统的5个星期之前，希特勒成了德国总理。但当希特勒奉行一条邪恶的路线摧毁他的国家时，罗斯福将美国从其历史上的最低点提升到成为地球上最强大的国家。他为美国人民所做的最后的贡献就是确保他的继任者不是一个意识形态的极端分子，而是一个当战争结束后会尽一切可能医治国家创伤的人。通过这样的安排，罗斯福将避免亚伯拉罕·林肯选择安德鲁·约翰逊作为他的第二任副总统的错误。当内战结束，林肯被暗杀后，约翰逊在总统职位上不负责任的作为加深了国家的裂痕和分歧。罗斯福很清楚，约翰逊造成的某些问题一直遗留至今。[①]

白宫南草坪上拥挤的人群不知道罗斯福的手放在《圣经》哪一段上。但他们能从他的和悦的声音里听到他的爱——如此的自信而有保证，这位父亲般的人物将会不懈努力，带领国家脱离危险。

当政治漫画家们画他时，他们喜欢突出罗斯福的强壮、向上的下巴。这也是罗斯福在诵读就职宣誓时所显示出来的形象，一种权威和乐观的象征。尽管心脏疾病正在慢慢地置他于死地，骨瘦如柴的腿只能勉强支撑着他，总统看上去几乎不像有病的样子。他的姿态是笔直挺拔的，他的肤色是健康的粉红色，他的声音是强壮并清晰的。

就职誓言念完了，罗斯福转向7000人的人群，转向数以百万计正听着收音机的美国人，准备发表他的最后一次就职演说。

---

① 安德鲁·约翰逊是田纳西州的联邦参议员，曾在美国内战期间担任过田纳西州的军事行政长官。林肯在他的第二个任期内选了约翰逊作为他的副总统。约翰逊醉醺醺地出现在1865年3月4日的就职典礼上，然后又喝了两杯威士忌，才向参议院发表了漫无边际的演讲。林肯被暗杀的那天，约翰逊也是谋杀对象，但他的杀手在最后一刻的动摇使他幸免于难。在他任职总统时，约翰逊带来的是分裂且无能。许多在今天的美国政治中存在的所谓红色州或蓝色州，都可以从美国历史上追踪到约翰逊时期的根源。那时，美国最需要的是医治战争创伤，而不是争胜好强，但约翰逊却没有领导能力。他曾被众议院弹劾，但在参议院仅以一票之差免于定他的罪。他被指控违反了现在已被废除了的总统职权法案。那项法案是专为限制他的总统的权力而在前一年通过的。约翰逊成功地让审讯过程持续了3个月，从而完成了他任期的剩余部分，并以此抵御了指控。他在那年夏季居然试图再次竞选总统，但由于他不受欢迎，使之成为不可能。约翰逊对没能获得下一个四年任期感到如此苦涩，以至于拒绝参加他的继任者格兰特将军的就职典礼。

★ ★ ★

四千里之外，巴顿将军并不关注就职典礼。他对罗斯福高度评价而总统也亲切地称呼他为“老骑兵”和“我们最杰出的战场将军一个纯粹的喜悦”。巴顿正忙于指挥在卢森堡和比利时战场的扫尾工作，并面对经久不衰的军队政治。

艾森豪威尔又一次无视了巴顿。在完成了不可能完成的任务之后，巴顿再次坐上了冷板凳。艾森豪威尔不让他的高级将领率领部队攻入德国，而是把他的战略重心放在了英国陆军元帅伯纳德·蒙哥马利身上，因为他要求带领盟军向莱茵河推进。蒙哥马利巧妙地避免让英军卷入阿登战役，从而为下一轮战役做好了准备。当巴顿的第三军经受着伤亡并不断损失坦克和半履带装甲车时，蒙哥马利正保守着他的资源。现在，鲜活而毫发无损，英国军队和由蒙哥马利指挥的那些美国军队成了盟军进攻矛头的尖锋。当就职典礼在华盛顿进行的时候，巴顿和第三军沦为去清除在突出部的残余德军抵抗部队。

知道苦涩和愤怒不会对他的事业有半点帮助，巴顿试图对眼下的情况作出正面的解释。

他在给妻子比阿特丽斯的信中写道：“今天看到了很多被打死的德国人，冻僵了的姿态很滑稽。我得到了一些好照片，但没带我的彩色相机，这真是一个遗憾。”

“他们肯定是在逃跑，他们吃的苦头要比我们希望的更大。”

★ ★ ★

野比尔·多诺万十分愤怒。

他在中国重庆，这是他一个月环球旅行的最后一周。他的旅行从华盛顿特区起步，与巴士东的解放几乎是在同一时间。与往常一样，他是为个人动机所驱使，而不是由于意识形态的缘故。他的深切愿望就是他的战略情报局（OSS）将保留为世界上最精锐的秘密组织。而在与苏联和斯大林打交道时，

在纽伦堡审判时期的野比尔·多诺万

多诺万对共产党人并没有太多的道德或伦理疑虑。他把自己和战略情报局定位在战后世界的一个显著位置上。没有东西可以阻挡他的去路。而且由于多诺万很清楚，当德国和日本投降以后共产党人将有一个强大的全球性呈现，他很乐意来和他们打交道。

但今天的中国不是多诺万的愤怒之源。他的重点是在欧洲。多诺万对战略情报局的特工在巴顿总部附近被抓非常愤怒。这发生在9月间，祸始于在巴黎丽兹酒店里的美国社会名流格特鲁德·桑福德·勒让德和一名美国海军指挥官之间的调情。那名美国海军指挥官是多诺万的间谍之一。两人很快就产生了一种浪漫的友谊，然后借了一辆租来的标致轿车，开车到前线去兜风了。格特鲁德是一个卧底的战略情报局特工，她想去拜访她的朋友乔治·S. 巴顿的总部。

不久，他们在不知不觉之中犯了错误进入了德国，并立即被纳粹俘虏了。勒让德迅速成为德国爆炸式宣传的醒目主题，被描绘成在西线抓获的第一位女战俘。

全球媒体都捡起了这个故事。勒让德意识清醒，告诉她的抓捕者她只是红十字会的一名员工。但多诺万知道，这只是时间早晚的问题，盖世太保[①]的审讯将会让她说实话。勒让德知道大量的可能会损害战略情报局秘密行动的绝密信息。因此，虽然多诺万关心着自己的命运，他也同样为他的两名间谍允许自己以这样荒谬的方式被抓获而感到愤怒。如果他们能活着回来，将不会被宽恕。野比尔·多诺万是一个相信报应和惩罚的人。这些跟他的进程相抵触的人将付出沉重的代价。

当然，巴顿与他们的被捕没有任何瓜葛。但多诺万对将军很警惕，因为巴顿对苏联人的不信任是众所周知的。在华盛顿，一种必须将巴顿飙升的人气打回地面的情绪正越来越高涨。一位第三军的随军记者在战争结束后会写道，这在美国的G–2（情报）或军队报纸圈里并不是什么秘密，某些政客和将军们不想让乔治·巴顿获取更多的桂冠。

因此，多诺万在等待他那被捕的间谍的消息时仍然看着巴顿，秘密地监视着全球各地可能会或多或少影响到他战后权力的众多情况。

有一些证据表明，作为一个众所周知的亲英派，多诺万是一个为英国人工作的双重间谍。但这从来没有被证实过。

★ ★ ★

总统的声音是强壮并明确的。

罗斯福告诉整个国家："今天的美国人和我们的盟友一起，正经受着一个

① 盖世太保是纳粹德国的秘密警察。在海因里希·希姆莱的监管下，党卫军的这个分支机构恐吓并杀害任何可能对纳粹党形成威胁的人。即使是中规中矩的德国人也生活在穿着平民服装的盖世太保到访的恐惧之中。盖世太保总部在柏林的普林茨–阿尔布雷希大街上，出名的是它用来关押并拷问囚犯的地下监狱。今天，可以在柏林曾经是盖世太保总部的大片城市街区上建立起来的恐怖地形博物馆里看到这些监狱的遗址。曾经是希姆莱总部的建筑已全部被拆除了。这件可怕遗产的所有痕迹都已被灰色石头组成的一个鲜明景观所取代，其中没有任何植被。整个街区将不会再被开发利用。

至高无上的考验。这是对我们的勇气、我们的决心、我们的智慧、我们基本的民主制度的考验。”

当他看着站在他下面白宫南草坪上的人群时，他并没有与大衣、围巾和软呢帽海洋中的任何人有眼神接触。事实上，他并没有尝试去认识其中的任何人。总统的目光仍然固定在远处的一排树上。他的思绪都集中在他面前的麦克风上，他知道他那声调完美的演讲将对在收音机旁倾听的数以百万计的美国人产生更大的影响。

“我们1787年的宪法不是一个完美的工具，还很不完美，但它提供了坚实的基础，在此之上，所有种族、肤色和信仰的人可以各种方式，建立起我们民主的坚实架构。

“所以今天，在1945年这个战争的年代，我们付出了可怕的代价，并吸取了教训，我们应该从中受益。

“我们已经懂得我们不能和平地独自生活；我们自己的幸福取决于远方其他国家的福祉。我们已经懂得，我们必须活得像个人，不是鸵鸟，也不是马槽里的狗。

“如果我们带着猜疑、不信任或恐惧去争取和平的话，我们不可能获得持久的和平。只有当我们怀着信念以理解、信心和勇气去争取和平的话，我们才可能得到它。”

在最后几行援引全能上帝的祝福之后，富兰克林·德拉诺·罗斯福结束了他的第四次就职演说。它仅仅558字长，只有乔治·华盛顿的第二次就职演说比它更短。仪式开始15分钟后就结束了。

拥挤的人群缓缓走出了白宫，没有骚动，也没有庆祝活动。他们已经实现了他们的目标：他们见证了历史的进程。

哈里·杜鲁门回到了他在参议院大楼的办公室，并开始清理他的办公桌。

富兰克林·德拉诺·罗斯福把他的注意力转向了一件甚至比就职典礼更为重要的事件：下周会见温斯顿·丘吉尔和斯大林以决定纳粹德国的命运。

会见将在苏联的一个被称为雅尔塔的海边度假小镇举行。

第十四章

奥斯威辛-比克瑙[①]

奥斯威辛，波兰

1945年1月26日

凌晨1点

克里玛5的爆炸震动了大地。火舌把漆黑的冬天的夜空变成了明亮的红色。纳粹党卫军卫兵们目不转睛地望着一片火海，他们想知道的是破坏已经完成，不需要再布设又一轮炸药了。可怕的证据现在都被销毁了。

卫兵们走到附近的集中营营房，命令囚犯们走到外面的雪地上。骨瘦如柴，带着他们监狱文身、剃着光头的孩子们立即跑了出来，他们知道行动太慢的惩罚就是一颗子弹。囚犯们排好了队。党卫军卫兵通常喜欢整齐得像军队一样的排列，这让他们能数算人头。但是在这个夜晚，他们得赶时间。

囚犯被命令向前走。他们的目的地并不明确，但很快他们就走过了火车站，那是他们进入这个地狱般的地方的入口处，然后他们又走过了纳粹指挥官奢华的居所。他们正离开比克瑙，虽然他们不知道这是为什么。

① 尽管集中营这个术语被广泛用于描述纳粹折磨和杀害他们敌人的很多地方，真实和想象中的六处设施（海乌姆诺，贝乌热茨，索比堡，特雷布林卡，马伊达内克和奥斯威辛-比克瑙）也被称为灭绝营，因为大多数囚犯在他们到达后立即被谋杀了。奥斯威辛-比克瑙具有强迫劳动和灭绝营的双重功能。

奥斯威辛入口处

克里玛5燃烧的余晖照亮了他们的路。成千上万的囚犯走进了那座可怕的红砖建筑，但没有一个人从那里走出来。犹太人、吉普赛人、同性恋者和残疾人被领到里面，锁在一个密闭的房间里，然后从通风系统扔下来的一种名为齐克隆B[①]的以氰化物为基础的农药产生出毒气。死亡慢慢地到来，囚犯们无法呼吸，试图抓破墙壁，逃出房间，墙壁上留下了他们的划痕。

尸体随后被送到里面的专用炉焚烧，灰烬顺着烟囱往上走，喷出了烟囱，染黑了波兰的天空，像雪那样飘洒在地上，覆盖了附近的森林、池塘和田野。大地为死亡的气息所笼罩着。

但再也没有克里玛5了。其他四个奥斯威辛火葬场也被炸毁了。阿道夫·希特勒曾下令停止谋杀，他的暴行的所有证据都必须销毁。尽管遭受了重

① 奥斯威辛的五个火葬场里的每一个都有一间毒气房来毒杀受害者，都有几个焚烧炉来烧毁尸体。当尸体的数量太多而焚烧炉来不及处理时——就像在奥托·斯科尔兹内的米老鼠行动成功之后，匈牙利从1944年3月到11月的驱逐犹太人运动时那样——就在户外烧毁尸体。克里玛5后面的那个大坑就是用来完成这一任务的。

大损失，苏联军队还是突破了捷克斯洛伐克和匈牙利的德军防线，并且正在快速向西推进。在北方，苏联人已经占领了华沙，并正快速通过波兰，意图在美国人和他们的盟友之前攻占柏林。苏联人是如此接近奥斯维辛集中营，可以听到远处他们火炮的轰鸣声，偶尔地平线上会出现火炮发射时的闪光。党卫军看守们受命摧毁了火葬场，他们都急着要继续前进，否则他们将很快成为苏军俘虏，那他们就死定了。

但即使是眼下，当他们的脑子想的都是如何逃跑时，党卫军还是无法停止屠杀。在过去几年里，这已经成了他们的生活习惯，就像每天吃早餐一样。他们曾将数以千计的囚犯排列在臭名昭著的“黑墙”前射杀，行刑队用的那堵墙的就在医学实验营房隔壁。现在，随着党卫队士兵在雪地里督促囚犯，将他们沿着两边架设着铁丝电网的道路转移到集中营内的另一个地方，儿童囚犯中那些不愿或不能从比克瑙死亡集中营走一英里[①]到奥斯威辛主要部位的人被立即枪杀了。

那些为了解渴，弯下腰挖了一点雪往嘴里塞的人被枪杀了。

许多眼下在雪地里行军的孩子是双胞胎，他们是一个名叫约瑟夫·门格勒医生的疯子残酷实验的结果。

那些停下来帮助他们双胞胎兄弟或姐妹的人被枪杀了。

诸多实验项目中有将染料注入一个孩子的眼睛，看虹膜的颜色是否可以改变，将细菌和病毒注射进人体研究其病理反应，不用麻醉剂而进行手术。有一次，门格勒试图通过将两个相同的吉普赛儿童背靠背地缝在一起，连接他们的血管和内脏而创建一个连体双胞胎。两个女孩几天后死于坏疽。

10岁的伊娃·莫泽什和她的孪生妹妹莫莉安在雪地中绊倒了。作为门格勒的实验品，她们的身体全垮了。而“死亡天使”向他们展示的仅有一点仁慈是让她们保持了自己的头发。风穿透了女孩们穿的薄薄的监狱制服。伊娃和莫莉安的脚趾先发麻，然后穿着宽松木屐的脚开始麻木。她们在奥斯威辛待了一年

---

① 奥斯威辛集中营被分为三个部分：主营，灭绝营（比克瑙）和4英里外的劳动营，那是为IG法本化学工厂服务的地方。在那个地区还有一些小一点的集中营。

了。她们是家乡罗马尼亚珀茨小镇上的唯一的犹太人家，1944年之前，没有人注意过她们。但后来纳粹强迫她们搬离出她们的家，去了一个犹太人聚居区，等待被运到奥斯威辛来。

她们到达时的记忆依然烙在伊娃的大脑里。从希姆莱乌锡尔瓦涅伊的犹太人聚居区乘了七小时车后，她们走下了运牛车。卫兵[①]大叫着“施奈尔，施奈尔”“快，快！”，就像驯犬员允许他们吠叫的动物冲进一个新的居住地一样。这对双胞胎的父亲，亚历山大和另外两个姐姐，伊蒂和阿莉茨，立即就被和家里的其他人分开了。

女孩的母亲雅法，试图保护她年幼的女儿。她一手一个紧紧地抓住她们。但一个反应较快的卫兵立刻注意到了双胞胎。这是他们一直训练在做的：找出双胞胎和矮人。他的眼睛一亮，随后就把两个女孩带到了专为门格勒医生的患者预留的特殊儿童营房。雅法被她们从身边拉走的时候，伊娃和莫莉安高声尖叫起来，哭着恳求和妈妈在一起。雅法立即就被送往毒气室谋杀并焚烧掉了。她们再也没有见到过她。

10岁的年纪，姑娘们完全得靠自己照料自己了。尽管环境如此恶劣，她们决心要活下去。伊娃后来回忆道：“我第一次去使用位于儿童集中营营房尽头的厕所时，看到了散乱地躺在地上的几个孩子的尸体。就在那里，我无声地立下

---

① 每个集中营都由一个党卫军骷髅小队负责管理，这些人通常从头到脚穿着一身黑色制服。他们分成两组，一组负责监管集中营每天的日常生活，而另一组则负责集中营的周边安全。一名指挥官将监督卫兵和营地。卫兵们被授予全权决定如何惩治及残暴程度，其中许多人在战前都有过犯罪记录。在前线受伤的党卫军士兵往往会调到集中营当卫兵，同时恢复他们的伤势。此外，也有正好相反的情况发生。如果党卫军看守被发现对囚犯不够残暴或不愿执行暴行，他们将被勒令离开营地，并被送往前线。奥斯威辛卫兵的生活是比较舒适的，有稳定的烈酒供应，可与囚犯发生性关系，享受那些在前线的士兵只能梦想的社会生活。由于这个原因，党卫军卫兵们更愿意服从命令，无论这样做是多么的残酷，或是多么的不道德。用党卫军卫兵奥斯卡·格勒宁令人心寒的话来说：“奥斯维辛的主要营地就像一个小镇，有着它自己的传闻和闲聊。有一个杂货店，一家饭店，一座电影院和一个定期有演出的剧院，还有一个体育俱乐部，我就是那里的一个成员。那儿曾经都是乐趣和娱乐，就像一个小镇。”

奥斯威辛-比克瑙灭绝营地图

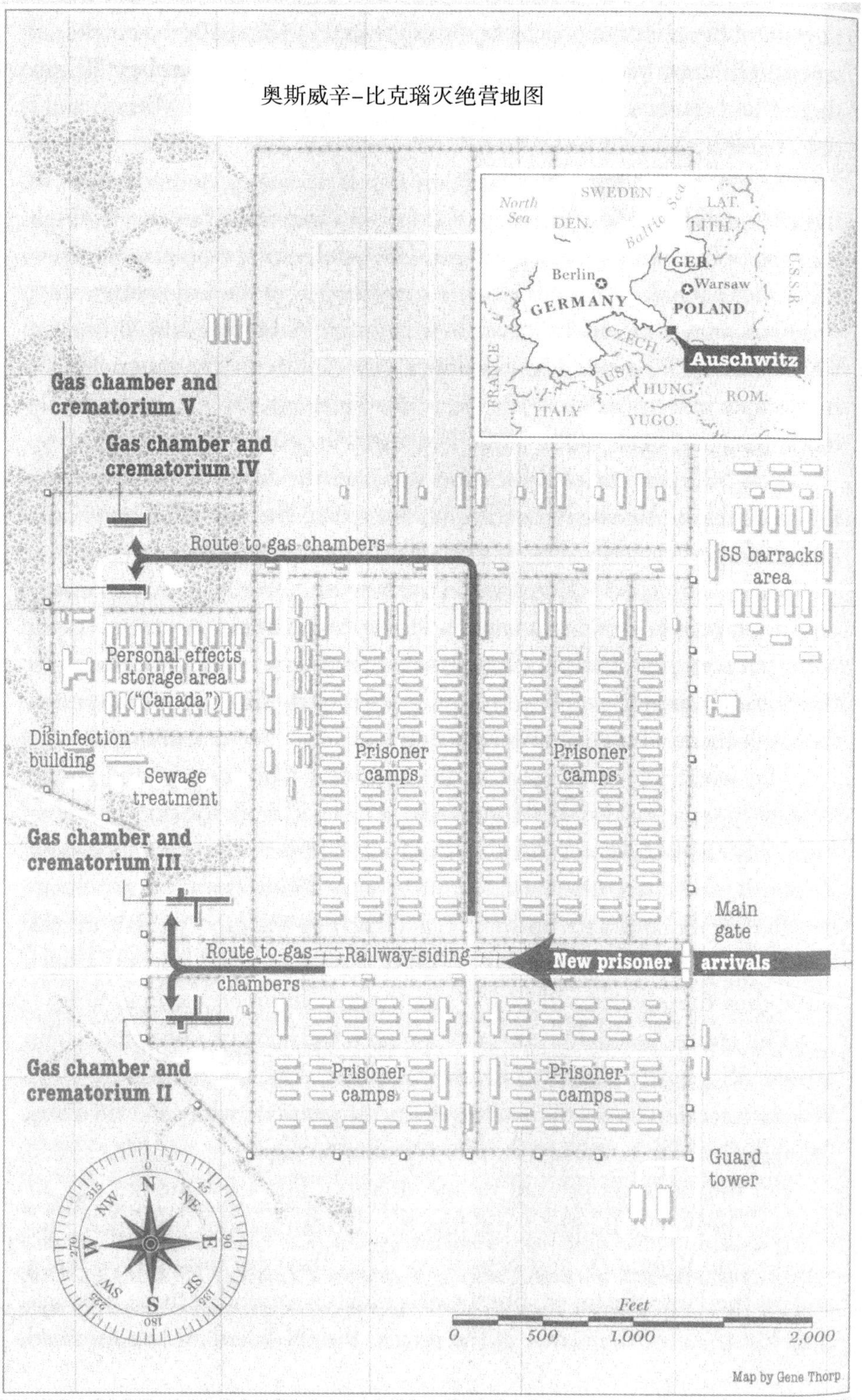

了一个誓言——发誓莫莉安和我一定不能在这肮脏的地板上结束我们的生命。”

奥斯威辛–比克瑙是建在沼泽地之上的，所以在拥挤的营房里空气总是潮湿的。从1944年春天开始，一条铁路支线穿过集中营的中心地带，每天会好几次送来新的囚犯。一旦牛棚车在卸载坡道上停下来，囚犯被命令将他们的财物留在后面，排队等候处理。老人和妇女儿童被指定立即处死。不满14岁的人被直接送往毒气室，这让伊娃和莫莉安看上去很幸运地还能活着。总之，80%的在从他们的家到奥斯威辛的可怕旅程中幸存下来的人被直接送到了毒气室；只有那些被认为有能力当奴工干活的人才被允许活下去。

集中营里不会有好的工作。一些囚犯被选作卡波，那是其他囚犯的监管。卡波可以获得额外的口粮，但要与纳粹合作干那些肮脏的勾当，刺探其他囚犯的动向，告密囚犯的越轨行为从而下达他们的死刑判决。

那些看上去体格强健的囚犯会被派到特遣队去，那是最糟糕的工作。他们将在焚烧场干活。他们得看着党卫军小队长，等他一声令下，向毒气室扔下齐克隆B，然后，等毒气室里的人都死了以后，把尸体从毒气室搬运到焚尸炉烧毁。由于奥斯威辛微薄的食物，他们会一天天变得越来越瘦弱。一旦他们不能再干活了，他们自己也会最终被领进毒气室。

整个奥斯威辛集中营被铁丝网包围着，并由站立在三十多个瞭望塔上的武装党卫军士兵日夜监管着。比克瑙集中营的营地连着一个森林，任何穿过铁丝网逃往森林的囚犯被发现后，立即就被打死了。

但这并不能阻止逃跑的企图。就在几个月前的1944年10月，250名特遣队员将炸药偷运进了克里玛4，并把它炸毁了。然后，他们割开了铁丝网，逃进了森林。但党卫军很快就将他们包围了。虽然党卫军在进攻中失去了3个人，但他们杀害了所有的250名特遣队员，然后将涉嫌从兵工厂私运火药给叛乱者的四名妇女给吊死了。①

① 共有144次从奥斯威辛越狱成功的，其中包括4名身着党卫军制服的囚犯，驾驶着指挥官鲁道夫·赫斯的私人汽车从正门开了出去。这4个人从未被抓到。而赫斯于1947年因战争罪行被绞死。在奥斯威辛集中营的中心特地为此建了一个绞刑架。这个绞刑架现在还在那里。

抵达奥斯威辛集中营后，那些挑选出来可以继续活下去的人都给发了一件他们必须日夜穿着的统一的囚服：女的给的是一件罩衫，男的给的是一条裤子和一件衬衫。普通鞋子被木头或皮革拖鞋所替代，但没有袜子，这使许多囚犯脚上起了水泡，最后导致感染。在许多情况下，坏疽将导致缓慢而痛苦的死亡。

数以百计的营房住着备受摧残的囚犯。室内有明亮的灯光，但没有窗户。地上就是光秃秃的泥土，囚犯们睡在三层的木板床上。老鼠到处都是。虱子对他们衣服和头发的侵扰使囚犯们不断地抓痒。床垫是虱子出没的稻草堆，而床单就和抹布差不多。

食物是宝贵的，也是囤积已久的陈年旧粮。早餐只是一杯像咖啡或茶的饮料。午餐是薄薄的汤。晚餐是一块黑面包和一小条香肠。人们通常咬一口面包，然后把它藏在贴身的衣服里等到第二天早晨才吃。如果一个囚犯晚上死了，别人马上会来搜身，看有没有藏着的面包。

自3月以来，伊娃和莫莉安大部分时间都待在医院营房里，她们被注射了药物，身体出现了水肿，体温因发烧而飙升。她们经受了手术实验，听到门格勒笑着说，她们还有几个星期能活。但是，即使死亡迫在眉睫，伊娃和莫莉安知道她们必须为了对方而活下去。伊娃后来解释道："如果我死了，我的双胞胎姐妹莫莉安将死于心脏注射，然后门格勒就可以进行验尸比较了。"

恶魔门格勒[①]9天前逃离了奥斯维辛，带着他的研究文件向西移动，他要跑在苏联人的前面。伊娃和莫莉安留了下来，还活着。但她们因虱子叮咬患上了皮肤病，她们的衣服差不多就成了碎片。所以现在，当苏联军队逼近奥斯威辛时，她们不知道接下来会发生什么。这对双胞胎所走的路直接把她们领

① 战争结束后不久，约瑟夫·门格勒就被美国人抓获了。但因为他伪造了身份，随即又被释放了。门格勒随后成功地逃离了德国并在南美开始了新的生活，他在那里受到腐败的阿根廷和巴西地方当局的保护。以色列和西德的不断努力让他遣返受审都失败了。1979年，门格勒因在巴西海岸游泳时中风被淹死了。他被埋葬时使用的是一个假的名字，但6年后，人们发现了他的埋葬位置。现在，他的身体被保存在圣保罗法医研究所里。小说《从巴西来的男孩》就是以他的故事为基础的。

向了黑墙。

囚犯们排队通过大门进入奥斯威辛1号营区，这是集中营的主营区，他们在一个嘲笑他们的标语牌底下走过，那个标语牌上用德语写着："工作将使你们获得自由。"

这根本就是一个谎言。除了死亡，或集中营被解放，他们将不会有自由。

在奥斯威辛集中营的一个普通的早晨，一支囚犯组成的乐队将在囚犯们排着队去干活时在这个标语牌附近演奏音乐。音乐的节奏使得囚犯们在行进时能及时跟进，也让卫兵们更容易进行每日的人头清点。

通常囚犯的数量像一个小城市的人口，但现在奥斯威辛几乎是空荡荡的。纳粹依赖于奴隶劳动力，已有6万奥斯威辛集中营的囚犯被送到其他集中营去了。

在这6万人中，15000人在苏联军队到来之前的死亡行军中死去。有些人是因为缺少衣服和鞋子被冻死的，但大多数是因为无法继续行走而被枪杀的。他们的尸体躺在去铁路终端勒斯劳和格莱维茨的道路两旁。在铁路终端，等待着他们的是没有暖气的牛棚车。列车把他们送到了臭名昭著的达豪集中营，贝尔根-贝尔森集中营和布痕瓦尔德集中营。经历过这次行军的许多人把它称之为他们在纳粹囚禁中度过的最糟糕的时期。

伊娃和莫莉安站立在奥斯威辛集中营的中心地块。到处都是尸体。一些是被打死的，其他的都是饿死的。尸体都是扭曲的，没有人去收拾，冻成了他们呼出最后一口气时的样子。

这对双胞胎之所以会被留下来是因为党卫军卫兵认为她们根本无法活下去。苏联军队已经如此接近，他们没有时间再进行更多的杀戮。党卫军士兵们挤进卡车，一路狂奔，逃离了奥斯维辛，让囚犯们要么饿死，要么落入苏联人手中。

一千多名囚犯在集中营里晃悠，或挤在营房里面。阿德雷德·郝特栾博士也在其中，她是一位法国心理学家，因反社会而被定罪的。反社会是纳粹的一种说法，被定罪的是那些行为扰乱了纳粹规定的适当社交礼仪的人。耶稣会教士属于这一类，共产党员和社会主义者属于这一类，还有就是在死亡集中营已经或将要死去的超过10万的同性恋者。

郝特霁的罪行是公开抗议犹太人在纳粹占领的法国受到的不公平待遇。为此，她在两年前就被送到了奥斯威辛，她之所以还活着是因为在医院里工作，治疗那些因鼠患而染上斑疹伤寒的妇女。伊娃、莫莉安和其他犯人称她为圣徒，但双胞胎不知道的是，郝特霁博士拒绝了门格勒的直接命令，对她们施行连体怪胎手术。

囚犯们就这样等着。他们真的自由了吗？或许更糟糕的命运会降临在他们头上？因为如果他们曾经在死亡集中营中学到了什么的话，那就是事情只会变得比他们平时遇到的更可怕。

与此同时，党卫军卫兵已经在夜色中消失了。

★ ★ ★

一位55岁的德国犹太人躺在奥斯威辛集中营男性病人营房的木板床上。这是1945年1月27日下午3点。奥托·弗兰克的女儿没有伊娃和莫莉安那么幸运，她们能从奥斯威辛生存下来，并继续自己的生活。当纳粹主义在德国兴起，反犹太人的情绪不断高涨时，弗兰克一家搬到了荷兰。1942年5月25日，伦敦

安妮·弗兰克在1941年

《每日电讯报》刊登了标题为"德国人在波兰谋杀了70万犹太人"的报道。伦敦时报很快就报道说："自战争开始以来，超过100万的犹太人已死亡。"英国《卫报》指出，700万犹太人现在在德国的监管之下，而东欧已成了一个"巨大的犹太人屠宰场"。

尽管如此，无论是富兰克林·罗斯福，还是丘吉尔，还有斯大林都没能有效地对抗这一暴行。[①]这不是一个险恶的阴谋，而是一种认为无法制止德国人行径的意识在左右。只有当盟军赢得战争时犹太人才能得到解救。富兰克林·罗斯福总统在1944年3月29日对美国人民的广播讲话中明确表示，他知道希特勒要杀死欧洲的每一个犹太人的决心，他已有计划要最终惩罚所有的参与者。

最终，虽然同盟国政府的最高层对犹太人的大屠杀非常知情，但实际上正在发生的恐怖超出了任何理性的人可能接受的范围。艾森豪威尔将军在1945年4月12日参观了一个前集中营之后说："我看到的东西，无法用笔墨形容。"

当杀害犹太人的那些新闻报道出来以后，弗兰克和家人就躲了起来，隐藏到阿姆斯特丹的一幢秘密公寓里去了。在那里的生活是肮脏并幽闭恐怖的，但至少他们还是自由的。弗兰克和家人逃过了纳粹搜寻达两年之久。在离盟军解放阿姆斯特丹还差一个月的时候他们被抓走了。

---

① 罗斯福的广播讲话非常具体地向美国人民讲述了大屠杀的有关事实："历史上最黑暗的罪行之一始作俑者和平时期的纳粹，并由他们在战争时期扩张了100倍的——对欧洲犹太人大批系统的屠杀正在每一个小时里有增无减地进行着。由于最近几天事态的发展，成千上万生活在匈牙利和巴尔干地区的犹太人尽管他们在那儿受到迫害，但至少没有死亡的危险——现在由于希特勒的军队对这些国家的入侵而受到死亡的威胁。如果这些已经在希特勒的暴政之下苟活了10年的无辜的人，在战胜对他们的迫害所象征的野蛮的前夜死去的话，那将是一场巨大的悲剧。因此，我们将再次宣告我们的决心，任何参与了这些野蛮行径的人都将受到惩罚。联合国已经明确表示，他们将追查罪责，审判罪犯，伸张正义。这一警告不仅适用于领导人，也适用于在德国和卫星国家为其工作的人和其下属成员。所有在波兰、挪威和法国自愿参加了将犹太人驱逐到德国死亡集中营的人与那些死亡刽子手同样有罪。所有同罪的人将得到同样的惩罚。"

1944年8月4日，一个名字从来没有公布过的秘密线人，向盖世太保密告了弗兰克家的藏身之处。弗兰克全家被逮捕了。不到一个月，他和他的妻子伊迪丝，他们十几岁的女儿玛戈和安妮丽丝抵达了奥斯威辛。

当他们从牛棚车上下来以后，家庭就被立即拆散了。奥托·弗兰克自9月以来就再也没有见到过他的妻子和女儿。

当他5个月后在这个寒冷的1月里躺在他的铺位时，弗兰克不知道他的家庭成员是活着还是死了。他不知道他那么深爱的他生命中的女人们，在到达奥斯威辛后立即遭受了被脱光衣服的羞辱，被剃光头灭虱，然后排着队在她们的左前臂上被刻上编号。她们很快就被告知，这个数字是她们的新身份。她们不再有自己的名字了。

家里人叫年幼的安妮丽丝为“安妮”。当他们还在荷兰的时候，安妮在她的日记中详细记下了他们家躲藏的生活。她有5.4英尺高，脸上带着笑容和一个浅浅的酒窝。她的眼睛是灰色的，只有一丝绿色的痕迹。安妮的卷发呈褐色，垂落到她的肩上。德国人把她的头发全剃光了。

令人难以置信的是，当奥托·弗兰克听到房外欣喜若狂的喊声时，他的两个女儿仍然活着。囚犯们高声喊着：“我们自由啦！我们自由啦！”

苏军士兵正以小心并警惕的步伐进入集中营，怀疑德国人可能会发起突然袭击。他们穿着冬天的白色迷彩服，在冬雪的迷雾中像显灵似的出现了。因为他们和冬季的背景是如此的融洽，伊娃·莫泽什一开始没能看出他们。

但是，就像她不知道她看到的是什么，苏军士兵也不知道他们看到的是什么：尸横遍野，活着的骨架，那些被解放出来的人脸上没有任何表情，因为他们已如此接近了死亡，一切似乎都无关紧要了。第一个进入集中营的苏联军官后来回忆道：“当我看见那些人时，他们都骨瘦如柴。他们没有穿鞋，站在冰天雪地之中。他们甚至无法转动他们的头，站在那里就像死人一样。”我告诉他们：“你们被苏联军队解放了！”他们无法理解。只有很少几个人拉着我们的胳膊说：‘这是真的吗？这是真的吗？’”

苏联士兵从一栋营房移动到另一栋营房，为他们所看到的而震惊。

苏联军官阿纳托利·夏皮罗后来回忆道：“当我打开军营大门时，我看到了血，看到了死人，在他们之间，是还活着的但全身赤裸的女人。周围臭气冲天，你不可能在那儿多待一秒钟。没有人把死人下葬。这简直令人难以置信。我营里的士兵向我要求，‘让我们赶快走。我们不能停留在这里。这真让人受不了。’”

苏联士兵善待了集中营的囚犯，囚犯看着他们“眼睛里流露出感激的神情”。但是，苏联人已经在这次战争中见过了那么多，很多人都对他们面前的惨状有些麻木了。一位苏联士兵带着明显的倦意说道：“我见过被摧毁的城镇。我见过被烧毁的村庄。我见过我们人民的苦难。我见过伤残的小孩，没有一个村庄没有经历过这样的恐怖，这样的悲剧，这样的痛苦。”

然而，苏联人对奥斯威辛集中营的看法是不同的。伊娃·莫泽什和她的妹妹莫莉安后来回忆道：“我们向他们跑去，他们拥抱了我们，给我们饼干和巧克力。在感到如此孤单的状况下，一个拥抱的意味要比任何人所能想象的更多，因为那就是我们挨饿换来的做人的价值。我们不仅为人的价值挨饿，我们还为了人类的善良挨饿，苏联军队确实提供了一些人类的良知。”

伊娃·莫泽什兑现了她对自己作出的承诺。她和她的妹妹将永远不会成为营房厕所肮脏地板上的尸体了。

★ ★ ★

当奥托·弗兰克从他的病床上爬起来庆祝他刚得到的自由时，他想到的第一件事就是寻找他的家人。

但他永远也找不到他们了。相反，在以后的几周、几个月和几年里，他会发现她们行踪的蛛丝马迹，并最终拼凑出一幅她们死亡旅程的可怕画面。

奥托·弗兰克心爱的妻子伊迪丝在奥斯威辛集中营死于饥饿。他的女儿们被转移到德国北部的贝尔根-贝尔森集中营。玛戈·弗兰克在到达之后不久就死了。

她的姐姐安妮又活了5个星期。她死时光着头，身上布满了蚊虫的叮咬，她瘦弱的身体终于无法承担伤寒疫情。那场疫情在贝尔根-贝尔森杀死了17000名囚犯。

安妮才15岁。[①]

★ ★ ★

阿道夫·希特勒在他成为总理12周年那天告诉德国人民："犹太教开始系统地从内部破坏我们的国家。"

希特勒的身体健康状况在进一步地恶化。他的手发抖，他的眼睛流泪。为了能正常工作，他现在每天注射两次冰毒。然而，他和埃娃坚持玩着还可以赢得战争的把戏。但希特勒的柏林总部周边被炸毁的废墟讲述着真实的情况。自从他的私人火车在夜深人静的时候偷偷开进德国曾经引以为傲的首都已经半个月了。作为对盟军轰炸的预防措施，车厢的窗帘垂落，虽然这只是一种习惯。德国空军已经被摧毁了。美国和英国的轰炸机现在可以在光天化日之下自由地攻击柏林，他们通常在早上9点，四面楚歌之中的城市居民赶去上班时开始轰炸。

希特勒很肯定，西线的盟军将不会停止前进。而在东线，苏联军队对德国军队具有11：1的士兵人数优势，情况更糟糕。

就在这一天，1945年1月30日，希特勒的军备部长阿尔伯特·施佩尔给希特勒送了一份备忘录，他告诉元首，战争失败了。德国已不具备工业能力生产出打败盟军所必需的坦克、飞机、潜艇和炸弹，它也没有足够的人力。

然而，希特勒并不打算投降。纳粹科学家们目前正在研制一种被称为原子

---

① 这是犹太大屠杀中最著名的故事之一。安妮·弗兰克在13岁生日的时候得到了一本空白日记本，那是在1942年她的家人进入躲藏生活前仅几周。她接着非常详细地记载了在幽闭恐惧的情况下，她是如何从童年成长为成熟的青少年的。最后的日记写于她被捕前三天的1944年8月1日。当奥托·弗兰克在战争结束后返回到阿姆斯特丹时，他很惊讶地发现那本日记还在。安妮对战争的评论是如此有见地，而她与别人的个人关系是如此深刻，弗兰克想把日记公之于众。1950年，日记的德文版和法文版发表了，然后在1952年发表了英文版。虽然在开始时并不是很成功，但《安妮·弗兰克：一个小女孩的日记》已经成为一本描述纳粹占领下的德国和荷兰人生活的经典之作，并催生了一部电影和一个舞台剧。1999年，《时代杂志》将安妮·弗兰克列入了"时代100：本世纪最重要人物"的名单。

弹的新型武器。[①]一旦能够被引爆，他就可以用它来把盟军从地图上完全抹干净。“今天，我不想对别的事情作任何猜想。遵循内心的召唤我选择了我的道路，面对一个充满敌意的世界大步向前，从一个默默无闻的人到最后的胜利；他们经常报道我死了，他们总是希望我死了，但最终不管他们如何，我仍然是一个胜利者。我今天的生命是完全属于我所肩负的责任的。”

希特勒现在将他的家安在柏林市中心的威廉大街。他住在地下，在一个精心制作的坑道里。[②]金发蓝眼的埃娃·布劳恩仍追随着他，虽然她经常待在坑道外，大多数晚上也不睡在那儿。她很平静，仍然相信希特勒的残暴天才能够再次取胜。生活在一个地下的坑道里只是战争期间必要的预防措施。增添正常生活气氛的是希特勒心爱的德国牧羊犬布朗迪和她新近豢养的小狗也把坑道当成了家。

尽管他担心盟军炸弹的直接命中会杀了他，但阿道夫·希特勒相信他最终还是会活下去。“不管目前的危机是如何的严重，不管眼下的这一切，最后起决定作用的将是我们不可改变的意志，我们已做好准备的牺牲和我们的能力。

---

① 纳粹研制原子弹的计划是从1939年1月开始的。当时，德国科学家奥托·哈恩和弗里茨·斯特拉斯曼发现了一种分裂铀原子从而释放出巨大能量的方法。这一研究工作是基于传奇的爱因斯坦的理论，而他那时已经移民去了美国。1939年9月成功入侵波兰后，德国陆军兵器局开始研究控制裂变的方法以形成核爆炸武器。有证据表明，德国在中部小镇奥阿特罗夫附近的地下隧道里建造并测试了核武器。它的规模要比在广岛和长崎引爆的美国原子弹小得多。最后，尽管希特勒等在那里，希望靠原子弹来赢得这场战争，或者至少让他以他的条件来谈判和平——原子弹没有来。那些曾为希特勒核计划工作过的科学家多数被美国或是苏联羁押了。他们没有被送到新墨西哥州，以帮助美国的曼哈顿计划，而是被送到在英国的安全住所。他们在那里收到了用美国原子武器对付日本的有关消息。他们在1946年被允许回到战后的德国。

② 希特勒的地下坑道远比一个简单的防空洞复杂得多。它有两个层面：上层的前置坑道包括一间会议室，一间餐厅，一个厨房，一个用水储藏室，供随员使用的卧室编号超过了24个；下层是元首坑道，位于大约30英尺的地下，有多间为希特勒和埃娃·布劳恩使用的装饰华丽的房间。希特勒个人崇拜的英雄腓特烈大帝的大型油画覆盖着一面墙。整个坑道隐蔽在一个豪华的花园的底下，希特勒会在白天走到花园里溜布朗迪。

我们将战胜这场灾难，这场战斗将由欧洲获胜，而不是中亚；而带领欧洲的国家曾代表它与东方对抗了1500年，它应永远代表欧洲：那就是我们的大德意志帝国，我们的德意志民族。”

希特勒还能活上90天。他永远不会再离开柏林了。

第十五章

波兰的一条乡村公路

1945年春

夜晚

海伦娜·斯托诺娃肩负着一项使命。

她是一名25岁的斯洛伐克犹太人。由于她的美貌、优雅的歌喉和工于心计，她在奥斯威辛活了下来。海伦娜是于1942年3月25日从斯洛伐克驱逐出去的第一批妇女中的一个。那一批妇女年龄均在18–22岁之间，她们是因为年轻被选中的。她们的火车在那个悲惨的春天晚上8点钟开出了波普拉德站，在夜色中慢慢地爬过了法侯拉特火山，在第二天早上到达了奥斯威辛。

现在，海伦娜和她的姐姐罗欣卡在谷仓里躺了下来，希望在路上走了一整天后能休息一下。她们又饥又渴，但总算有了一个栖身之地，不为春寒所苦。在战争地区是没有安全可言的。

苏联红军的当务之急是攻克柏林的时候解放奥斯威辛集中营。红军士兵对照顾成千上万纳粹留下来等死的妇女和儿童毫无兴趣。

海伦娜和罗欣卡正走在回到她们老家——斯洛伐克中部小镇琥美恩的数百英里长的路上。和很多人一样，她们试图远离德国人，因为苏军正向他们逼近。每个夜晚，德国和波兰南部的谷仓里和灌木篱墙下都待满了难民。他们希望睡几个小时，然后起身继续他们的旅程。许多人抱着模糊的希望，在一个像布达佩斯那样的大城市里暂时安顿下来。但海伦娜和罗欣卡不是这样想的。她们已经经历过了奥斯威辛集中营，并在苏联人解放比克瑙前一周被转移到了另一个集中营。在漫长的囚禁生活中，她们曾幻想着有一天会又一次走进那栋温暖而舒适，她们从小长大的在琥美恩的房子里。

现在，当她们试着在干草堆里睡觉时，两个女人都听到了疲惫的同路人的呼吸声。和陌生人睡得如此接近并不困扰这对姐妹。在奥斯威辛集中营，她们四个人挤在一个狭小的铺位里。共享一个马厩将大大减轻幽闭恐惧症。

罗欣卡是两个女人中长相更为普通的那一个。她比海伦娜大10岁，她的两个孩子在毒气室丧命使她变得衰老。但是，如果不是因为海伦娜，她不会活到今天。

在奥斯威辛–比克瑙有一栋建筑，那里处理着囚犯们到达站台后被搜走的所有的服装、箱包和其他个人物品。那栋建筑被称为加拿大。在那儿干活的人从成堆的物品中找出黄金、现金和其他贵重物品，将它们送回柏林为纳粹的战争机器提供资金。而他们也被允许悄悄地从中窃取衣物或食物。

海伦娜最初并未被分配到加拿大，但她很快就认清了现实，如果她能在清查仓库干活，她就能活得更容易些。当一个她认识的在加拿大干活的女人死了，海伦娜就换上了那个女人的制服，并在第二天顶替她去干活。

她很快被发现了。一个卡波（监管犹太人囚犯的犹太线人被称为卡波）明确地告诉她，她将受到惩罚。这不是空穴来风。那些卡波们可能会以令人难以置信的严酷来对待他们的犹太人同胞。有一次，一个奥斯威辛卡波用铲子击打一名囚犯的头部。当那个男子倒在地上后，那个卡波用铲刃切进他的喉咙，打断了他的脖子。然后，他撬开了死者的嘴巴，敲出了他的金牙。

因此，海伦娜非常害怕某种严厉的惩罚将降临到她的头上。

然而，就在卡波出卖她之前，命运改变了。那一天是1944年3月21日。海伦娜已被囚禁在奥斯威辛两年了。那天恰巧也是党卫军看守弗朗茨·瓮施的生日。22岁的瓮施负责加拿大的工作安排，他是一个众所周知的"犹太人憎恨者"。那一天，他自作主张将清查工作停了一小会儿，并询问是否有人会为他唱歌。认准了那是一个机会，海伦娜主动站了出来。她的歌声很快就飘荡在清理仓库里，与洗劫死人衣服的悲伤形成了鲜明的对比。

瓮施听得呆若木鸡。

他立刻爱上了乌黑头发的海伦娜。没多久，他就大胆地冒着风险递给她一个示爱的字条。德国警卫和犹太人之间的恋爱关系是被严格禁止的，尽管那是一个普遍的现象。卫兵们冒险满足他们的性需要，而囚犯们则赌博以此求生。

但海伦娜对此并不感兴趣，至少在开始时是这样。她后来回忆道：“他给我一张纸条，我当场把它撕了。但是我可以看到‘爱’这个词，看到‘我爱上了你’。”

海伦娜感到震惊。“我想我宁可死也不该和党卫军搞在一起。有很长一段时间，心里有的只是仇恨。我连看都不看他一眼。”

但是，一见钟情的瓮施不愿撒手。每天，他都会在加拿大干活的女人中把她找出来。他偷偷给她饼干，对她的生活表示特别的关注：这个党卫军卫兵试图买到进入她心底的通道。

然后，一件不可思议的事情发生了。海伦娜的姐姐罗欣卡和她的两个孩子，乘着来自斯洛伐克的火车到了奥斯威辛集中营。瓮施看到了他们。

“快告诉我你姐姐的名字，否则我就来不及了。”他命令海伦娜。

她冷冷地回答道：“你干不了什么，她有两个年幼的孩子。”

瓮施吃了一惊。“孩子不能待在这里。”

最后，海伦娜给了他姐姐的名字。瓮施赶快跑到火葬场，为作秀在她的孩子面前打了罗欣卡，并向他的党卫军看守弟兄们解释说她不服从去加拿大工作的命令。当瓮施把罗欣卡拖走时卫兵们装着没看见，留下她的幼小的女儿和还是婴儿的儿子被处死。尽管那是何等的冷酷，瓮施还是救了罗欣卡的命。

不过海伦娜现在欠下党卫军看守的债了。

海伦娜还记得从那一天开始的情愫。“最后，我爱上了他，但他可能不会是那样的。”

战争将近结束时弗朗茨·瓮施和许多与他在一起的警卫被派往苏联前线。他最后的温柔是确保海伦娜和罗欣卡每人有一双温暖的毛皮衬里的靴子，以帮助她们度过冬季。

当苏联第六十军的士兵在1月27日进入集中营时，他们瞄准了那栋被称为加拿大的建筑并在里面大肆掠夺。那儿还有近100万件妇女的衣物和近50万件的男人的服装等待着被清理。

但是，那活不再需要海伦娜和罗欣卡了。至少在那一刻，她们的噩梦结束了。在加拿大干活意味着她们享有更好的口粮并能正常地用水。她们没有遭到殴打，与许多其他的集中营囚犯们相比更为健康。于是，她们开始往斯洛伐克的老家走去，急于让自己处在与奥斯威辛尽可能远的距离之外。

第十六章

特里尔，德国

1945年3月13日

上午

乔治·S.巴顿在行进中。

终于，巴顿坐在约翰·米姆斯中士驾驶的他那辆标志性的敞篷吉普车里，三颗将星的旗子飘荡在前轮轮盖的旗杆上。零度以下严酷冬天的雪终于开始融化了。在通过卢森堡进入德国的蜿蜒的道路两旁，巴顿和米姆斯看到两腿向上冻僵了的牛的尸体。打毁了的谢尔曼M-4S坦克散落在原野上。这么多的坦克，巴顿脑子里有了一个警号，他要调查敌人使用了哪种类型的武器击毁了这些坦克。巴顿将以他的方式来帮助美国军队为下一次不可避免的战争制造出更好的装甲战车。

巴顿认为另一次冲突即将引发战争。巴顿知道，苏联人正在世界各地强力推行共产主义。他在他的日记中是这样描写苏联人的："他们是患了坏血病的人种，只是一群野蛮人。我们可以打败他们。"

但那是将来的事情。在打败德国以后，位居舞台中心的将是如何在战胜国之间瓜分欧洲这样一个残酷的任务。现在，第三军能推进到德国就已经令人满足了。巴顿已经感觉到了德国军队的防线在削弱，他渴望向前推进。

4个星期前的2月10日，艾森豪威尔再次下令巴顿和他的第三军停止向东推进，采取防守态势，并选定英国陆军元帅伯纳德·蒙哥马利带领庞大的盟军部队跨越具有重要战略意义的莱茵河。这是在要弄精明的政治手腕，因为尽管官方场面上蒙哥马利是向艾森豪威尔报告的，但英国陆军元帅自以为自己和艾森豪威尔是平级的，英国媒体也经常这样描绘他。温斯顿·丘吉尔公开地促成了这种公众印象。他在艾森豪威尔接受他的第五颗将星之前数月将蒙哥马利提升为元帅。这意味着曾有一段时间，蒙哥马利的军衔比盟军的欧洲最高指挥官更高。现在，艾森豪威尔决定支持蒙哥马利的进攻，这将彻底消除任何可能出现的艾森豪威尔会把主攻任务交给巴顿的争议。

从北海到瑞士，横跨德国长达800英里的莱茵河是盟军和德国之间的最后一个巨大障碍。谁先越过莱茵河，谁也很快就可能是获得第一个抵达柏林荣耀的盟军将军。

好像巴顿在巴士东的巨大成功从来就没有发生过那样。

他记下了最近与艾森豪威尔的讨论，写道："注意到艾森豪威尔将军从来不提巴士东进攻虽然并不令人高兴，但相当有趣。"然后，意指扭转了突出部战役趋势的凡尔登紧急会议，他补充道："虽然这是我12月19日以后第一次见到他，他似乎更高兴在危急关头时有我在场。"

不只是让巴顿，也让美国士兵们更加难堪的是蒙哥马利公开地把盟军在阿登战役的胜利归功于他自己。蒙蒂坚持认为正是他的英国二十一集团军，而不是美国士兵阻止了德军的进攻。蒙哥马利戴着一顶古怪的紫色贝雷帽，在新闻发布会上说道："当我看到正在发生的情况时，我采取了措施以确保德国人无法跨过默兹河。我调动了一些军队来抵御有威胁的危险。我将英国军队的全部力量都投放到战场上去了。"

蒙哥马利没有提到的是，只有3个英国师可以投入战斗。在参与阿登战役的65万盟军士兵中，60万是美国士兵。伯纳德·蒙哥马利再次以不诚实的手段试图确保他在历史上的地位。

蒙哥马利令人叹为观止的1月7日新闻发布会在相当大的程度上损害了英美关系。[①]对巴顿来说，让蒙哥马利来从事此类欺骗行径是不可思议的。

---

① 对英美关系的损害是如此严重，以至于丘吉尔被迫在英国下院发表一篇亲美言论以医治创伤。

横跨莱茵河的竞赛示意图

然而，尽管在德国边境线上的美国士兵与英国汤米的人数之比是4：1，艾森豪威尔还是屈从于丘吉尔的压力，让蒙蒂指挥横跨莱茵河的攻击。当然，这个决定有其实际上的原因和政治上的考虑：至关重要的鲁尔工业区在德国北部，蒙哥马利的部队也在德国北部。从理论上说，蒙蒂能够很快就切断德国战争机器的命脉。

尽管如此，这个决定还是让巴顿大为恼怒。

在这个寒冷的周二早晨，谨慎和挑剔的蒙哥马利还有10天时间发起被称为“掠夺者行动”的莱茵河进攻。巴顿在200英里外探测到德军南部防线的弱点，他说服艾森豪威尔让他立即攻击。入侵德国南部普法尔茨地区的计划是巴顿梦寐以求的。整个计划直至最后的后勤细节都已经完全形成。他在日记中写道：“我不知道这个念头是令人鼓舞还是让人失眠，我将靠第六感觉来干。”

巴顿要发起攻击的军事目标是多方面的，其中之一是德国军队守备森严的齐格弗里德防线。

★ ★ ★

400英里长的齐格弗里德防线由18000个碉堡和被称为“龙牙”的连锁的金字塔形混凝土反坦克障碍组成。德国称它为西墙，美国人把它称为“齐格弗里德”，这称呼可以追溯到第一次世界大战。希特勒在1936年至1938年期间建立了西墙，差不多在10年前就预计到，有一天一支伟大的军队——现在就是乔治·巴顿的军队——将试图由此入侵德国。

但私下里他也承认，并不是他的所有目标都具有战术意义。战争现在成了个人事务。巴顿已经忍受了太多的轻视和挫折了。

很多状况都是他自己造成的，但很多显然不是。在内心深处，巴顿是一个简单的人，他的情绪都表露在他的脸上。这让他在作出政治姿态时表现非常差，而他的竞争对手如蒙哥马利对此就非常在行。

这个为战斗而生的人希望对他的评判将依据他的行动，而不是他的话语。这场战争很快就将结束了。巴顿希望至少还能有一次机会来成就他的追逐。

当然，如果这样做会让伯纳德·蒙哥马利付出代价，那岂不使整个过程变得更富有色彩。

“他做了那么多该死的广告让他们知道他在哪里”巴顿暗指德军统帅部一直掌握着英军的位置，他对比着他们的指挥风格，并借此嘲笑着蒙哥马利，“我要欺骗他们。”

根据巴顿的命令，第三军嬉闹喧哗着通过了普法尔茨，第四装甲师的艾布拉姆斯上校把它称之为“莱茵老鼠赛跑”。他们带着大量的金属甲板和浮桥行进，足以使他们能够搭建临时桥梁横跨莱茵河——希望远在蒙哥马利和他的第二十一集团军之前做到这一点。美国装甲师已在特里尔以北86英里的雷马根市成功地跨过了莱茵河。疑心重重的美国人简直难以相信大桥居然保存完好，他们立刻就跨越过去了。虽然他们没能继续推进，只是占领了莱茵河东岸的一个小立足点，但盟军成功的象征在纳粹高层指挥官的头脑中造成的恐惧是如此之大，以致希特勒下令把4名负责炸毁桥梁的军官给枪毙了。[①]这四个人被迫跪下，子弹从背后打在他们的脖子上。然后，他们写给家人和恋人的最后一封信被烧掉了。

希特勒又下令让杰出的突击队员奥托·斯科尔兹内组建一支游泳部队，向莱茵河下游漂浮到雷马根大桥，架设炸药将大桥炸毁，但这个任务失败了。斯科尔兹内派出的所有两栖突击队员都被沿岸布防的眼尖的美国哨兵发现了，他们不是被打死就是被俘虏了。

盟军仍然掌控着桥梁，但没有更大的战斗部队的援助就无法推进得更远。

巴顿懂得雷马根的重大意义。他在3月7日的日记中写道：“第三军团的第九装甲师在雷马根夺取了一座完整的横跨莱茵河的桥梁。这对我们的未来的行

① 因为这个事件，希特勒解除了陆军元帅歌德·冯·龙德施泰特的德军总司令职务。他的继任者，陆军元帅阿尔伯特·凯塞林立即下达了一系列命令对雷马根大桥进行大炮和火箭弹轰击。大桥最终在3月17日被摧毁了，但在此之前盟军已经通过大桥将充足的人员和物资供应送到了莱茵河的另一侧，以确保能固守桥头堡。当大桥塌入莱茵河时，在其位置附近的河流上已架起了几座横跨莱茵河的浮桥，盟军的向前推进没有受到多大影响。这座大桥后来从未被重建。

动可能很有好处。我希望我们也能夺取一座。”

但即使他不能找到一座完整的桥梁，巴顿下定决心要击败蒙哥马利先跨过莱茵河。

他只有短短的10天。

★ ★ ★

两个星期前，第三军通过快速攻击和很少的伤亡占领了德国特里尔的古城堡。巴顿在战斗胜利结束后，参观了这座被占领的城市。

许多人相信，第二次世界大战将是结束所有战争的一场战争，但巴顿对此有更好的解读。为了提醒自己战争是不可避免的，他每天晚上睡觉前阅读恺撒的《高卢战记》。那本回忆录记述了恺撒从公元前58年到公元前51年在高卢[①]和德国进行的战役。书页的字里行间活生生地显现在巴顿面前，他发觉自己和那场战役紧紧相连。

当他驱车前往已是一片废墟的特里尔时，巴顿仔细地观察着古老的高速公路，注意着它的每一个细微之处。眼前上涨的摩泽尔河的场景并不能吸引他的注意力，甚至对盟军的车辆不小心跌下陡峭的山坡，滑进了汹涌的洪流，手忙脚乱的盟军工程师正在泥泞的乡村道路上铺设原木也熟视无睹。

在泥泞的道路上铺设原木可以提高汽车的牵引力。

不，他觉得他在2000年前走过这条路。

巴顿相信，在他前世的诸多生命中他是一名军人，一位伟大的将军。他曾经肩并肩地与亚历山大大帝和拿破仑站在一起。他曾经附在迦太基的汉尼拔征服者的体内，坐着大象越过阿尔卑斯山。巴顿相当肯定他曾经为伟大的恺撒的罗马军团而战，在从瓦瑟比利希到特里尔的同一条道路上向战场进军。即使刺骨的寒风吹裂了他暴露的脸，巴顿仍然可以“闻到古铜色的汗水，看到罗马军

① 高卢泛指现代法国、比利时、卢森堡、瑞士、意大利北部和德国莱茵河以西的地区。

团扬起的低压的尘云”，沿着摩泽尔向成群的日耳曼人推进。

巴顿在掺和他的新教信仰与他的转世信念时毫无问题。他只是简单地认为是他与超自然有一种强大的连接。这种信念因第一次世界大战期间发生的两次非常突出的事件而强化了。一次是他发现自己在战斗中紧趴在地面上，吓得不敢站起来投入战斗。他相信，他看到了死去的祖父和几位叔叔的面孔，他们要他不再当个胆小鬼。还有一次发生在法国的朗格勒，那里曾被古罗马人占领过。尽管他以前从来没有到访过这座城市，巴顿不用他的法国联络官的帮助就能在城市中自由穿行。他向法国人介绍罗马遗迹，包括露天剧场、阅兵场、奉献给一位神灵的各种各样的寺庙。他驱车直奔恺撒曾经驻扎过的营地，并指认那位罗马领袖曾经支搭帐篷的地方。

现在，像恺撒在公元前57年那样，巴顿征服了特里尔。

在上周，德国人的顽强抵抗让这座具有重要战略意义的城市成了废墟。盟军的20次轰炸捣烂了德军的防御工事，美国第十装甲师的坦克开过了城市东部边缘的古罗马露天剧场，德国人的出逃只是一个时间问题。巴顿注意到，当周围一切都已经崩溃时，这座古建筑仍然站立着，“在特里尔未被摧毁的建筑之一是那个古罗马圆形剧场的入口处，它仍然坚固而壮丽地矗立在那儿”。

在3月1日征服特里尔后不久，巴顿收到来自盟军总部的命令。命令是这样写的：“绕过特里尔。那将需要4个师才能攻占它。”

巴顿的尖刻回应是：“只用了两个师就攻占了特里尔。你要我干什么？把它送回去？”

一个星期后，艾森豪威尔批准了巴顿入侵普法尔茨的计划。

按照一条古老的格言，寻求宽恕比请求允许更好。如果机会来了，巴顿并不打算请求允许跨过莱茵河。

★ ★ ★

巴顿那种带刺的幽默感并非出自偶然。他疲于应付艾森豪威尔将军的无效领导，他认为艾森豪威尔一直在破坏他的成功。他认为他的顶头上司奥马尔·布雷德利也在干同样的事情。

因此，布雷德利2月10日转向防守的命令使巴顿感到心碎。他将在这一年进入60岁。他自己估计，这将使他成为“在欧洲美国军队中最年长最富有战斗经验的指挥官”。这场战争正在接近尾声，但它已使乔治·巴顿付出了代价。

他已经变得如此痴迷，他现在无法在一个没有战争的世界中生存下去。甚至2月中旬在巴黎休假，在著名的女神游乐厅观看歌舞滑稽剧时舞者全身赤裸，也无法使巴顿从战斗中分心。在他的所到之处也没有人认出他来，而这通常是治疗他自傲的一帖良药。

在因食物中毒而患上急症以后，他开始越来越相信他的生命受到了某种未知力量的威胁。巴顿赶紧回到了他在前线附近的总部，他无法在远离战争的地方甚至多待一天。

他知道，至少在这个人生里，他的最后一战即将到来。因此，巴顿试图延长他的战斗生涯。巴顿在3月13日给陆军总参谋长乔治·马歇尔将军的信中写道：“我希望能被考虑选为任何类型的作战指挥官，从指挥一个师到对日作战总指挥。我相信我的战斗方法会获得成功。我已经到了这样的年龄，这将是我的最后一战，因此我想战斗到底。”

一想到战斗将很快结束，巴顿心中充满了恐惧。他在给妻子比阿特丽斯的信中写道：“和平将使我不知所措，我可能会令人非常讨厌。”

巴顿希望以自己的方式来结束战争。这就意味着去进攻。当奥马尔·布雷德利建议第三军再次转向防守后，他与布雷德利有过一次对话。他是这样记述这次对话的：“全靠我才搞定了这笔生意。除非我能继续攻击，否则就解除我的职务。”

★ ★ ★

德怀特·艾森豪威尔颇为自信，乔治·巴顿绝不会要求解除他的职务。然而，他马上下了跟进他2月10日命令的第二道命令，允许巴顿把他的军队设置在“进攻性防守”的态势上。艾克知道巴顿将把这道命令解释为允许发起一系列低调的攻击。

这种似是而非的做法是艾森豪威尔最擅长也是他最薄弱之处的一个例子：那就是妥协。他希望让所有人都满意，并认为“民意将赢得战争”。很多时候艾森豪威尔似乎宁愿采取受人欢迎的决定，而不是正确的决定。这是他在他的整个军队职业生涯中所奉行的宗旨，这对他很有好处。在战争开始时，他只是一名上校，在得克萨斯州的山姆·休斯敦堡垒领导新兵训练。现在，尽管他从来没有打过仗，甚至没有在战斗中指挥过部队的事实令人刺目，但他对妥协和外交手段的嗜好让他上升到了显要并手握大权的地位。

艾森豪威尔个人倾向于一个“广阔战线”的突击攻入德国，就像汉尼拔在公元前216年的坎尼战役，或像尤利塞斯·S. 格兰特在美国内战的最后几天所做的那样。由南北两个方向攻击德国，艾森豪威尔可以形成一个钳形攻势，将德军陷于他的部队的爪子之间。然而蒙哥马利更喜欢单一的一鼓作气推进，打进德国北部的鲁尔工业区。自然，蒙蒂计划带领盟军40个师全线向德军出击。像巴顿这样的将领只能坐在场外观看。

起初，艾森豪威尔在私底下嘲笑蒙哥马利的战略，开玩笑地说这是一个“铅笔状推力”的计划。但蒙哥马利死死地缠住了他。蒙蒂在英国是非常受欢迎的人。许多英国人认为，在他们经受了那么多痛苦之后，让一个美国人来指挥盟军在欧洲的所有地面部队是极不公正的。艾森豪威尔以让蒙哥马利来负责莱茵河攻势平息了英国人的怨气。

乔治·巴顿知道艾森豪威尔决定的根本动机是做受欢迎的人。巴顿跟他的一位高级将领说：“不用多久，艾克将竞选总统。你以为我是在开玩笑？等着瞧吧。”

巴顿将被证明是正确的。1952年11月4日，艾森豪威尔当选为美国第三十四任总统。①

---

① 他担任了两届总统。他的继任者是一位名叫约翰·F. 肯尼迪的美国前海军下级军官。肯尼迪和艾森豪威尔的竞选搭档尼克松一样，于第二次世界大战期间在太平洋战区服役。从艾森豪威尔开始，以后42年中的每一位总统都曾在二战中服役。

在战术层面上，艾森豪威尔的广阔战线战略是进攻德国的最好方法。但作为试图作出受欢迎的选择的又一个实例，艾森豪威尔暂时丢弃了这个策略。蒙哥马利和掠夺者行动将是盟军进攻的焦点。但蒙哥马利在战场上的谨慎臭名远扬，加上很有可能，他计划进攻德国人口密集的鲁尔工业区将意味着残酷的战斗和盟军的大量伤亡，这可能会带来灾难性的后果。因此，艾森豪威尔知道他需要巴顿在蒙哥马利进攻不利的情况下发起另一轮攻势。

因此，战争再次成为巴顿与蒙哥马利之间的一次个人竞争——而蒙蒂似乎再次占有优势。

艾森豪威尔给了蒙蒂和他的第二十一集团军在北部城镇韦塞尔横渡莱茵河的机会，并随后向柏林推进所需要的全部人力、弹药、汽油和架桥器材。与此同时，巴顿和第三军留在南部，摧毁残存的齐格弗里德防线。

这次，看起来好像蒙哥马利将成为胜利者。作为决定性的推进力量横跨莱茵河，冒险通过最后的300英里到达柏林，并获得荣耀。

★ ★ ★

“如果艾克停止握着蒙蒂的手，把供给给我，我就能毫无阻拦地打通齐格弗里德防线。”巴顿对英国一家报纸的记者这样说道。

随着时间越来越接近“掠夺者行动”发起的时刻，巴顿的军队包围了德国南部的国防军，在两个星期里捕捉了6万名俘虏，占领了10000平方英里的德国乡村。这证明齐格弗里德防线无法抵挡第三军。到处都是巴顿的部队。即使在如洪斯吕克山脉这样的偏远地区，也能看到数百辆坦克和步兵部队沿着长期被认为“装甲不可逾越的”的道路向前开进。

一名美国士兵注意到：“敌人是穿插着顽固纳粹分子的大批受难的人群。”

巴顿在给比阿特丽斯的信中对德国人民的情况坦率地写道：“我见过一个女人，身边一辆婴儿车上装着她所有的东西，坐在一座小丘上哭。一位老人有一辆独轮车，他的双手拉着三个小孩。一个女人带着五个孩子，捧着一个铁皮罐头在哭泣。在数百个村庄里没见到一个活的东西，甚至没有一只鸡。大多数房屋都成了土堆和石块。他们是自作自受，但这些可怜的农民不该为战争负责。”

巴顿反问比阿特丽斯道：“我是不是越来越心软了？”

★ ★ ★

可以预见的是，蒙哥马利在等待。英国指挥官正在组织自D日以来最大的两栖作战。他的下属反复检查了每一个细节，从盟军力量感觉上的人数优势到跨越莱茵河将需要的冲锋舟数量，甚至包括英国轰炸机轰炸韦塞尔的弹药的吨位。轰炸将引发大火，从而消除任何隐藏的德军抵抗。

与此同时，巴顿在继续进攻。他的普法尔茨攻击行动将作为战争中最杰出的战略胜利之一而载入史册。即使是德国人也会这么说。而他们对巴顿的赞扬是他们对将军极度尊敬的证据。一位被抓获的德国军官在审讯过程中说：“最大的威胁是不知道可怕的美国陆军在哪里。”乔治·巴顿始终是军事讨论的话题。“他在哪里？他什么时候会进攻？在哪里进攻？如何进攻？用什么武器进攻？”

比阿特丽斯·巴顿

傅莱亥·冯·旺根海姆中校会加上几句："巴顿将军是所有战线上最可怕的将军……巴顿将军的战术是大胆并不可预测的。他是最现代化的将军，是装甲车和步兵部队结合的最好的指挥官。"

巴顿的坦克横行在崎岖的乡村道路上。半年前在梅斯经受了令人痛苦的撤退之后，巴顿已经在巴士东，现在在普法尔茨显示出他是用什么做成的了。

3月19日在庆贺自己的又一次成功时，巴顿是这样说道第三军的："我们是世界的第八大奇迹，我为了开始进攻不得不乞讨、欺骗、偷窃。"

巴顿的部队占领了在莱茵河和摩泽尔河的交汇处对战线举足轻重的城市科布伦茨。他现在有8个满员的师布防在莱茵河西岸，坦克的炮口直接对着莱茵河东岸。

巴顿所需要的只是一个过河的地点。

★ ★ ★

这个日子是1945年3月22日。午夜前两小时，第三军的一支巡逻队在夜幕的掩护下，划着一艘单薄的木船在尼恩斯坦渡过了莱茵河。他们的船桨轻轻地划过水面几乎听不见水声。他们侦察后回来报告，对岸的邻近地区没有发现敌人的部队。当巴顿收到报告后，立即下令将架桥器材送到前进位置。到了早晨，一座匆忙搭建的浮桥①横跨河流，巴顿的一个整师很快就跨越过了莱茵河。

巴顿打电话给布雷德利，顾忌到大声宣告他的成功可能会让德军知道他的精确位置，他谨慎地克制着自己的自傲。

巴顿告诉布雷德利："不要告诉任何人，我在渡河。"

布雷德利回应道："这是当真的吗？你的意思是横跨莱茵河？"

"我当然是当真的。昨晚偷渡过去了一个师。因为只有很少几个德国佬在

---

① 美国陆军有几种类型的可以迅速构建过河的临时桥梁。浮桥由多个其胎面装有钢铁甲板的浮桶组成。这样的桥可以在几个小时内建成。他们对运送人员和物资过河非常有效，但很不稳定，因为它们直接浮在河流的上面。

那儿，他们还不知道我们已经过去了。所以，不要发表任何声明。我们将保持这个秘密，直到我们看清局势以后再说。”

一切都很顺利，但只有很短一段时间。

成千上万的人行军穿过匆匆搭建起来的浮桥的场面是难以掩盖的。德国空军在那一天晚些时候发现了第三军的侵入。尽管盟军拥有空中优势，但还是有几架德国空军战斗机梅塞施米特活了下来，在莱茵河上低空巡逻，寻找士兵、车辆和物资运行的迹象。飞行员们用无线电报告了他们所看到的，然后下降到树梢的水平，用机枪和火炮扫射入侵的美国人。

但德国飞行员决心击退巴顿入侵的行动过于大胆了，所有33架德国战机都被第三军精确的高炮射击在天空中打飞了。德国飞行员飞得如此之低，救助和安全跳伞是不可能的。美国士兵们继续他们的行军，跨过急速湛蓝的莱茵河河水，一整天欢呼着敌机坠入远处的地平线爆炸，或落入河中溅起一个个巨大的水花。

显然，美国人不需要再保持无线电静默了。

巴顿再次在3月23日给布雷德利打了电话，急于让他的对手蒙哥马利付出历史的代价。他对着电话筒大声吼道：“布雷德利，看在上帝的份上，告诉全世界我们渡过莱茵河了。”布雷德利后来记得巴顿早已高昂的声调里包含着“三倍”的快乐。“我们今天打下了33架攻击我们浮桥的德国飞机。我要让全世界知道第三军在蒙蒂开始之前渡过了莱茵河。”

★ ★ ★

到了第二天，巴顿的志高气昂更是有增无减，他把他的胜利庆祝带上了一个新的台阶。他驱车到了前沿，接近美军横跨莱茵河的地方——德国小镇奥本海姆。宽阔、冰冷的河水是暗灰色的，反射出早晨阴沉沉的天空。

米姆斯中士减缓了巴顿吉普车的车速上了便桥，小心地将车轮对准桥面上的木板条。巴顿曾仔细想过他将如何纪念跨越莱茵河这一时刻，脑子里已经有了一个非常特别的计划。

在河边，他命令他的司机停车。他告诉米姆斯中士：“在这儿停一下。”巴

乔治·巴顿将军满足了他“在莱茵河小便”的野心

顿走出他的吉普车，沿着木板条走到桥中央，说道，“我期待着这一刻的到来已有一段时间了。”

巴顿小心地走到摇晃的桥梁的边缘，指示军队摄影师看着别处。然而，让他的助理查尔斯·科德曼拍照，为后人保存这一历史时刻。巴顿拉开他的裤缝拉链，面向下游，撒起尿来。

在开始小便的时候他吹嘘道：“我今天早上起床时没有小便，我现在是满载的。”[①]巴顿直直地看着相机镜头。

① 英国首相温斯顿·丘吉尔也有在敌方土地上小便的愿望。他在3月初访问元帅伯纳德·蒙哥马利的防线时，在德国土地上解了小便而实现了这个愿望。即便在巴顿污染莱茵河的时候，丘吉尔与蒙哥马利一起在200英里上游的韦塞尔跨过了同一条河流。

在到达莱茵河对岸时，巴顿继续着他的庆祝活动，再一次在他的吉普车上站起来，重现近9世纪前征服者威廉抵达英国时的场面。就是这位来自法国诺曼底地区的传奇入侵者威廉，当年从船上跃出，把他的脸紧贴在地上，亲吻着英国的海岸。他对着他的部下大声喊道："看，我用双手拿下了英国。"

巴顿单膝跪下，然后将双手深深地插入德国的土地。巴顿高声呼喊道："这就是征服者威廉。"他赞赏这个典故，但听到他呐喊的人并不完全了解这个典故。巴顿和他的第三军现在跨过了莱茵河，准备入侵德国的心脏地带。就像他近两年前在墨西拿所做的那样，永远崇尚竞争的巴顿击败了他的军事克星，英国陆军元帅伯纳德·蒙哥马利。

巴顿感到特别自豪，他将这样来吹嘘这一成就："没有空中轰炸、地面烟雾、炮火准备和空降支援的帮助，第三军于1945年3月22日周四22点，跨过了莱茵河。"

巴顿将继续说道："第二十一集团军应该是在1945年3月24日横渡莱茵河的。为了准备庆祝这个'惊天动地的事件'，丘吉尔先生写了一篇讲话，祝贺蒙哥马利元帅第一个在现代历史上'突击'跨越了莱茵河。这篇演讲录了音，在经过了英国广播公司的一些错误之后广播了。尽管事实上第三军已跨过莱茵河36个小时了。"

★ ★ ★

向东望去，巴顿只想找到一条路径，能比苏联人先到柏林。

越过莱茵河后两天，他写信给艾森豪威尔："我们现在开始了新一轮战役，我希望这将是最后一场战斗。"他在信中体现出尊重，但他留在战场的渴望清晰地在信结尾处的诉求中展现出来。

巴顿提醒艾森豪威尔："我知道第三军将以在它所有前期争夺战中所表现的同样果断的方式参加最后的战斗。"

第十七章

柏林，德国

1945年4月1日

夜晚

希特勒走进会议室的时候没有人站起来。

当元首站到他通常的老地方，那张摊着战场地图的大桌前时他的整个身体在颤抖。希特勒的手在抖，他不停地点着头，他弯着腰，因为身体太弱而无法挺立。远处盟军轰炸的雷鸣声震动了混凝土墙。然而，当他目光朝下注视着他的军队的当前位置时，希特勒的眼睛在他那副淡绿色的无框眼镜后面透出光亮，没有丝毫恐惧。地图上的大多数标识都是不真实的，但他因过于执迷而看不到事情的真相。当他在绝望中挣扎试图以他的条件结束战争时，希特勒审视着地图，幻想着并不存在的“幽灵”师团，脑海中浮现出在某个地方实际上并不存在的几千辆坦克。

与此同时，私底下的低声交谈不断，仿佛元首从来没有进入一楼的房间一样。德国官员和希特勒的秘书们闲扯着八卦，犹如那个世界上最可怕的人并不在他们身边。①

---

① 并不是每个人都在坑道里全职工作。人们来了又走，就好像普通的上下班工作一样。即使当希特勒离开坑道，通过他的私人隧道去帝国总理府时也是那样。通常在坑道里的人员包括：卫士们，女秘书格尔达·克莉丝缇娜和特劳德尔·琼格，私人秘书（转下页）

一颗盟军的炸弹在附近爆炸。灯光摇曳，一阵闪烁，然后又恢复到正常。所有的谈话都停止了。军官们知道不能表现出害怕的神情，而秘书们的眼睛看着希特勒，等待他的反应。

“这很近！”希特勒嘟囔了一句，没有特定的说话对象。

房间里的人脸上都带着一丝微笑，又一个失败的迹象增强了这个圈子里的尴尬意识。就在两周前，这样的非正规行为会被视为不可原谅的礼仪失误，但待在地下50英尺的地方无疑正折磨着希特勒的工作人员。他们活得像一个史前时代穴居的德国部落，住在一个由坚硬的岩石做成四周墙壁的世界里。狭窄的水泥走廊，漆成铁锈的颜色，天花板也很低。所有的房间都漆成了暗灰色，墙壁因岩石渗出的水分而潮湿。他们有自己的供水系统，这得益于深层钻井。一个60千瓦的柴油发电机为配电盘提供电力、灯光和供暖。空气从地面上引入，通过一个过滤器以确保其纯净。

然而坑道并不是一个令人愉快的地方。进入坑道要经过三道独立的安全检查站，所有的入口都由携带冲锋枪和手榴弹的警卫驻守。这样一来，希特勒的总部其实就成了一座监狱。

一名曾在坑道里待过的德国士兵后来回忆道：“底下的整个气氛让人大伤元气。漫长的夜晚除了发电机的嗡嗡声，四周是死一般的沉寂……靴子的恶臭气味，汗湿的羊毛制服，刺鼻的煤焦油消毒剂。当战争快结束时，排水系统出了问题，那就像在公共小便池里工作一样。”

坑道里的人可以听到地面上的防空警报，但很少有人去到花园里感受他们脸上的阳光。元首禁止在坑道里吸烟，但呼吸常常带有元首腹中积气的潮湿空气对所有其他的人都是一种考验。到了后来，坑道里的人对看到他们的元首都

（接上页）马丁·鲍曼，党卫军少校副官奥托·格恩休，维修工约翰内斯·汉努瑶，兽医弗里茨·托恩瑙，护士尔娜·弗莱格尔，首席管家亚瑟·凯恩伯格，希特勒的私人医生特奥多尔·莫雷尔博士，希特勒的私人厨师康斯坦斯·曼恩兹亚力和首席侍从亨氏·林格。其中，只有莫雷尔、林格和曼恩兹亚力是专职住在坑道里的，因为希特勒依赖他们提供即时的个人需要。埃娃·布劳恩直到4月中旬才搬进来。

习以为常，即使是最低级别的人员也不再觉得有必要在元首出现时停止他们的谈话。

这种非正规行为掩盖了一个真相：除了希特勒以外，每个人都吓坏了。一位德国官员后来写道："你感到的恐惧会使你觉得身体有病。除了恐惧，没有什么是真实的。"

但是希特勒确信，战争还是可以赢的。

地面上，盟军的轰炸是全天候的：美国陆军航空兵在白天，英国皇家空军在夜间。柏林已成了一个废墟的城市。在它的156.2万幢住宅和公寓中，三分之一已被完全摧毁。近5万名市民死亡，偿还了5倍多的德国屠夫轰炸伦敦时欠下的旧债。大多数人晚上睡在地窖或地铁隧道里。然而尽管混乱，柏林街头上却有一种照常生活的惊人感觉：每天有邮件送到，柏林爱乐乐团在晚上举行演奏会，地铁准点运行。面包店每天早晨开门，确保陷入困境的民众可以购买他们当日的面包。尽管英国皇家空军兰开斯特轰炸机每晚光临，酒吧里每晚仍然挤满了纳粹大佬们和那些有钱并且好运逃过了兵役的商人们。八卦一直围绕着轰炸：谁死了，谁失去了他们的家园，谁的工作不存在了，因为他们干活的地方已被夷为平地。

但是，一个安静的现实遍及柏林各处的生活：城市中的大多数是女性。身体合格的男性都已上了战场。现在苏联军队离柏林不到40英里；大批难民从东部涌入首都，寻求逃避那些残酷的压迫者，讲述谋杀和强奸的恐怖故事。他们谈论着通过斯大林的宣传部门发给苏联军队的传单，直接威胁到所有年龄段的德国人，尤其是妇女。

传单上写着："杀！杀！遵照斯大林同志的教导。一劳永逸地在它的巢穴里消灭法西斯野兽！使用武力，粉碎日耳曼妇女的精神。将她们作为你的合法战利品。杀！当你向前冲击的时候，杀！你是英勇的红军战士。"

当一些有钱的柏林人在暗中制订计划逃离城市，可能在瑞士找到避难所时，大多数市民被卡在那儿了。他们走不了。因此，他们仍然忍受着轰炸，竭尽所能维持他们的生计。

苏联和德国之间的战争转折点发生在斯大林格勒。激烈的战斗持续了5个半月，120万苏联士兵和平民死亡，85万德国士兵死伤。战斗通常都是城市房屋和建筑里的近战。德国人无情地处置苏联民众，谋杀和强奸不受惩罚。

最终，德国第六集团军的供应线被切断了。德国将军弗里德里希·冯·保卢斯恳求希特勒让他的军队撤出。元首拒绝了。这导致1943年2月2日战斗结束时91000名德军当了俘虏。这91000人中，只有6000人在俘虏他们的苏联人的残暴中幸存下来，战后活着回了家。从那时起，苏联军队稳步向西推进，发誓要为本国人民遭受过的德国军队的暴行报仇。

柏林的居民将承受这个复仇的冲击。他们只能祈祷，那些强奸和谋杀的报道纯属谣言。

但上帝没有回答这些祈祷。

★ ★ ★

3月16日，在一个特殊的仪式上，希特勒授予约阿希姆·佩普和奥托·斯科尔兹内橡树叶的骑士十字勋章。但他最喜欢的两个战士很快就没仗可打了。在维也纳，佩普和他的党卫军装甲师在阻止苏军推进的最后努力中被灰头土脸地击败了。希特勒大怒，下令将以佩普名字命名的臂章从他和他部下的制服上撕下来。此后不久，佩普就向西逃离，最后被美国人抓获。

斯科尔兹内是维也纳本地人。当他在4月10日听说苏联军队即将进入城市时，即带着一队突击队员赶去那里。他发现维也纳陷于一片火海，不起火的地方则一片黑暗。即刻意识到城市将在第二天早晨陷入敌手，他和他的突击队撤退了。他们的战争结束了。斯科尔兹内下令手下的人自行隐蔽起来，而他则逃去了阿尔卑斯山，如果他还能活着出去的话，他可以在那里自杀或逃离德国。

像希特勒一样，斯科尔兹内正在计划以他的方式来结束战争。随着时间的推移，他最后向盟军投降。

★ ★ ★

在坑道的苍白的人造光下，希特勒一小时接着一小时不断地凝视着他的地图大桌，等待着某些一切很快都会变好的希望的迹象。他告诉他的私人秘书，卑鄙的马丁·鲍曼："想想莱昂尼达斯和他的三百斯巴达人。我们不会像绵羊一样被任意宰杀。他们可能消灭我们，但他们无法将我们带到屠宰场。"

因此，元首开始实行一项焦土政策，旨在以某种形式剥夺正在逼近的德国征服者们的给养。他的3月19日的"尼禄命令"指示："摧毁所有的军事、交通、通信、工业，以及食品供应设施，以及所有敌人可能立即使用或在可预见的未来继续用于战争的其他帝国资源。"

这是希特勒所能做的一切：为结束做好准备。

希特勒在坑道里消磨时间，白天沉睡，晚上再熬夜到天亮，审议那些永远不会被执行的战斗计划。他的麻痹症颤抖使他无法翻开书页，所以他命令他的宣传部长约瑟夫·戈培尔大声为他朗读托马斯·卡莱尔写的伟大的腓特烈大帝的传记，这位18世纪的普鲁士战争之王一直鼓舞着元首。

希特勒特别挑选了卡莱尔这本书是因为那位著名的苏格兰历史学家奠定了"伟人创造历史"的理论。那个理论认为："世界历史只不过是伟人的传记。"

莱昂尼达斯是一个伟人。腓特烈大帝是一个伟人。

希特勒认为自己也是一个伟人。

斜倚在他个人寝室里的床上，让戈培尔坐在附近的椅子上，希特勒在那些能将腓特烈大帝的时代和他面临的实际情况之间作出生动比较的话语声中平静了下来。这一章描述了1761年至1762年的冬季，当时看上去腓特烈大帝在七年战争期间似乎失去了所有一切。那时，腓特烈大帝几乎没有盟友，并面临着多国军队的威胁要消灭他的普鲁士军队。[①]希特勒现在自己也面临着世界末日。苏联军队正准备进入他的首都。

戈培尔念道："伟大的国王没有看到任何出路，根本不知道该怎么办。他所有的将军和部长们都确信他完蛋了。敌人早已把普鲁士视为战败国。如果到

① 当英国作为盟友加入战争，瑞典和俄罗斯撤出了他们的攻击之后，腓特烈大帝的命运开始好转，从而这就成了七年战争结束的标志。腓特烈大帝的普鲁士在冲突后成了一个世界大国。这是他一生最伟大的胜利。

2月15日还没有变化，他将放弃一切并服毒自尽。”

戈培尔停了下来。希特勒完全沉默了。

接下来是希特勒正等待着的忠告，那是腓特烈大帝通过卡莱尔传递过来的：“勇敢的帝王，只稍等一会儿，你痛苦的日子就要过去了。云层之后，你那好运的太阳已经升起，并将很快照耀到你的身上。”

戈培尔合上了书。他不用再念下去了。阿道夫·希特勒，一个相信神迹的人，知道宇宙正在告诉他不要放弃。

元首开始哭泣了。

★ ★ ★

几天后，阿道夫·希特勒又得到了另一个迹象表明德国仍然可以赢得战争。他把所有的高级将领和部长们都召集到他的坑道，向他们宣布了这个消息。他口齿不清但充满愉悦地说道：“这就是那个你从来不想去相信的消息。”他向大家分发着他刚刚收到的报告。

坑道里爆发出一阵欢呼声。

没有比这更令人震惊的消息了：希特勒已经战胜了他最大的对手之一。

美国总统富兰克林·德拉诺·罗斯福死了。

第十八章

小白宫

沃姆斯普林斯，佐治亚州

1945年4月12日

下午1点

美国总统看上去像是打了败仗。富兰克林·罗斯福平静地坐在度假小屋的法式房门近处，试图向正在画他肖像的画家显示出权威的神态。但他没有成功。

伊丽莎白·肖马托夫的画笔在调色板和油画布之间来回移动，试图捕捉到63岁总统的形象以留给后人。但这个任务很艰巨，因为总统看起来远比他的年龄更老。

12年的总统任职与令人难以置信的世界大战的重负使罗斯福疲惫不堪。然而，他仍然是一名战士。他的手因麻痹症而微微颤抖，这迫使他用力地在他正试图签署的文件上按住他的钢笔，画家正在画他的肖像。

坐在对面房间的壁龛，含情脉脉地凝视着总统的是他长期的情妇，53岁的露西·默瑟·拉瑟弗德。她的丈夫，一个大她近30岁的纽约社交界的前辈刚刚去世。不过，即使是在他活着的时候，露西和罗斯福也维持了30年的关系。他的表妹爱丽丝·罗斯福曾经这样说起过两人的恋情："他应该享受美好的时光，他和埃莉诺结了婚。"

英国首相威廉·格莱斯顿曾说过，政客的第十一诫就是"不要被抓到"。露西·默瑟·拉瑟弗德和罗斯福之间的恋情就是按那句老话做的。早在1918年，罗斯福就答应过他的妻子埃莉诺，他将把露西从他的生活中赶出去，但那

露西·默瑟·拉瑟弗德

并没有发生。露西是一个身材高大，有着醒目的深色头发和蓝眼睛，娇媚并个性富有情趣的人，这和埃莉诺的假正经和极富批判性正好相反。当罗斯福在华盛顿之外的地方旅行时，露西经常陪伴在他的身边，秘密特勤局的特工常常按照总统的命令把露西秘密带进白宫。

罗斯福差不多两个星期前就来到了他心爱的度假屋。自从他当上总统以后，这是他第四十一次来到沃姆斯普林斯了。当他登上费迪南德·麦哲伦号开始从华盛顿到乔治亚州的夜间火车旅程时，显得消瘦萎缩。他脸色苍白，精疲力竭略呈灰色。自从他3个月前就职以来，他的心脏状况不断恶化。事实上，罗斯福的健康状况下降得如此之快，使副总统杜鲁门感到惊讶的是总统还继续从事这么多的工作。

突然，画家肖马托夫看到罗斯福的脸颊上泛起了一阵红潮。她整个早上都在想尽办法让总统看上去更加年轻和健壮，现在很惊讶总统的肤色突然间改变了。苏联出生的画家伸出画笔蘸上了合适的红色以抓住这个新的红润的光泽。

她不知道的是，美国总统正处于脑溢血的早期阶段。由多年吸烟并缺乏体育锻炼带来的慢性高血压已经使他大脑中的一根动脉破裂了。他的头骨周围的组织现在浸透在血液之中，没有办法能止住出血。

罗斯福晃动起来，右手在空中挥舞着。他的左手，像他身体的整个左侧面一样，已经瘫痪了。他的脸看起来有几分孩子气，仿佛这个世界上最有权势的人迷了路，需要别人帮助来找到他的出路。

他开始呻吟："我的后脑勺痛得不行。"

总统紧闭着双眼，他的头向前倾斜着。罗斯福的招牌，那么多漫画家画过的那个轻松活泼、向上隆起的下巴，现在耷拉在他的胸口上。

罗斯福立即被他的一名男仆和长期侍从亚瑟·普立提曼抬进了他的小卧室。他的血压飙升到了300和190。在一个让人联想起亚伯拉罕·林肯死亡时的场景，一队医生很快就赶来了，并疯狂地开始工作要挽救他的生命。

他们失败了。

到了下午2点15分，露西·默瑟·拉瑟弗德知道她必须离开了。她向伊丽莎白·肖马托夫打了一个招呼，告诉画家："我们必须收拾东西，家里的人将乘坐飞机抵达，房间必须空出来。"她急忙打好了包，向罗斯福最后一次说了再见，在两点半走出了大门。

到了下午3点35分，医生停止了工作。罗斯福死了。

★ ★ ★

90分钟之后，在华盛顿，杜鲁门走进了众议院议长山姆·雷伯恩的私人办公室，准备饮一杯冰镇波本威士忌。但杜鲁门不得不将饮酒推后。白宫新闻秘书斯蒂芬·厄雷送来了一个紧急通知，要他立刻到白宫去。

杜鲁门走得如此匆忙，他甚至没有带上他的特勤特工。[①]一进了白宫，他被领到了楼上的总统居室，然后直接进了埃莉诺·罗斯福的书房。数以百计装

① 这并非不寻常。杜鲁门有每天长时间散步的习惯。很多时候，他会在没人注意的情况下溜出白宫，走5英里到海军陆战队军营，然后再走回来。他认为，担心暗杀是无用的，因为如果有人想暗杀他，他们总会找到一个法子，不管特勤局是否在保护他。这种看法在1950年11月1日被证明是不准确的。当时，有两个波多黎各籍的男子试图潜入杜鲁门正在睡午觉的房子。他们被保镖们打死了，而杜鲁门则安然无恙。

在镜框里的照片挂满了巨大的房间的墙壁。第一夫人坐在椅子上，穿着黑色的衣服，她的脸照耀在透过两个大窗户射进来的午后的阳光里。和杜鲁门一样，她在听着钢琴演奏用午餐时接到了通知，要她立即回到白宫。

她和她的女儿安娜，已换上了黑色的丧服裙子。

埃莉诺通过电传通知了罗斯福的四个儿子，他们正在军队里服役。现在，她必须通知副总统，她与之结婚了40年的那名男子现在死了。

安娜·罗斯福·鲍特格是年39岁，因她的丈夫正在军中服役，最近搬回到了白宫。总统任命安娜为总统特别助理，让她为他工作。在这个职位上，她很快就知道了很多在白宫保存最完好的秘密。总统去世后，是安娜执行了那个不幸任务，告知埃莉诺·罗斯福关于罗斯福与露西·默瑟·拉瑟弗德之间持续的恋情。很多年以后，埃莉诺才原谅了安娜在蒙骗她的过程中所起的作用。

杜鲁门不知道他为什么会被传唤。起初，埃莉诺什么也没说。她从小所受的教育就是永远不要在公众场合显示自己的情感，所以当她踏入房间时显得分外平静。她的黑色礼服提供了唯一的线索，她将会说些什么。第一夫人走到副总统身边，温柔地将一只手放在他的肩上。

她告诉他："哈里，总统死了。"

杜鲁门感到震惊。他后来回忆道："我一直害怕了好几个星期，会有什么事情发生在这位伟大的领袖身上。现在这事发生了，而我措手不及。"

像平时一样情绪激动，杜鲁门强压住了眼泪。罗斯福的去世是惊人的，但并不像他现在已成了美国总统这个现实更为可怕。

杜鲁门想起了他的应有举止，问道，"我能为你做些什么吗？"。

埃莉诺·罗斯福凝视着哈里。杜鲁门说道："我们能为你做些什么吗？因为现在有麻烦的是你。"①

---

① 美国将有2小时24分钟没有一位总统。直到晚上7点09分，杜鲁门才由首席大法官哈兰·斯通监督宣誓就职。延迟的部分原因是要等待杜鲁门的妻子贝丝和女儿玛格丽特到达白宫。另一个原因是要找一本在仪式上使用的圣经。最终，用了首席迎宾官霍威尔·克利姆办公室里的一本便宜的基甸圣经，迎宾官在仪式前掸清了上面的灰尘。

★ ★ ★

3000英里以东，乔治·巴顿刚刚完成他每天的日记条目。时间已经不早了，但因为今天非同寻常，他需要在睡前把每一个细节都记在纸上。最后，他合上了他的日记本，放下了手中的钢笔。

巴顿注意到他的手表需要上发条。于是，他打开了作为他卧室的小货车拖车里的收音机。他希望能从英国广播公司的晚间广播中听到确切的时间。

相反，他听到了令人震惊的罗斯福逝世的消息。

在一个开始于1924年，近一个世纪后依然延续着的程式中，英国广播公司会在每一个小时开始的那一刻发出一系列的“点击”来表示确切的时间。这是通过使用在广播中心地下室中的原子时钟来完成的。从表面上来看，这种做法似乎过分专注于准时，但它实际上能拯救生命。“点击”对那些在海上的水手们听着BBC广播来设置自己的手表非常重要，因为准确的时间对保持正确的航向是至关重要的，那可以防止他们偏离航行方向数百英里。

这是巴顿自战争开始以来最伤脑筋的一天的倒霉结局。刚吃完早饭，他就在他的总部，莱茵河以东160英里海尔斯菲德德国国防军的一个古老的堡垒里会见了艾森豪威尔将军和奥马尔·布雷德利将军。他们一起前往默克镇，巴顿部队刚刚在那里取得了一个令人难以置信的发现。

他们三人进入了一个巨大的山洞。在那里，他们登上了一个单薄的木质电梯，下降了2000英尺后到达了一个盐矿井口。竖井一片漆黑，随着电梯的下降上面的日光缩小成了一个针眼，巴顿看不见电梯内的其他乘客。注意到电梯悬挂在一根单一的细缆绳上，他忍不住自嘲起他们的困境，开玩笑地说道，“如果这根细缆绳断了，那将大大刺激美国军队的提升活动了”。

神经紧绷的艾森豪威尔回答道：“乔治，这就够了，等我们到了地面上以后再开玩笑吧。”

他们下降的目的是具有世界意义的。巴顿将军的第三军的一部在询问当地居民时无意中发现了默克镇的矿井。对柏林的轰炸迫使纳粹将他们的财政储备从德国国家银行偷偷运到安全的地方。他们选择了这个人迹罕至的盐矿。价值几亿美元的金条、货币和无价的艺术作品用火车从柏林运到了200英里外的默克镇，然后存储到了地下。当巴顿、艾森豪威尔和布雷德利走下电梯，进入灯火通明的洞穴时，他们看到了一个梦幻般的场景。装着黄金和现金的袋子看不到边。数以百计的绘画和雕塑作品，包括一座埃及女王奈费尔提蒂的半身像和提香以及马奈的绘画作品，一起靠着两旁的墙壁排列着。现在，这聚集在一起的财富就象征着纳粹政府的溃散。如果在首都柏林没有钱，就不可能再继续进行战争。

巴顿在他的日记中写道："除了德国的帝国马克和金砖外，还有大量的法国、美国和英国的黄金货币。此外，不少手提箱里装满了珠宝首饰，如银质或金质的烟盒、手表盒、勺子、叉子、花瓶、镏金牙齿、义齿等。"①

巴顿建议艾森豪威尔将黄金熔化制成纪念章："给TMD的第三军的每个人发一枚。"

★ ★ ★

当天晚些时候，乔治·巴顿的情绪突然改变了。三位将军一起吃了午饭以后，就去视察了默克镇矿井以东80英里阿德罗夫的新解放的集中营。这是巴顿将军属下的第四装甲师——第一个将坦克开进巴士东，并第一个到达莱茵河的部队——发现了那个可怕的地方。与奥斯威辛集中营不同，那儿的党卫军警卫由于苏联人的逼近而如此慌乱，以至于他们没能杀害囚犯就逃跑了，阿德罗夫的许多囚犯要么被枪决了，要么就被押送到了布痕瓦尔德集中营。许多人因营养不良而如此消瘦，他们头骨上的枪伤甚至没有血流出来。

巴顿在军队里见惯了各式各样的死亡。他看到士兵被炸成碎片，看到有人因爆炸的炮弹失去了他们的整个面孔。但他曾经亲身目睹的那些死亡并没有让

① 大部分黄金是纳粹德国在被占领的各个国家中掠夺而来的。在战争结束后，其中的很大一部分被立即送还了。余下的部分被转换成纳粹受害者救助基金以救助犹太大屠杀的幸存者们。该基金已于1998年被用尽。

他准备好了来见证阿德罗夫的惨状。他后来在日记中写道：[①]“这是可能想象得到的最令人震惊的景象。”一位前囚犯带领将军们参观，向他们展示对试图逃跑的人处以绞刑的绞架，随意施行鞭挞的长桌。巴顿后来写道：“就在鞭挞长桌的尽头，有一堆大约40具的尸体，基本上都是赤裸的。所有这些人都是在近距离从头部后面被枪杀的，他们的血还没有在地上完全冷却。”

在视察的中途，巴顿找了个借口走开，靠在一栋建筑物的一侧呕吐起来。

巴顿写道：“当我们的部队开始逼近的时候，德国人认为消除他们的犯罪证据更为有利。因此，他们让囚犯将最近被埋葬的尸体挖出来，在砖块地基上用尸体搭起了一个铁路轨道样式的庞大的干锅。他们将尸体这样堆放，从而可以把它们烧掉。这个企图是一次巨大的失败。实际上，这让人们不由得想起某种巨型的吃人烧烤。”

“坟坑里的水是绿色的，一些身体的胳膊和腿露出了水面。”

巴顿的一天在写完这些话后本来就应该结束了，但罗斯福突然去世的新闻又成了另一段日记的开端。他对罗斯福评价很高，他怀疑杜鲁门不一定能当好总统。

巴顿和哈里·杜鲁门曾在第一次世界大战期间并肩作战。杜鲁门指挥的火炮曾在阿贡森林保护了他的装甲部队。但巴顿并不知道这一点。他在日记中写道：“看来非常不幸的是，为了确保在政治上获益，当副总统的那些人既不是由党所决定，也不是由上帝挑选而成为总统的。”过了午夜很久以后，他关上了灯。

① 艾森豪威尔和布雷德利也为他们所看到的而深感不安。布雷德利在回忆录中写道：“死亡的气息使我们窒息。3200多名赤裸、瘦弱的尸体已被扔进了浅浅的坟坑。还有一些人躺在他们倒下的街道上。虱子爬在他们骨瘦淋漓的泛黄的皮肤上。一个卫兵向我们展示了血是如何凝固成粗黑色痂结，那是囚犯们撕下死者内脏为食物时留下的。按布雷德利的描述，当看到这一幕时，“‘艾克的脸”’变成了一个白色面具。”布雷德利又补充道，“我因为太难受而说不出话来。”

★ ★ ★

8小时后，在他巴黎丽兹酒店的豪华套房的浴室里，野比尔·多诺万袒胸站着，刮着他的胡子。他昨晚深夜从伦敦来到巴黎，在罗斯福死了那条震惊了世界的史上最短的通讯社电讯发布之前就上床睡觉了。现在，他还不知道这个坏消息。

不到一个月前，这位负责战略情报局的间谍最后一次会见了罗斯福总统，当时罗斯福同意全力支持将他的办公室改组成为一个新的国家级的间谍组织。多诺万的未来，那个刚刚出生的中央情报局，似乎是安全的。野比尔已下令启动了多起政治暗杀行动。对他来说，杀人是履行使命的诸多选项之一。但最近暗杀和追求政治小动作的政策一样也变得很重要了。多诺万在这方面很擅长，他对权力的掌控似乎每天都在扩大。

多诺万的套房将作为他在巴黎期间的总部。正如他在伦敦的总部，在同样豪华的卡拉里奇酒店那样，助手和秘书将整天在这里进出，为多诺万带来电讯和通报，更新他那不断扩张的全球间谍网的现状。因此，当那位现在担任伦敦战略情报局首席反情报官的纽约银行家J. 拉塞尔·福根在多诺万剃胡子的时候冲进浴室，一切并不令人感到意外。

对于多诺万而言，总统去世的消息不折不扣是一个灾难。他抓起一条毛巾，擦拭了他脸上的剃须膏，立即发送了给埃莉诺的慰问电报。

然后，野比尔·多诺万坐到了他的床沿边上。这是一张有点历史的床，它是纳粹占领时期德国空军司令戈林住在巴黎时用过的。多诺万知道这一点。但纳粹现在在他脑海里是离得最远的念头。富兰克林·罗斯福也是一样。眼下，野比尔·多诺万心里想的唯一事情就是野比尔·多诺万。他的未来似乎岌岌可危。没有罗斯福支持他，他那梦想中的战后间谍机构现在正处在危险之中。

半穿好衣服，半剃好的胡子，多诺万双手捧着他的头。他在轻声呻吟，“这是我一生中曾经得到过的最可怕的消息”。

3个小时后，他终于从床上爬了起来。他已经重新振作起来。

第十九章

国会大厦

伦敦，英国

1945年4月17日

下午4点08分

当温斯顿·丘吉尔站起来的时候，大厅里的谈话声都停止了。他呼出的气里含着尊尼获加威士忌的酒气，他穿着他的三件套西装，戴着领结。圆滚滚的首相的招牌，那根抽了一半、细细咀嚼过的雪茄现在不见了。他郑重地站立在英国上议院华丽的议事厅的中心过道上，准备悼念他已故的朋友富兰克林·德拉诺·罗斯福。当他接到罗斯福去世的消息时，他感到一阵悲凉。

丘吉尔将在他的六卷的战争回忆录《第二次世界大战：胜利和悲剧》中写道："我觉得自己好像被人狠狠打了一下，我被一种深深的、无法挽回的损失感制服了。"[①]

丘吉尔站着有5.8英尺高，体重近300磅，他在英国是一个神秘的人物。他是传奇人物伦道夫·丘吉尔的儿子。伦道夫·丘吉尔是一个充满活力的英国政治家，他从未实现成为首相的目标，在45岁时就去世了。这将留给出格的温斯

① 约瑟夫·斯大林是由美国大使W. 哈里曼通知的，他在凌晨4点去了克里姆林宫传递这条消息。斯大林明显地受到了震动。他站在那里，握着哈里曼的手将近一分钟。永远猜疑的斯大林接着建议对罗斯福的身体进行尸检，寻找是否有食物中毒的迹象。

顿来填补这个位置，虽然路途既不短暂，也不容易。温斯顿在他自我描述的政治荒野中度过了他的大部分职业生涯。由于在20世纪30年代没有英国政客对希特勒的崛起给予关注，他在当时对纳粹德国的抨击使得他被认为是与政治现实脱节的人。丘吉尔于1940年5月在纳粹的高度威胁下出任首相，他通过无所畏惧的无线电讲话鼓舞了英国人民，在他们没有任何希望的时候向他们提供了希望。当德国空军轰炸伦敦时，丘吉尔时常出现在公众之中，冒着生命危险视察被炸的地方。在他的整个职业生涯中，他的妻子克莱门汀一直坚定地站在他的身旁。他们已经结婚36年了，有5个孩子。

这一年4月的伦敦显得很温暖。用一位英国气象学家的话来说，“阳光过量”使这个已有百年历史，没有空调的议事厅里的空气厚重。然而，国会的615名当选成员（简称国会议员）几乎全部都到齐了，在过道两边一行行坐着。丘吉尔的保守党议员们坐在他的右边，反对党工党的议员们坐在他的左边。

战前，议员们有更大的会议空间，但德国轰炸机在1941年摧毁了下议院的会议室。[①]所以他们现在得挤在小一点的、有着高高的天花板、窗户钉上了木板的议事厅里。巨大的窗户上的嵌花玻璃都被德国空军大规模的水泥炸弹给震碎了。

71岁的丘吉尔是个墨守成规的人，每天早晨7: 30在他的离国会大厦仅半英里远的唐宁街10号官邸起床。他待在床上工作直到11: 00，随后去洗澡，喝一杯较弱的尊尼获加红威士忌和水，然后继续工作。

只要有可能，他会在下午1: 00午餐，啜饮宝禄爵香槟，之后在3: 30与克莱门汀玩一局十五子棋。他在下午5: 00小睡90分钟。起来以后，丘吉尔第二次洗澡，再工作一个小时，在晚上8: 00吃一顿丰盛的晚餐，抽一支晚餐后的雪茄并喝一杯复古海因白兰地。随后，他又回到书房继续他的工作，直到午夜之后很久。

① 座位的容量是802人，有足够多的空间让全体成员入座。在丘吉尔的坚持下，下议院得以在1948年至1950年期间按照其原始设计重建。

丘吉尔是酿酒师亚历山大·沃克爵士的密友。首相青睐烈性酒，啤酒是他最不喜欢的饮料。然而，他痛恨醉酒，很少喝过量。丘吉尔最出名的饮酒趣闻发生在战争刚结束之后，当时英国工党政客贝茜·布拉多克在他晚上离开下议院时与他搭话。她告诉他："温斯顿，你喝醉了。更重要的是，你醉得令人作呕。"丘吉尔则回答道："贝茜，亲爱的，你是丑陋的。更重要的是，你丑得令人作呕。我明天就会清醒，但你仍然丑得令人作呕。"丘吉尔借用了1934年W. C. 费尔兹的电影《这是一个礼物》里的一段台词。值得一提的是，尽管很少锻炼，可能根本就没有锻炼，且如此大量地喝酒，丘吉尔先天继承了一个强壮的体魄。在八十多的高龄时，他仍然可以夸耀自己那个140和80的非常健康的血压。

除非他在外旅行，温斯顿·丘吉尔每天的生活几乎都是这样安排的，可以精确到以分钟计算。

但是今天有一种不同的感觉。今晚将是美国的B-17和英国的兰开斯特轰炸机最后一次轰炸德国城市德累斯顿。扔下的燃烧弹已经在那里杀死了成千上万的人。这是经过丘吉尔批准而完成的行动。德国炸弹炸死的每131位伦敦受害者要有一个德国人来偿命，他对惩罚德国人没有任何道德疑虑。

今天之所以让丘吉尔感到特别是因为这标志着个人和政治的十字路口。他必须哀悼一个很好的朋友的死亡，他将他的陪伴与喝一杯优质香槟酒时所得到的喜悦相比较。但同时也要清算这样一个事实，这同一位朋友背叛了他和英国人民。

当他开始演讲的时候，矛盾的情感在首相内心深处激荡不已。丘吉尔说道："当我成为首相时，当战争带着它所有的狰狞怒火爆发时，当我们自己的生命和生存命垂一线时，我已经发电报给总统，建立起了一个最为亲密，对我来说也是最为惬意的联盟。这个关系在世界斗争的跌宕起伏中一直持续到了周四，当我从他那儿收到了给我的最后讯息。"

他的声音无疑带着英国英语的贵族气息，他的语调就像是教授在教室里讲课，让他的国会议员们了解一些长期隐秘的私人关系。

每个人都知道丘吉尔和罗斯福非常接近。他们所不知道的是，罗斯福在临死之前对丘吉尔和英国表现得非常糟糕。两个月前，当罗斯福、斯大林和丘吉尔三人在黑海度假胜地雅尔塔会见时，罗斯福对与斯大林打交道表现得非常软弱，允许苏联人在牺牲英国利益的前提下来决定战后欧洲的未来。正是丘吉尔在战争初期坚持不懈地在三个大国之间寻求建立他所谓的“大联盟”。为了击败纳粹德国，他需要美国的工业实力和苏联的战略力量。但随着时间的流逝，丘吉尔像一个没人要的求婚者被挤出了联盟。

就此，自18世纪70年代詹姆斯·库克船长航行之后统治了全球的大英帝国结束了。世界的大部分地区很快将由美国人和苏联人来统治了。

丘吉尔是一个理解某种象征在塑造公众舆论时将起到巨大作用的人，他忧心如焚的是美国人正在否决英国人民彰显荣耀的那一时刻。在战争期间，英国城市被无情地轰炸着，无数的房屋被烧毁了。英联邦在非洲沙漠，在婆罗洲的丛林，在欧洲战场上，并在他们心爱的英国的领空见证了300万人的伤亡。在1939年至1940年间，他们和法国并肩作战反对纳粹德国。当法国投降以后，英国独自与纳粹德国战斗。

是罗斯福和美国来援救他们的。“当争论开始时，从来就没有片刻的怀疑他的同情会置于何处。法国的沦陷和似乎岛外的大多数人都认为的大不列颠即将面临的毁坏，对他来说都是一种痛苦，虽然他从来没有对我们失去信心。”

丘吉尔现在向国会讲述了罗斯福派一位特使送来的一张他亲手写的纸条。上面写着诗人朗费罗的著名诗句：“扬帆启航，啊，国家之船，扬帆启航，啊，坚强而伟大的联邦！带着它所有的恐惧，带着它对未来的所有希望，人类正处于千钧一发的命运抉择之中！”

罗斯福做的远远超过了提供励志的诗句。他还“借贷”给英国舰艇、飞机、坦克和卡车。

丘吉尔对议会议员们说道：“不列颠民族在那时承受着压力，我们只有独自一人，我们充分感受到了他和他的广大同胞对我国人民的最热烈的感情。”

正是丘吉尔现在如此热情称颂的同一个罗斯福，也就是刚刚把柏林给了苏联人的那个政客。西线的盟军，包括伯纳德·蒙哥马利元帅在内，已接到命令在离柏林60英里的易北河畔停止前进。

这项命令来自艾森豪威尔将军，他现在莫名其妙地将柏林视为没有任何战略价值。然而，正如温斯顿·丘吉尔非常清楚地知道，这项命令不可能不经过富兰克林·德拉诺·罗斯福的批准。现在在德国有400万盟军士兵，其中300万是美国人。美国人民会因为看到一个英军指挥官获得占领德国首都的荣耀而感到不安，尽管艾森豪威尔认为让一位具有同样荣耀感的苏军指挥官占领德国首都没有问题。

英国民众将被拒绝享有蒙蒂和他的汤米们进军柏林的那个标志性时刻。不会有在希特勒被炸毁的德国国会大厦前的胜利姿态，不会让整个英格兰欢天喜地，他们的英勇岛国在极大的困难面前坚持了下来，终于征服了元首的首都。

使得背叛更觉刺痛是丘吉尔是一半美国人这个事实。他的母亲，美丽的珍妮·杰罗姆·兰多夫来自布鲁克林。他的外祖父是纽约时报的编辑。他的祖先乘坐五月花号来到美国，下一代人曾与乔治·华盛顿一起在福吉谷过冬，进行了一场反对英国的革命。丘吉尔甚至与美洲印第安人的易洛魁部落是远亲。这样一来，他的祖先甚至比那些已故的美国总统更加美国人。

然而，现在是美国正昧着良心牺牲英国对苏联人退让——实际上，正在杀死英格兰。

温斯顿·丘吉尔是悲伤的。为他失去了朋友伤心，为罗斯福的背叛伤心，为他的国家伤心，而最终为今后的不确定性而伤心。丘吉尔已经和哈里·杜鲁门交换了几次电传，但对他还没能得出一个明确的解读。

经过这么多年对纳粹德国的警惕，丘吉尔现在把苏联人视为世界上最大的威胁。共产主义的世界观和英国人的世界观之间的鸿沟是如此之大，丘吉尔将其比作为一道“铁幕”，这个词语将永载史册。

丘吉尔已当了5年首相。但他所不知道的是他会在短短的3个月后落选——被他所热爱的国家拒绝，就像他被斯大林和罗斯福推到一边那样。

丘吉尔在过道两侧国会议员一片“是的，是的”的合唱声中总结道：“我们只能说，去世的富兰克林·罗斯福是我们所知道的最伟大的美国朋友，是最伟大的自由推手，他曾经从新世界为旧世界带来了帮助和安慰。”

精疲力尽的首相演讲了20分钟。然后在他的座位上坐下。温斯顿·丘吉尔可以饮一杯苏格兰威士忌了。这真是非常漫长的一天。

第二十章

第三军总部

赫尔兹菲德，德国

1945年4月17日

上午

乔治·巴顿和温斯顿·丘吉尔意气相投，志同道合。他们都认为，苏联现在是对世界和民主的最大威胁。巴顿相信，丘吉尔在手握大权的人中间是唯一知道世界正在“走进”哪里的人。

到现在为止，巴顿一直没有公开说出过自己的想法。冲动的言辞可能会让他被解职甚至有死亡的危险。巴顿是具有强烈信念的人，正像他会在几个星期之后告诉记者的那样，他对来自苏联的危险是完全确定的：“丘吉尔有历史感。不幸的是，我们的某些领导人只是该死的傻瓜，他们不懂俄罗斯的历史。该死的，我怀疑他们甚至不知道‘那个’俄罗斯在不到一百年以前还拥有芬兰，他们从波兰身上吸血，并把西伯利亚当作监狱关押自己的人民。当斯大林和他们开完所有那些没用的会议之后必定会一阵冷笑。”[①]

这天早晨，巴顿坐在组成他的移动指挥中心的一辆小拖车里的桌前，思考着自己的未来。除非他能设法在太平洋战区谋到一个指挥职位，他知道他的职业军人生涯就到此为止了。

---

① 转引自1945年5月8日在他位于德国雷根斯堡总部对第三军随军记者发表的声明。

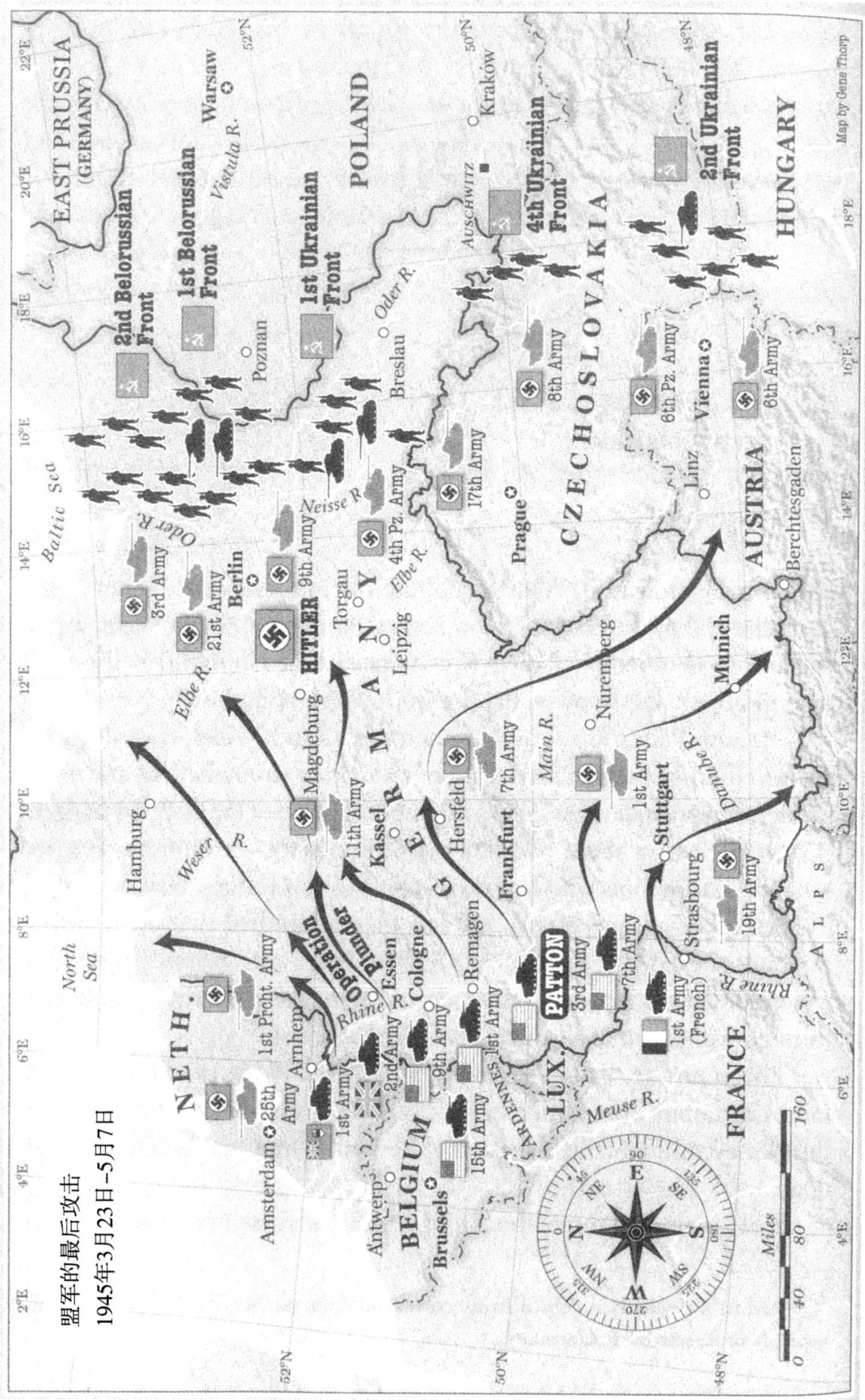

盟军的最后攻击

1945年3月23日–5月7日

就像他们曾经急左转援救巴士东那样，第三军仍然是一支强大的部队，原本是准备北上攻占柏林的，但被艾森豪威尔拦住了。

巴顿认为把柏林谦让给苏联人是愚蠢的。他在几天前就把这个想法告诉了艾森豪威尔。巴顿说，美国人不能仅占领柏林，还应该尽可能向东推进。随着时间的推移，整个世界将认识到，他的判断是对的。

但是，到那时这将为时已晚。苏联人已经越过奥地利，现在正从南部和东部接近柏林的堡垒。不久，他们将掌控东欧，他们将在今后的50年里保持这种掐着脖子的控制。

对苏联人的恐惧正在整个德国蔓延。数百万平民难民向着美军防线逃离，却被命令转回头去。[①]50多万德国士兵举手投降，因为他们就此不会去面对苏联人了。事实上，因为这么多的德国士兵放下了武器，盟军不再接受所有的人为战俘了，因为不可能有那么多的房子并喂饱那么多的人。当曾经令人生畏的德军第十一装甲师的人试图退出战争时，第三军接受他们作为战俘的唯一条件是他们必须自备食物。

当巴顿在他的总部啜饮咖啡时，他知道他的未来可能就是一介平民。他曾再次出现在《时代》杂志的封面上，并且最终获得了一种他极为渴望的公众尊敬和荣耀。如果巴顿进入政坛，那他将成为一个强大的力量。

但战争还没有结束。在最近的记忆中这还是第一次，第三军没有接到命令转入防守。事实上，情况正好相反。巴顿刚刚补充了额外的3个装甲师，所以他能在德国南部发起这场战争中美国军队的最后一次攻击。

他给比阿特丽斯写信道："昨天有一个大的会议，我们得到了似乎是最后比赛的球。"作为将军，他的信并不接受军方的审查阅读。然而，他的措辞却是隐晦的：他暗示着即将发生些什么，但又不违反国家安全规定，以免这封信

---

① 如何处置这么多的难民曾经出现了很大的混乱。他们已经离开了他们自己的家园和农场。有人认为应该让他们掉头回去，把他们送回原来的地方，并让他们在反对苏联人的过程中自生自灭，其中许多人已经回到了那些农场和家园去了。难民们无处可去，到处都不受欢迎。

不知何故落入德军手中造成损失。他在给妻子的信中继续说道："有时候，我觉得我可能正在接近生命的尽头。我已经解放了'J'，烧干了德国人。那还有什么事情可做的呢？"

巴顿提到的那个"J"是他的女婿，38岁的上校约翰·沃特斯，他是两年前在突尼斯被德国人俘虏的。

★ ★ ★

从表面上看，鲍姆分队的"哈默尔堡任务"只不过是一次拯救美国战俘的大胆尝试。在3月下旬横渡莱茵河后不久，巴顿得到消息说在德国小镇哈默尔堡附近的战俘营中关押着300名美军战俘，其中许多是军官。它的位置是离巴顿的军队有60英里。战俘中有上校约翰·沃特斯，他是巴顿心爱的女儿比阿特丽斯的丈夫。

占领波兰小镇斯诸本后，苏联士兵发现了被匆匆放弃的战俘营中的一些遗物。盟军战俘已经在寒冷的2月里被向西转移了300英里，以防止他们落入苏联人手中。监狱记录显示，沃特斯一度被关押在那里。

巴顿在稍后会坚持说，他并不知道沃特斯被关押在哈默尔堡。然而事实是，派驻在莫斯科的美国军事代表团于2月9日向他通报了这一情况。此外，在进攻前夕，巴顿在写给比阿特丽斯的信中特别提到，"希望明天派出一个探险队去夺取约翰"。

巴顿的下属对他拯救战俘的计划提出了责询，他们指出巴顿至少需要3500人来解放战俘营，而不是正在部署中的仅仅300人。巴士东的英雄艾布拉姆斯中校觉得这个计划愚蠢就给推辞了，把指挥任务给了中尉哈罗德·科恩。但科恩也不想要它。他告诉巴顿因为患了痔疮而行动无力。巴顿认为科恩在虚张声势，下令他到隔壁的房间让医生检查。当医生诊断科恩确实患有痔疮后，巴顿才把指挥任务交给了23岁的亚伯拉罕·J. 鲍姆上尉。他是布鲁克林衬衫制造商的儿子，负过两次伤。

鲍姆和他的救援队伍已经在穿越莱茵河的行动中筋疲力尽了。他们拿到的是15张地图和57辆汽车。很有可能，鲍姆分队甚至无法找到哈默尔堡，更不用

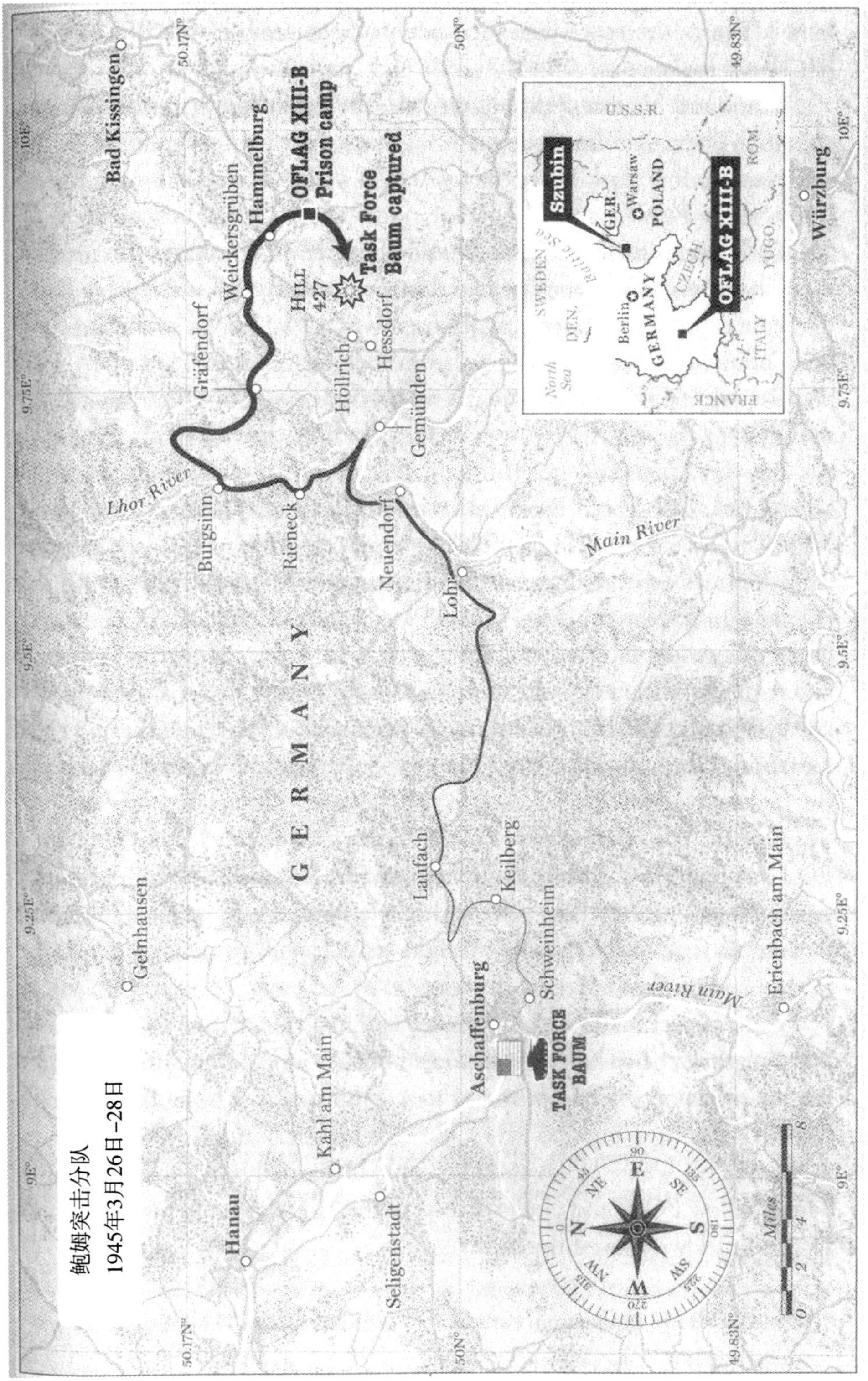
鲍姆突击分队
1945年3月26日-28日
Bad Kissingen
Hammelburg
Weickersgrüben
OFLAG XIII-B
Prison camp
Task Force
Baum captured
HILL
427
Gräfendorf
Höllrich
Hessdorf
Gemünden
Lhor River
Burgsinn
Rieneck
Neuendorf
Main River
Lohr
G E R M A N Y
Laufach
Keilberg
Gelnhausen
Schweinheim
Aschaffenburg
TASK FORCE
BAUM
Kahl am Main
Hanau
Seligenstadt
Erienbach am Main
Würzburg
Miles
0
2
4
8
U.S.S.R.
Szubin
GER.
Warsaw
POLAND
Baltic Sea
SWEDEN
DEN.
North
Sea
Berlin
GERMANY
CZECH.
OFLAG XIII-B
ROM.
YUGO.
ITALY
FRANCE
10E°
9.75E°
9.5E°
9.25E°
9E°
50.17N°
50N°
49.83N°

说战俘营了。

然而，通常极为细致规划战斗的巴顿，下令执行救援任务。道格拉斯·麦克阿瑟将军因在太平洋战区解放了数以千计的盟军战俘而得到了大量的媒体曝光，巴顿希望“让麦克阿瑟看起来像个小混混”。[①]

德国人的抵抗是顽强的，半个分队的人很快就战死或受了重伤。

但鲍姆分队还是冲过了战线。行动发起后不到24小时，鲍姆分队奇迹般地抵达了奥夫来克XIII–B集中营的大门。看到穿灰色制服的人，他们误认为那是德国卫兵，就开始射击。其实，那些穿灰色制服的人是被拘留在营地里的塞尔维亚战俘。德国指挥官冈瑟·冯·戈科尔将军同情那些塞尔维亚人，就让美国战俘排队走出大门，并通知他们的救援人员停止射击。同时，戈科尔和其余的德国警卫逃走了。他们没有任何兴趣继续保卫营地了。

下午6点15分，巴顿的女婿沃特斯上校举着投降的白旗缓步走出了大门。几名美国军官和一名孤独的德国军官走在他的身边。沃特斯因为失去了40多磅体重而显得憔悴。他走得很慢，打算通知鲍姆上尉停止射击。

但沃特斯没能做到这一点。一位身穿迷彩服的德国卫兵不知道营地指挥官已安排休战，把他的步枪架在栅栏顶上并开始瞄准。子弹打进了约翰·沃特斯的右臀部，并在他的左臀穿出。他瘫倒在地，躺在那里，直到被带回营地。在那里，由他的战俘好友，南斯拉夫军队的首席外科医生拉多万·丹尼克主刀，迅速取出了子弹。

当鲍姆分队冲进集中营的大门时，几百名美国战俘一阵欢呼，但有一件事情很清楚：约翰·沃特斯上校的身体状况使他无法去任何地方。

鲍姆上尉很快发现自己面临着另一个困境：这儿不只是300战俘，这儿的战俘人数超过了1000人。分队根本没有足够的车辆将每一名战俘都送走。他们必须立即转身，在夜幕的掩护下撤回到美国防线一侧，以防德国军队可能发起的反击。

---

① 引自巴顿第三军的随从历史学家马丁·布卢门森的转述。

大约700名战俘很快就爬上了坦克和半履带装甲车，狼吞虎咽地吃着鲍姆分队特地为此带来的K-口粮。[①]那些能够走路的人，则跟着车队行走。

德国人在第二天早上日出时发起了反击。纳粹报复的力量是可怕的。他们迅速且有效地摧毁了美国的撤退行列，开始围捕战俘，把他们送回奥夫莱克XIII-B集中营。许多在抢救行动之前不是战俘的人发现自己现在被德国人囚禁了。德军士兵用狗追捕那些散开在田野里的美国人。鲍姆上尉在火箭弹击中他的坦克时被烧伤，并在腹股沟处受了枪伤，他设法逃避了德国人的追捕几乎长达24小时，但最后还是被抓住了。

后来，鲍姆会全心投入创建以色列国。这位犹太坦克指挥官将会与营地指挥官冯·戈科尔交换节日贺卡。他和约翰·沃特斯会成为很好的朋友，而后者将成为四星上将。但在当时，鲍姆对巴顿为了一个人让这么多人冒险极为愤怒。

9天后，美国第十四装甲师解放了战俘营。巴顿的初次突击牺牲了32个人的生命，那些牺牲是完全不必要的。

乔治·巴顿立即前往法兰克福的一家医院，看望在那里养伤的他的女婿沃特斯上校。

一见到巴顿，上校不禁高声喊道："你知道我在哈默尔堡吗？"

这是从沃特斯嘴里问出的第一个问题，因为他知道，许多人认定他应对美国人生命的可怕浪费负责。32个美国人被打死，另外将近300人受伤或被俘。此外，16辆坦克、28辆半履带装甲车、12辆吉普车和1辆被称为黄鼠狼的医疗车被摧毁。

他岳父的回答是："我不肯定。"

★ ★ ★

巴顿曾经立下职业的誓言，发誓捍卫不允许撒谎、欺骗或容忍这些行为的

---

① K-口粮是一个包含早餐、午餐或晚餐的盒饭。盒子里通常装有罐头食品、饼干、香烟、火柴和甜点。

荣誉。掩盖鲍姆分队的真相并不是巴顿的第一次不实之词。一个曾经使他的妻子比阿特丽斯心碎，几乎夺走了他婚姻的谎言，现在又回来困扰他了。一位他曾经偷偷为之不忠的年轻漂亮女人现在又一次进入了他的生活。

那是在1935年。地点是夏威夷。琼·戈登在去亚洲的途中拜访了巴顿一家。她是一个袅娜、未婚的年轻女子，能讲一口流利的法语。她是比阿特丽斯·巴顿同父异母妹妹的女儿，因此是将军的姻亲侄女。她还在巴顿将军的女儿比阿特丽斯和约翰·沃特斯的婚礼上当过伴娘。巴顿应当老得足以头脑清醒，他是一名职业军人和三个孩子的父亲，他长期以来享受着理解他不寻常气质的妻子的爱。比阿特丽斯自己也是一个了不起的女人，她能够用德语、法语、西班牙语和意大利语交谈。她写过一本书，并对音乐和戏剧充满热情。她对丈夫的激情是如此炽烈，有一次，她竟然对一位蔑视她心爱的乔治的军官动起手来。她把那位军官打倒在地，摁着他的头在地板上不断撞击。巴顿不得不把她从那位军官的身上拉开。

当18岁的琼开始与她的丈夫调情的时候，比阿特丽斯并不知道。乔治·巴顿的心里美滋滋的。所以当计划中的从夏威夷的一个岛到另一个岛的旅程开始之前不久，比阿特丽斯·巴顿病倒时，琼就取代了她的位置。

比阿特丽斯知道了他们的幽会后伤心欲绝，她告诉她的女儿露丝·埃伦，“我们很不幸，我没有一个妈妈。因为如果我有的话，我会收拾东西回娘家去了。”

这可能就此结束了，因为对所有的意图和目的而言，乔治·巴顿和琼·戈登之间的关系似乎已经走到了尽头。

但在1944年夏天，琼作为红十字会的志愿者抵达了英国，她立刻和巴顿重新联系上了。当比阿特丽斯得知琼在英国，她写信给她的丈夫，告诉他她知道巴顿的前恋人回到了他的身边，但巴顿否认他曾和那位年轻女子在一起过。不过，一旦第三军开始在法国行进，琼设法让自己被分配到为部队服务的红十字会“面包圈女孩”的任务中去，探访部队，并为他们提供甜甜圈、热咖啡和交谈。她成了巴顿总部的常客，在那里她常用一口流利的法语与将军交谈。

怀着一腔痴情，巴顿私下对一位西点军校同班同学吐露，“她十二年来一

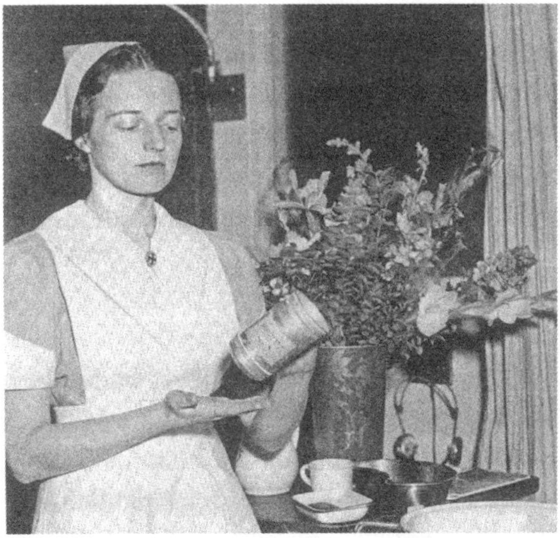

身穿红十字会制服的琼·戈登

直是我的”。

1945年3月31日，比阿特丽斯写信给她的丈夫，想知道为什么琼·戈登仍然在欧洲。巴顿回应道：“我不是傻瓜。请不要操心。”

之后不久，巴顿得知琼·戈登和他总部一位待在安全位置上的年轻军官也有恋情时，将军像所有的竞争对手一样，下令把那个年轻人送到前线作战去了。

★ ★ ★

4月17日下午，巴顿飞往巴黎。他的女婿已被转往附近的医院，他曾坐着与沃特斯进行了一次长时间的交谈。围绕着哈默尔堡事件的争议似乎已经过去了。德怀特·艾森豪威尔训斥了巴顿，但没有任何处分。看上去将不会有进一步的影响。

第二天早上，巴顿坐着与他西点军校的同班老同学埃弗雷特·休斯将军一起吃早餐。这两个人非常接近，巴顿就是向休斯透露了他与琼·戈登的关系的。

侍者向休斯递上了一份美国军方报纸《星条旗》。休斯看着报纸上的一则声明笑了起来。他没说什么，只是把报纸递给了巴顿。

巴顿突然也笑了起来，因为他读到的消息是杜鲁门总统刚提名他为四星上将。他斜靠在椅背上，餐厅里那些坐在他周围已经看到这条新闻的人都迫不及待地想看到他的反应。

“看来，我真该死。”

《圣经》中的大卫也是一位伟大的将军。他被说成是“追随上帝之心的人”，尽管他睡了他最好的朋友的妻子，为自己的行为撒谎，然后下令将那位丈夫送到前线让他在战斗中被杀死。

然而，大卫最终为自己的行为付出了高昂的代价：失去了一个非常年轻的儿子，并最终失去了他的整个王国。

像大卫一样，乔治·巴顿知道自己是一个有缺陷但敬畏上帝的人。他最近频频的口是心非也比大卫王的口是心非耗费了更多的生命。但当巴顿乘坐着新装饰有代表他四星上将徽章的飞机飞回他的总部时，看来他似乎不会承受降临在大卫身上的惩罚。实际上，巴顿已经度过了风暴而毫发无损。

但虔诚的将军清楚地知道，大卫也曾经有过同样的感觉。

巴顿的单引擎L–5哨兵螺旋桨飞机在德国的乡村上空低飞而过，飞往他的总部。这是从一个地方出行到另一个地方最快捷的途径，这让将军每天都能访问他的几个部队单位。突然，另一架飞机像一个复仇天使冲着他的飞机降了下来。枪口喷火，迎头攻击，那架喷火战斗机上涂有英国皇家空军的标志。

曳光弹飞过巴顿L–5的右侧。小飞机没有武器，因此也没有机会还击。喷火战斗机错过了第一轮攻击，在它咆哮着飞过去时差一点撞上了L–5。但它很快就升上了高空，盘旋至他们身后准备再次俯冲扫射。

这可能是一次目标误判，也可能是一次在光天化日之下大胆谋杀乔治·巴顿的尝试。

巴顿拿出了他的相机。甚至在他自己的飞行员采取了一系列孤注一掷的措施以回避喷火战斗机的第二次攻击时，他拍了几张皇家空军飞机的照片。巴顿是如此紧张，他忘记把镜头盖取下来。他的飞机不是喷火的对手，喷火因在不列颠之战中击败德国的梅塞施米特战斗机而闻名于世。

但在这个4月的早晨分配给巴顿将军的飞行员是他这一行里的顶级高手。

他把操纵杆向前推去，压着L–5直朝地面冲下去。只要他的手指一打滑，飞机的鼻子就将扣在地面上。

喷火战斗机再次低飞切入并扫射，扫射没有打中。当粗心的喷火飞行员意识到他的攻角使他太接近地面时已为时过晚。一眨眼的工夫，英国战机就撞上了德国的土地。

那天晚上，巴顿在他的日记中写道："它飞得太接近地面，以致不可能拉起来而坠毁了。那一战斗群的飞机都有英国皇家空军飞机的标志，我想他们可能是为皇家空军飞行的波兰飞行员。为什么他们会在那里，我搞不懂。"

巴顿活了下来继续战斗。"其他4架飞机在我们头上盘旋，但没有攻击我们。"

巴顿现在必须思考一个显而易见且老生常谈的问题：喷火战斗机的攻击仅仅是一次事故吗？[①]

---

① 攻击者的名字从来没有被证实过，也不知道飞行员的国籍。虽然飞机上有波兰的斑纹，但在4月20日没有波兰飞行员驾驶的喷火战斗机在德国的那一带飞行。

第二十一章

柏林，德国

1945年4月20日

午夜

这个将会在10天后死去的男人正在过他56岁的生日。

阿道夫·希特勒的情妇埃娃·布劳恩想着要跳舞，但元首倒在地下坑道客厅里蓝白相间的沙发上不想起来。他凝视着上方，对花哨的埃娃或紧裹着她的大腿的圆滑的蓝色锦缎礼服视而不见。她知道，假正经的希特勒不喜欢她打扮得过于招摇，但在今天这样的场合，埃娃将为所欲为。

他们两个，加上希特勒的三个女秘书，喝着香槟。这是元首的另一个漫长而又郁闷的一天的结束时刻。

阿道夫·希特勒曾梦想把柏林建成世界上最国际化的城市，尽管其国民早就认定他是一个不开化且沉闷的人。还在德国能举行自由选举的时候，柏林人几乎一致反对希特勒和他的国家社会主义德国工人党。即使是现在，13年以后，柏林仍被认为是所有德国城市中最不纳粹化的。为了教训它的居民，希特勒曾计划在战后的盛大重建过程中将城市重新命名为日耳曼，就此可将柏林从地图上永远抹去。

前进中的苏联人对日耳曼一无所知。他们也不想等到战争结束后才把柏林从地图上抹去。

约瑟夫·斯大林的军队几乎将城市完全包围了。沦陷只是时间问题。

按照传统，今天早上在坑道中加入希特勒生日庆祝活动的是纳粹党的顶级

埃娃·布劳恩

精英成员：党卫军首领海因里希·希姆莱，帝国元帅赫尔曼·戈林和作战参谋长阿尔弗雷德·约德尔将军。

但现在这些杀手们都消失了。他们表达了对希特勒的敬意，现在得自己逃命了，不顾一切地逃出柏林，保住自己的性命，盘算着最终能搞到一个新的身份。

只有最忠实的追随者仍然留在这里。希特勒的私人秘书马丁·鲍曼继续留在坑道里以显示他的忠诚。希特勒对此很高兴。曾经有人说过鲍曼是极具威胁的人物，他能用“低声耳语来割断喉咙”。这项特征的证词不是来自于别人，而是来自于希特勒，那个最冷酷无情的人。元首认为鲍曼是极为“凶狠”的。

鲍曼现在在楼上的坑道顶层里，尽管时间已晚仍然埋头工作，并不在乎正在迫近的危险。

希特勒还有时间找到逃出柏林的通路。苏联军队正在逼近，但有一些道路仍然是开放的。就在昨天，元首还打算逃到他在德国南部山区的鹰巢度假村。他甚至让一些负责起居的工作人员提前出发，为他的到来做好准备。但是他后来改变了主意，决定留在坑道里，抱着一线希望，幻想着只有他能看见的幻影师团会以某种方式击败苏联人。

希特勒经常以腓特烈大帝慰藉自己，他曾在1759年的库勒斯道夫战役中遭受了毁灭性的失败。如果腓特烈大帝可以失去政权，再夺回政权的话，也许元首可以找到一些神奇的方法同样地去做。

最后，希特勒宣布他要睡觉了。当他站起来走了五级楼梯进入他卧室的时候，他看上去很怕人：脸色苍白，弓着背，疲劳使得眼睛布满血丝，他的整个身体在颤抖。医护对他已经没有用了。今天上午他用了可卡因滴眼液，但明天他将让莫雷尔医生走人，他的解释是“药已不能再帮助我了”。

从这句话里可以看出，希特勒承认被打败了。未来将没有日耳曼。元首可以听到苏联火炮轰击着柏林，全城到处是雷鸣般的爆炸声，越来越接近美丽的蒂尔加滕公园，国会大厦，然后不可避免的是，直接震撼着他头顶上的帝国总理府公园。希特勒不能确定坑道的屋顶厚度是否可以承受炮弹的直接命中，但他认为待在他的地下要塞要比在外面的开放地带更好些。今天早些时候，他走上台阶，走进花园，和一群希特勒青年团的男孩们说过话，这些人是因在苏联坦克面前表现勇敢而挑选出来的。在背景的大炮轰鸣声中，希特勒审视着年轻士兵的行列，他的虚弱的身体淹没在他的褐绿色大衣里面。尽管他的麻痹症很明显，他仍然摇动着每个年轻人的手，勉励他们拯救柏林。他心不在焉地高喊着赞美之词“向你们致敬”，然后再次走进了坑道。

这个仪式标志着希特勒最后一次见到日光。

那是好几个小时之前。现在，埃娃·布劳恩正帮他上床，协助他换下了他的制服，穿上自己的纯白色睡衣。用一个秘书的话来说，由于多年的夜间生活，他的身体“非常之白”。

埃娃没有和她心爱的阿道夫一起上床。相反，她退后几步走到了客厅，随手关上了分隔两个房间的房门。

现在元首已经睡着了，正是开派对的时候了。

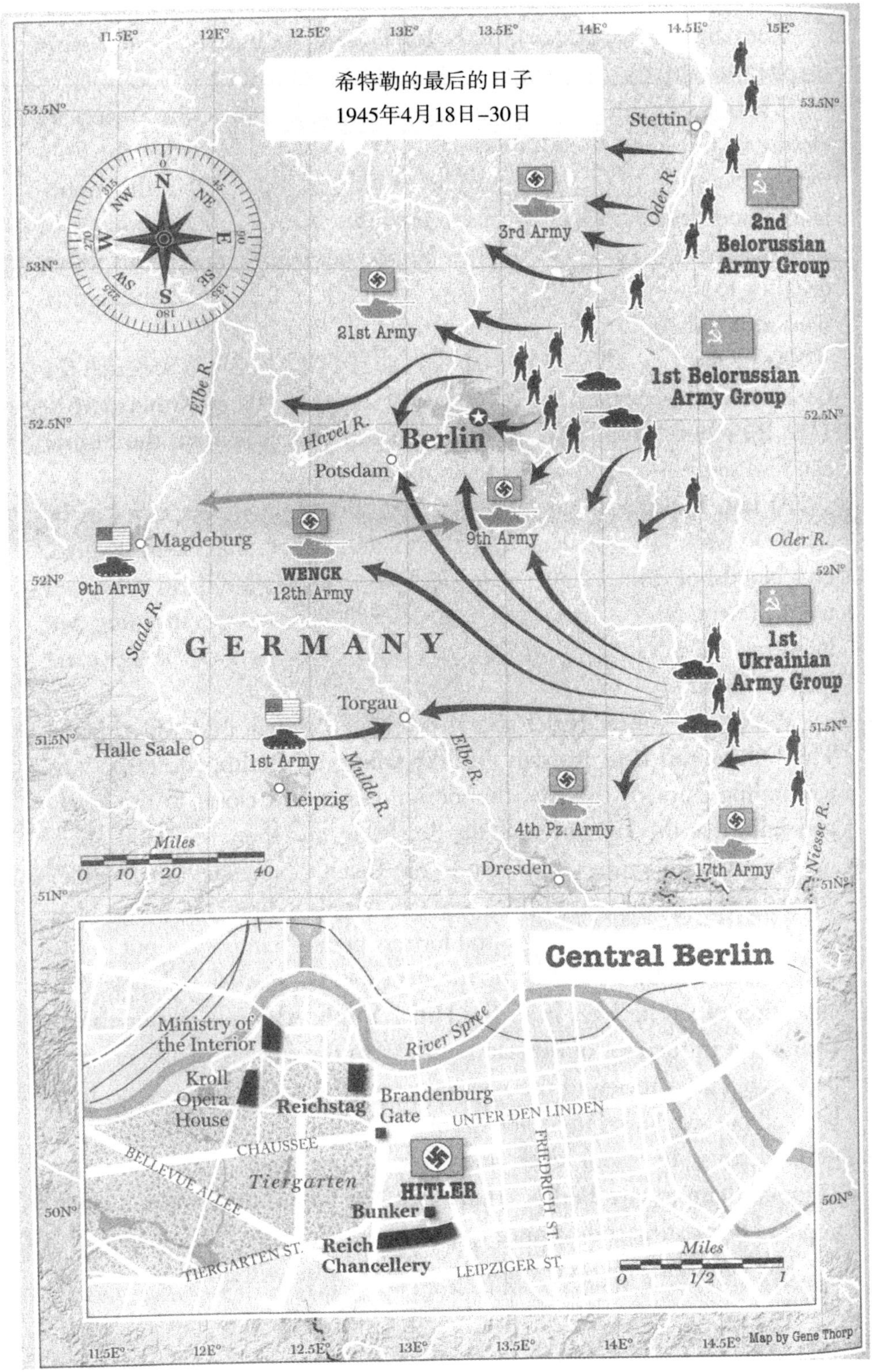
希特勒的最后的日子
1945年4月18日–30日
Stettin
Oder R.
3rd Army
2nd Belorussian Army Group
21st Army
1st Belorussian Army Group
Elbe R.
Havel R.
Berlin
Potsdam
Magdeburg
9th Army
WENCK
12th Army
9th Army
Oder R.
Saale R.
GERMANY
1st Ukrainian Army Group
Torgau
Halle Saale
1st Army
Mulde R.
Elbe R.
Leipzig
4th Pz. Army
Dresden
17th Army
Niesse R.
Miles
0 10 20 40
Central Berlin
Ministry of the Interior
Kroll Opera House
Reichstag
Brandenburg Gate
River Spree
UNTER DEN LINDEN
CHAUSSEE
BELLEVUE ALLEE
Tiergarten
FRIEDRICH ST.
HITLER
Bunker
Reich Chancellery
TIERGARTEN ST.
LEIPZIGER ST.
Miles
0 1/2 1
Map by Gene Thorp

希特勒的秘书之一特劳德尔·琼格，在客厅喝着香槟，她后来回忆道，“埃娃·布劳恩想麻木她心中激起的恐惧，她想再次庆祝，跳舞，喝酒，把什么都忘了”。

埃娃让三个年轻女性效仿她。一伙人攀着楼梯上到了二楼。她们席卷了整个坑道，拉着所有的人一起参加，把马丁·鲍曼也囊括其中。琼格后来写道：“尽管雷鸣般的炮声不断，连胖胖的西奥·莫雷尔也从他的安全坑道里跑了出来。”

派对游行通过了连接坑道和帝国总理府的秘密地下通道，希特勒在帝国总理府有一套小公寓。墙上的绘画都被移走了，家具也被移进了坑道，但房间里仍有一架留声机，还有一张非常特别的唱片：“血红的玫瑰向你倾诉幸福”。

埃娃·布劳恩能背出这首歌的歌词。她和阿道夫·希特勒一遍又一遍地听过这张由马克斯·曼升乐团灌制的唱片。元首喜欢古典音乐，甚至喜欢犹太钢琴家阿图尔·施纳贝尔的独奏，但舞蹈乐团“血红的玫瑰”的乐声是属于他们的歌曲。

香槟酒瓶打开了。留声机开到了最响。埃娃·布劳恩在房间里旋转，独舞或与任何愿和她跳舞的人共舞。金发且充满活力，她是派对的主力。

远处的一次爆炸使房间晃动起来。派对停了下来，但那只是暂时的。埃娃·布劳恩又继续跳起舞来。特劳德尔·琼格后来回忆道：“就像一个已经感受到死亡的微弱气息的女人，处在一种绝望的疯狂之中。没有人说起任何关于战争的事情，没有人提到胜利，没有人提到死亡。这是一场鬼影当家的派对。”

3天后，德国第十二军指挥官瓦尔特·维恩克午夜过后还待在他的总部里，那是一个被称为阿尔特·赫勒，或“老地狱”的猎场看守人的家，坐落在柏林以西30英里一处茂密的森林里，它是一个躲避盟军侦察机的理想的藏身之处。

电话铃响了。维恩克回应了电话，得知阿道夫·希特勒不可一世的总参谋长威廉·凯特尔元帅不久将到他那儿造访。

瓦尔特·维恩克是一名出色的军官。他今年43岁，在德国国防军的将级军官中他是最年轻的。因此，他得了一个名为“男孩将军”的绰号。眼下，维恩克自行设法为逃离柏林的50万战争难民安排住宿和食物。他这样做没有报告他的上级。维恩克不是在制订作战计划，而是整天“像个到访的牧师”，检查孩子和病人，以确保他们能有食物和药品。

事实上，这位将军也干不了其他事情。就在两个月前，他在东线邻近奥得河的地方与苏联人战斗。他的职责要求他白天指挥自己的军队，然后每天晚上开车回柏林，在坑道里向希特勒本人报告。这样的节奏使人疲惫不堪，维恩克很少睡觉。2月14日，在开完这样一个会议后驱车一百英里赶回他的总部，他的司机因疲劳而休克，维恩克决定自己来开车。

那时已是深夜。维恩克自己很快也睡着了。汽车撞上了一个桥梁护栏。维恩克的司机从撞毁的车里把昏过去的将军拉了出来，扑灭了他身上的火苗。维恩克活了下来，但头上颅骨骨折，身上另有5根肋骨骨折。他被解除了前线指挥的职务，但由于苏联人的进展是如此迅速，他不能接受长期住院的奢侈。相反，现在穿着一件紧身胸衣，忍受着偶尔致盲的头痛，他享受着森林的宁静，同时防范着盟军永远不会到来的攻击。

苏联人包围了柏林，没有任何美国人或英国人配合的钳形攻势，所以维恩克的第12军静守在柏林的西边。将军准备向同盟国投降，而不是让他的部下落入苏联人的手中。

一如往常那样，凯特尔穿着他最好的军服，带着他的元帅的指挥棒出现在维恩克的总部。

“争夺柏林的战斗开始了。”凯特尔阴沉地说道。维恩克讨厌这个人。

元帅接着透露了一个可怕的秘密：维恩克的军队现在已成了柏林的唯一希望。他命令第12军丢弃正从西边逼近的美国人，立即转向相反方向以挽救柏林。

那是4月23日凌晨的12点45分。

就在同一时刻，1100英里以东的莫斯科，约瑟夫·斯大林早已预见到了柏林的陷落。他现在正在签署最高统帅部的11074指令，命令白俄罗斯第一方面军和乌克兰第一方面军在占领城市后做好两军之间的分割。在他的高级将领中，将由剃着光头的元帅格奥尔基·K. 朱可夫，这位斯大林格勒战役和莫斯科战役的英雄摘取将苏联国旗悬挂到德国国会大厦之上的荣誉。

斯大林正处于其权力的巅峰之上。他所想的已远远超出了第三帝国的最后日子。苏联领导人确定是一场新的战争即将开始，同样确定的是共产党人将获得胜利。

但是现在，他下令不能让德国人免于残暴。他要造成最大的痛苦。带着这样的想法，他准备去睡觉了。

瓦尔特·维恩克将军没有时间睡觉。如果他不服从凯特尔，他将被解除指挥职务，非常有可能被枪毙。他将失去任何拯救他部下性命的希望，而那些热爱他的部下叫他“老爸”。但如果他服从元帅的命令，他的部队将被苏联军队摧毁，而那些他现在整天致力于救护的难民将会留下来遭受苏联红军想要强加到他们身上的任何暴行。

维恩克无法找到一个好的答案，然而陆军元帅凯特尔现在就要得到一个答案。

维恩克告诉他：“当然，我们会执行你的命令。”然而，瓦尔特·维恩克将军是在撒谎。

大约有250万苏联军队包围着柏林，与德国军队相比，在士兵、坦克、飞机和大炮的数量上超过了三比一。城市的是内圈，是由十几岁的希特勒青年团、民兵和老年的家庭卫兵组织防守的。他们中没有几个人曾经上过战场。

这将是一场屠杀。许多正在迫近的红军战士，跋涉了数千英里来见证他们国家的国旗在德国首都升起，他们都渴望着能对德国人施暴。

4万门苏联火炮全天候地轰击着城市，满街撒满了瓦砾，房屋正在焚烧。随着时间的推移，苏联人打到柏林的炮弹吨位将超过美国和英国空军扔下的炸弹吨位的总和。

柏林无法再假装生活依然正常。每一天都有成千上万的难民离开这个城市，希望能在乡村找到安全。他们徒步行走，推着装满他们财物的小车，在被耗尽汽油抛锚在路上的车辆堵塞的道路上行进。他们睡在教堂、森林、废弃的火车车厢里。每个人都往西走，只有傻瓜才会向东。

对于那些选择不离开柏林的人来说，晚上在酒窖和地下车站里睡觉令人作呕。粪便的腐臭气味和没有洗过澡的体臭使那些地方臭气冲天，惨不忍睹。当然，有钱的人不受这些问题的影响。比如说，拥有托尼餐厅古鲁坂-苏谦的那家人在他们的地窖里享受着很好的生活。他们有一位法国厨师和无数的香槟，并用香槟代替水来刷牙。

地面上，纳粹暴徒团伙和党卫军小分队在街上巡游，逐家搜索，寻找国防军逃兵，然后把他们在外面的灯柱上吊死。死人的胸前别着带有叛变者字样的标志，他们的尸体在风中随风摆动，以警示那些希望早早退出战争的人。

在臭名昭著的李耶特大街监狱里，纳粹狂热分子们正在完成他们肮脏的工作。一支被称为特遣队的特殊的盖世太保队伍假装他们是来释放政治犯的。当囚犯们走出他们的囚室后，就被迫在枪口的威胁下跪下。持有武装的盖世太保们就开火，把子弹打在他们的脖子后面。

没有煤气，没有电，只有一点点食物。（在柏林生活中唯一仍然有正常供应的就是啤酒。强调其“基本生活必需”的性质，政府下令11家本地啤酒厂维持供应。）德国妇女们在街头蹲下来宰杀那些被炮火打死的驮马。其他市民徒步走到城市的铁路站场，打开货运列车车厢的门，寻找罐头食品和其他任何可以填饱他们肚子的东西。

几个穿制服的希特勒青年团成员走进杂货店，拿着枪要店主交出食物。一名妇女看到她的侄子在恐吓店主，要他把隐藏的食物交出来后尖叫起来，“你这个不信上帝的小子，居然敢用美国黑帮的手法。”

那个希特勒青年团成员冷笑道：“闭嘴，现在已经到了生死存亡的关头。”

在柏林的一些地方，店主们把货架上的一切都给人了，不希望让他们的货物落入苏联人手中。

整个城市中的百货商场都被洗劫一空，其中包括在赫尔曼车站广场的卡尔施泰特公司。4月25日下午晚些时候，当一些守法公民正在偷靴子和厚外套时，一次爆炸使大楼轰然倒下。这不是苏联人摧毁了卡尔施泰特公司大楼从而杀害了无辜平民，而是党卫军干的。他们在地下室里藏了2900万德国马克，他们不希望苏联人得到它们。

但是，最糟糕的事情还没有到来。许多苏联入侵者都是职业军人，带着文明礼仪和自律。但更多的人是在偏远的欧亚大草原上长大的，那些巨大的原野远离莫斯科的大城市的灯光。这些不识字并蓬头垢面的人带着皮帽子，在他们的靴子里掖着刀子。许多人从未见过抽水马桶。他们拿着玻璃杯咕嘟咕嘟地喝着伏特加，相信柏林的女人是对他们常年战斗的奖赏。他们的领导人约瑟夫·斯大林同意他们的想法。

巴顿并没有把这些粗劣的入侵者称为苏联人。

相反，他更喜欢称他们为“蒙古人”，联系到六百年前肆虐东欧的成吉思汗与蒙古军队——因为苏联军队中的许多人是他们的直接后裔。

现在，野蛮人要来了。

一个星期过去了。苏联国军队一条街一条街地向前推进，慢慢地夺取城市的控制权。作为德国防御的最后一道防线的年轻男孩和老人们寡不敌众，现在纷纷脱下他们的制服，撕下臂章，急忙改回他们的平民装束，以避免被杀害。那些选择挺身而战的人，现在撤退到了城市的中心地带。炸毁一座重要桥梁以拖延苏联人推进的尝试以悲剧告终，一条地下铁路隧道被错误引爆。数以千计躲在隧道里面试图逃避地面炮火的平民和受伤的士兵被进入4英里长隧道的洪水淹死了。[①]

从仅剩的几架德国空军飞机中的一架上扔下来的纳粹的传单撒落在城市的街道上。上面写着：“坚持下去！维恩克将军和施泰纳将军将来援救柏林。”

维恩克当然想这样干，但不是以纳粹官员所希望的那种方式。他指挥第十二军回头转向柏林，在波茨坦附近的郊区出人意外地攻击了苏联军队。但德国军队的人数明显地处于劣势，不可能再向前推进了。维恩克不是继续进攻，而是下令让部队开辟一条从城市中撤出的走廊，这将允许难民和德国第九军的部分部队跟着他回到美国战线一侧的安全地带。当他们转过身去背对着德国首都柏林时，他告诉他的部队，“柏林与我们无关了，帝国也与我们无关了”。维恩克及时带领了几十万德国平民和士兵向西穿过了易北河，并在那里向美国军队投降。

苏联军队追击维恩克的长长的平民和士兵队列一直追到美国战线边上，直到他们越过易北河后才停止射击。

---

① 估计有8万苏联人在柏林战役中死亡。平民的伤亡很难统计。据估计，大约有8万—10万柏林市民丧生。

这天是4月30日，差不多就下午2点了。元首开始告别，侍从们在他的卧室外的走廊上排成了队。希特勒身穿深灰色的军装外套和黑色的褶皱裤子，和跟随他在坑道里度过了过去三个月的二十几个秘书，士兵和医生们每人握了握手，低声说上一两句话。他们都曾宣誓效忠于元首，但他现在免去了他们的责任，给他们立即离开坑道的许可，如果他们选择的话，逃往美国人的防线一侧。

在这期间，埃娃·布劳恩身穿一件粉色玫瑰方形领口的黑色礼服，一直站在元首身边。她特地选了这件衣服，因为它是希特勒最喜欢的。她梳洗了她的金色头发，并做了完美的发型。

当元首与特劳德尔·琼格说过话后，埃娃把秘书拉近了，在她耳边说：“请想办法脱身。你还是可以走出去的。”

当然，埃娃·布劳恩不会离开。她刚刚宣誓将对元首竭尽忠诚：昨天，他们结婚了。这同一批侍从们齐聚一堂，庆祝阿道夫·希特勒和埃娃·布劳恩的婚礼。酒杯里倒满了香槟，只有元首没有喝酒。气氛是欢乐的，但进程却带有一种阴暗的色调。结婚通常是对未来充满希望的时刻。但在场的每一个人都知道，阿道夫·希特勒和埃娃·布劳恩很快就会自杀。

瓦尔特·维恩克将军和他的第十二军将永远不会来援救柏林。苏联军队就在附近。他们的先头部队离元首的坑道只有500码远，他们现在从蒂尔加滕向这儿轰击。这是在城市中心蜿蜒展开的一座公园，埃娃·布劳恩曾有一次下午饶有兴味地在那里用她的手枪打靶。现在，许多树木都被打裂了。然而，那些还站立着的树木正绽放着春天的花朵——这一生命的迹象与附近饱受炮火，布满弹孔的国会大厦和克罗尔歌剧院形成了鲜明的对比。

希特勒在最后的十天里一直在谈论自杀，实实在在地指出唯一的其他选择是成为苏联人的战俘——对元首来说，那可怕的结局绝不是他所想要的。当然，如果被苏联人活捉，他们也将把埃娃·布劳恩当成一个相似的奖杯，所以她也必须自杀。今天早些时候，她决定不让牙医检查她的一处牙疼，开玩笑说那很快就无所谓了。她很惊讶，特劳德尔·琼格几小时前还给了她一件银狐皮大衣。埃娃的首字母被缝在衬里上，缝在著名的吉祥符号：四叶的三叶草上。

希特勒计划用氰化物药丸自杀。直到最近，他一直害怕它将不起效用。所以他下令用同样的药丸在他的爱犬布朗迪身上做试验，那条德国牧羊犬在整个战争过程中几乎一直陪伴在他的身边。替元首照顾狗的军士弗里茨·陶瑙撬开了狗的下巴。然后，设计了希特勒自杀独特技术的教授维尔纳·哈泽博士，用钳子把氢氰酸①药丸放进了狗的嘴里。

布朗迪是一只大狗，最初元首选择她作为德国人骄傲的象征是因为她与狼非常相似。她信任她的主人，温顺地让哈泽把她的上下颚按在一起，咬破了胶囊，药酸溅到了她的舌头上。

布朗迪立刻就死了。

哈斯博士马上打电话给希特勒，让他亲眼看一下药物的有效性。元首看着躺在地上一动不动的布朗迪一言不发。他只是看了一眼，就直接回到他的卧室去了。

现在轮到他了。

解散了侍从们之后，希特勒和埃娃回到了他的客厅，关上了门。埃娃·布劳恩坐在蓝白相间的沙发一端的角落里，仍然穿着她那件粉色玫瑰方形领口的黑色礼服。她的头靠在沙发上的扶手上，蜷曲起她的双腿，仿佛躺下打个盹儿。

房间里的肃穆被一阵疯狂敲击铁门的声音给打破了。宣传部长戈培尔的妻子玛格达·戈培尔抽泣着要求见元首，并乞求元首不要结束自己的生命。玛格达和她的丈夫最近带着他们的6个孩子搬进了坑道的顶层。就在3天前，希特勒把他自己的黄金党徽给了她，作为对她多年来热情支持的感谢。现在，希特勒允许玛格达最后一次进入他的起居室，低声说上几句告别的话语，然后强令她离开，在她身后关上了金属房门。他没有锁门，但元首对他死后对他的尸体应做何处置曾给了严格的指示。他命令他的军事副官党卫军上校奥托·格恩谐，“等十分钟。”

---

① 氰化物的液体形式，又称氢氰酸。

这是授予最早加入纳粹党的10万人的特别奖章。每个奖章上都有个人成为党员时的顺序编号。希特勒的编号是1，使得他给玛格达·戈培尔的礼物成了最珍贵的纪念品。

希特勒在过去的几个星期里一直带着他的瓦尔特7.65毫米手枪，现在他在枪里装满了子弹。历史并没有记录下他和埃娃的最后对话。他们相识已经16年了。她看着他权力的上升，就像她最近见证了他体力的下降。

埃娃像一只猫那样蜷缩在沙发的右边。阿道夫·希特勒坐在沙发的另一端，手中握着手枪。埃娃自己的左轮手枪放在旁边的桌子上，紧靠着一个插满鲜花的花瓶。

她先走了。她从唇膏大小的铜质药罐中倒出了氰化物胶囊，放在她的牙齿之间。她把头靠在沙发的扶手上，咬破了胶囊。

为了防止可能出现的失误，埃娃现在必须把她的小手枪对着她的太阳穴来完成这项工作。这是由自杀教授维尔纳·哈泽博士设定的步骤。但埃娃说得很清楚，她不会对自己开枪。她对希特勒坚持说："我想成为一具美丽的尸体。"

坑道的客厅立刻闻到了杏仁气味，这通常是与氢氰酸相关的气味。埃娃·布劳恩的身体失去吸收氧气的能力。她的心脏和大脑，这两个最需要空气的器官瞬间关闭了。可悲的是，她的死远比被她新婚的丈夫送到毒气室去受难的数百万犹太人要快得多。因为在死亡集中营中使用的齐克隆B气体也是氢氰酸的一种形式。

几秒钟后，仍然蜷缩成胎儿的姿态，埃娃·布劳恩死了。

元首把胶囊放在他的牙齿中间。然后掏出了瓦尔特手枪指向他的右太阳穴。他咬破了胶囊，然后扣动了瓦尔特的扳机。

他的身体向一边倒去，直到他的躯干斜靠在埃娃·布劳恩的身上。元首的手枪掉到地板上，在他脚的旁边。鲜血从他破碎的颅骨中倾注出来，流下了沙发，在地板上形成了一个巨大的红色水洼。

10分钟过去了。格恩谐上校走了进来。两具尸体被裹在毯子里搬到了地面上。希特勒最害怕的是他的尸体有可能成为博物馆里的展品，所以尸体被浇上四十加仑汽油焚烧掉了。[①]

阿道夫·希特勒，这个杀害了数以百万计的人的家伙，索要了他的最后一个受害者。

① 苏联在两个星期内证实了尸体的身份，但是，多年来，一直装作不知道希特勒的下落。在1945年7月的波茨坦会议上，约瑟夫·斯大林假装认为希特勒还活着，并且在逃亡之中。斯大林，不确定性的主创者，认为纳粹的幽灵将会增强他的权力。

第二十二章

弗林特兵营

巴特尔茨，巴伐利亚，德国

1945年5月25日

中午

乔治·巴顿正抽着雪茄。他试图再次戒烟，但他作为巴伐利亚州总督的新工作所带来的无聊需要一些事情来分心。随着欧洲争夺的结束，巴顿现在独自在这个慕尼黑以南30英里的前党卫军军官训练学校的指挥官办公室里工作。在这个美丽的春日下午，他可以看到远处高耸的阿尔卑斯山脉。

壮观的巴伐利亚总部只是巴顿在德国战败之后所享受的补偿之一。不用再睡在过去九个月里经常使用的放在拥挤的移动拖车里的那张空气床垫上了，将军现在住在一个闪闪发光的蓝色的山边湖畔的庄园里。他在昨天写信给他妹夫弗雷德里克。艾尔的信中这样写道："这是我所见过的最漂亮的房子。"巴顿有一个保龄球馆，一个游泳池，以及两艘由他处置的船。他补充道："如果一个人必须占领德国，这是干这件事的一个好地方。"

巴伐利亚的5月应该是一个田园诗般的好时光，但巴顿很焦急，他向往的只是下一个战役。第三军在1945年5月时依然是满员的，将人员和物资运回美国的进程很快就会开始了。[①]巴顿整天游说要加入太平洋作战。他仍然“希望有一个与日本人打仗的机会”。他在昨天写了两封信给在华盛顿有很多关系的朋友，知道他们会给其他人传话，而那些人可能会给他安排这样一个位子。但在太平洋战区得到一个指挥岗位现在看来是不大可能的了。他那无处不在的自傲与那位事事以自我为中心的太平洋战区司令道格拉斯·麦克阿瑟将军肯定会发生冲突的。

然而，巴顿并不是一个避免冲突的人。他仍然对艾森豪威尔在战争的最后几天里下令阻止第三军进军捷克斯洛伐克去帮助布拉格的市民而恼火。艾森豪威尔下令让巴顿的坦克停止前进，不让美国人去帮助布拉格的市民，从而使苏联军队能够进入布拉格。像在柏林一样，苏联人并不是为和平而来的，他们很快就以同样可怕的方式镇压当地人了。

甚至几个星期后，巴顿仍然对艾森豪威尔命令的荒谬怒火中烧。他认为艾克是个傻瓜。巴顿对苏联人口是心非作为的警惕一直可以回溯到1943年11月，当时他曾在日记中写道：“对我们来说，让苏联人赢得这场战争和让德国人赢得这场战争将是同样的糟糕。要取得胜利，维护世界和平，美国，美国独自一人，就应该摧毁德国和日本，并准备好制止苏联人。”

战争结束以后，巴顿曾几次会见了苏军将领和官员们。每一次，他们都合伙向他灌酒，他的同行们试图把他灌醉了，希望他会自寻难堪。但巴顿是玩这种游戏的高手，他不断地往他的威士忌中加水，最后把那些苏联人都喝到桌子底下去了。

斯大林充分利用了德怀特·艾森豪威尔的胆怯，红军无情地寻求着尽可能多地控制欧洲的机会。苏联人正在把更多的土地和更多的人都置于他们的占领之下。

---

① 回家的优先级别是根据有关计分制度决定的。它基于服役的月份数，参加战斗的时间，家中18岁以下孩子的人数，个人是否荣获勋章：如铜星勋章和紫心勋章。战争结束后，第三军在德国的工作包括确保流离失所者没有进入美军占领区域，在美国和苏联的防线之间的“边境”上巡逻，竖立告示牌和路障以防止人流由东向西移行，封锁德国边境，以防止情报官员和纳粹党的其他高级成员逃离德国。

巴顿对此极为愤怒。他最近在和一群记者谈话时坚持说："你不能在有病的豺狼面前放下武器。我们也永远不可能和苏联人做交易。"

当战争部副部长罗伯特·帕特森视察第三军时，巴顿公开游说让至少30%的美军留在欧洲，"让我们的军队保持完好无损。让我们继续擦亮我们的靴子，锋利我们的刺刀，并向那些人显现军力和实力。这是他们唯一能理解并尊重的语言。如果你做不到这一点，那么我想对你说，我们战胜了德国，但输掉了这场战争。"

即便是巴顿的克星，英国陆军元帅蒙哥马利也同意巴顿的看法：在接受德国士兵投降时，他下令他的部队将德军步枪以特定的方式收藏起来，当德国和英国需要抵抗苏联人的进犯时，它们可以很容易地被重新发送出去。

然而，哈佛培养出来的副部长帕特森认为巴顿是在幻想。他向艾森豪威尔，陆军总参谋长乔治·马歇尔和杜鲁门总统建议继续将苏联人视为善意的友邦。①

当然，随着时间的推移，巴顿的预言会成为事实，而世界将不得不忍受美国的轻信所带来的后果。

苏联的威胁并不是唯一困扰巴顿的事情。他亲身经历了一系列离奇的置人于死地的"巧合"。首先是几个星期前企图击落他的飞机的喷火战斗机的攻击。英国将许多这样的飞机借给了波兰空军，人们最初认为是波兰飞行员袭击了巴顿的L-5。但事后得知，当时唯一在德国的波兰喷火战斗机驻扎在遥远的北方的波罗的海沿岸。喷火战斗机的战斗半径是395英里，这使得波兰战机飞行员不可能从他们在诺德鸿的基地往返飞行至攻击巴顿的地点，那要往南近300英

---

① 54岁的帕特森出生于纽约州的格兰仕瀑布镇，他曾因在第一次世界大战期间的英勇而被授予杰出服务十字勋章。他后来在司法界工作，担任过美国地方法院的法官。他于1940年接受了罗斯福给他的战争部副部长的职位。帕特森后来成了哈里·杜鲁门的最爱，他在1945年9月27日将帕特森升为战争部长。任职两年以后，帕特森重返司法界。他的帕特森-贝尔纳普-韦伯与泰勒律师事务所现在仍然在纽约市营业。帕特森于1952年1月22日去世。当时他乘坐的从布法罗飞往纽瓦克的飞机在试图降落时撞向了一幢房子。他因为赶着回家，在最后一分钟将他的火车票换成了飞机票。

里之遥。

记录显示没有波兰飞机失踪，也没有波兰飞行员在发生攻击的那天被打死——尽管那架有问题的喷火战斗机上有波兰的标记。

一名苏联飞行员可能是那个罪魁祸首。

温斯顿·丘吉尔曾好心地送给斯大林的空军1000架马克4喷火战斗机来对抗纳粹。当时在德国的天空中到处都是这种型号的飞机。

空袭后的两个星期，当巴顿乘坐在他的露天吉普车的乘客座位上时，一辆德国农民的牛车几乎撞上了他的汽车。牛车前部凸出的一根长杆子装着锋利的农刀。巴顿在他的日记中对他近乎被斩首的经历这样写道："我们险些丧命，那杆刀只错过了我们几英尺。"

陆军情报人员已经警告过巴顿，他的生命可能有危险。负责政治暗杀和间谍活动的苏联安全部队内务人民委员部，正在跟踪他的行动。[①]不管是谁想暗杀他，是苏联人还是疯狂的纳粹同情者，巴顿都不敢掉以轻心。他加强了警卫，并整天携带着他那满载的左轮手枪。

夜幕临近了，巴顿在巴特特尔茨附近的办公室里刚写完一封信。长期担任巴顿参谋长的霍巴特·海普·盖伊将军从开着的房门走进了他的办公室，他对巴顿说道："将军，我的办公室里有一位苏联准将，他说他受命要和你个人谈话。"

巴顿移开了他嘴角上的蒙特克里斯托特制雪茄。"那个狗娘养的想要干什么？"

盖伊含糊其辞地回答道："大概是关于多瑙河上的渡船吧。"

巴顿回答道："谁把那个混蛋带进来的？你和哈金斯跟他一起来。"

巴顿对盖伊和保罗·哈金斯上校的智慧极为倚重，他们两人在他身边共事多年。事实上，正是哈金斯半年前在凡尔登向巴顿点头示意，确认第三军已准备就绪，能迅速北上援救巴士东。

会讲英语的苏联将军走进了巴顿的办公室，盖伊和哈金斯紧随其后。看到巴顿站起身来，苏联将军"啪"的一声立正敬礼。

① NKVD译为"内务人民委员部"。

接下来的是一个漫长的对美军作为的抗议。许多德国人横渡多瑙河，从苏军占区逃离到现在被称为“美占区”的地方。其中不乏那些靠摆渡为生的船夫。苏联人认为，那些船夫和他们的船本来是属于苏联母亲的。苏联将军的结论是：“巴顿将军，俄罗斯第四近卫军要求你，巴顿将军，把那些渡船交回苏联控制。”

巴顿没有立即回答。他冷静地把他的古巴雪茄放到烟灰缸上，拉开他的办公桌抽屉，拿出了他的史密斯和韦森357马格南左轮手枪。

巴顿冷冷地看着苏联将军。然后，他拿起左轮手枪重重地砸在办公桌上。他的脸涨得通红。“盖伊！让这个狗娘养的马上离开这里。谁让他进来的？决不能让任何苏联混蛋再到这个总部来。哈金斯！告诉第四，第十一和第六十五师准备向东发起攻击。”苏联将军的脸瞬间变得苍白。他吓坏了，当盖伊领他走出房间的时候什么都没说。哈金斯服从命令，拿起电话，下达了准备攻击苏联防线的命令。

苏联将军赶紧离开了巴顿的总部。

★ ★ ★

盖伊和哈金斯快速返回到巴顿的办公室汇报情况。他们担心巴顿可能刚发起了一场新的战争。

但将军正满脸笑容。他斜倚在他办公桌前的椅子上，再次猛抽他的雪茄。“怎么样？”他微笑着问道。

巴顿并不等待他们的回答。“有时候你不得不装模作样，我不会让任何一个苏联元帅、将军或士兵告诉我该做什么。哈金斯，取消警报。”

“这将是我们最后一次听到那些混蛋嚷嚷。”然而即便是乔治·巴顿，也知道那是不现实的。

到了6月13日，乔治·S. 巴顿最终沉默了。他得到了他一直害怕得到的消息：他的作战生涯已经结束了。考特尼·霍奇斯将军的情感危机和他在突出部战役初期对美国第一军的领导不力已被遗忘了。道格拉斯·麦克阿瑟将军选择了霍奇斯，而不是巴顿与他一起在太平洋战区进行对日作战。

乔治·巴顿已经打完了他的最后一仗。

第二十三章

塞琪琳霍夫宫

波茨坦，德国

1945年7月24日

傍晚

杜鲁门总统想和约瑟夫·斯大林说一句话。

当外交谈判在下午结束时，他腾挪到了斯大林的座位旁边。这两个人和旁边的英国首相温斯顿·丘吉尔，已经花了一整天来讨论战后德国的未来。一小群来自3个国家的顾问们也坐在放置在柏林郊外这个有着百年历史宫殿里的10英尺宽的环形大桌旁。房顶高挑的会议室内的气氛是沉闷的，闻得到陈年的香烟气味，由于夏天的阳光透过未打开的窗户照了进来，室内的温度高出了10度。

正如人们将会记住的那样，波茨坦会议是自富兰克林·罗斯福去世后“新三巨头”举行的第一次会议。斯大林扮演着当然的东道主的角色，好像波茨坦现在已成了苏联的一部分。铺在谈判桌上的台布和椅子的颜色都是鲜艳的苏联红。外面的花园里，苏联人甚至种上了近似共产党星形的鲜红色的花朵。

就像上一次在雅尔塔举行的同盟国领导人会议一样，斯大林想尽一切办法要让他的客人们接受他的要求。美国的现行政策是配合苏联，而不是遏制他们不断增长的实力，这正好应了他手中的牌路。

丘吉尔是苦涩的。斯大林不仅全面控制了东欧，而且在大陆的其他地区也被广泛视为英雄。有越来越多的猜测，在法国，斯堪的纳维亚各国，意大利，乃至英国，选民将在他们的下届选举中投票给共产党的候选人。事实上，当丘吉尔看着哈里·杜鲁门慢慢地站起来，然后把斯大林拉到一旁作简短交谈时，英国人民正在投票站选举一个新的政府。丘吉尔明天飞回家后将得知他已经不再是首相了。

哈里·杜鲁门并没有这样的问题。作为美国的领导人，他至少能干到1948年。他是一个不情愿的总统，并把白宫看成是一个“监狱”。但杜鲁门正迅速地在美国政治上盖上自己的印记，用效忠自己的人替代了罗斯福总统的内阁和他所信赖的顾问们。

杜鲁门总统有一个富兰克林·罗斯福缺乏的特点，那就是扑克玩家判断出另一个人在行骗的能力。罗斯福的政府里充满了像野比尔·多诺万那样的人，通过奉承和自我吹嘘获得了接近总统的机会。哈里·杜鲁门没有时间和那些把自己的利益置于美国人民利益之上的政治掮客们周旋。当罗斯福最得力的顾问之一，财政部长小亨利·摩根索威胁如果不让他参加波茨坦会议他就要辞职时，杜鲁门立即就说他是在虚张声势。[①]

摩根索三天前下台了。他的计划将不会被实施。

杜鲁门是个非常独立的人。在他的一生中，他曾经是军人、农民、银行职员、铁路工人、一个男性服装店的老板、法官和参议员。他曾经梦想成为一名钢琴家，并仍在抽时间弹琴。他一直等到35岁才结婚，但他对他的妻子贝丝忠心耿耿，每当他们分开时他就会定期写长信给她。在抵达波茨坦时，特勤听到一位军官错误地告诉杜鲁门，他能够“当你在这儿时安排任何你所喜欢的东西，任何种类的酒和女人”。

震惊的杜鲁门训斥了那个军官，告诉他说：“我娶了我的心上人。她没有对我不忠，我也不会对她不忠。我要你明白这一点。永远不要再向我提这种事情。”

这位热爱妻子的传统的美国总统现在抓住了约瑟夫·斯大林的胳膊肘，这

---

① 争议的核心是摩根索计划，他的战略是搞垮战后的德国，摧毁德国的工业实力，并迫使德国回到农业社会，只能生产啤酒、谷物和纺织品。这在无意中正中苏联人的下怀。因为通过减少德国的工业产出，德国将无法再进攻苏联。

是一个对妻子不忠，并暴虐致使妻子自杀的人。这两位世界领袖从其他波茨坦会议与会者的身边站开了一些，但仍然在谈判桌的附近。对于那些无法听到两人谈话内容的人来说，他们这样看上去似乎只是在闲聊。但实际上，杜鲁门要告诉斯大林的将会永远改变美国与苏联之间的关系。杜鲁门，这位侃侃而谈的“密苏里马匹交易人”，决定送出一个明确的信息：美国是这次会议真正的权力经纪人。

穿着他的双排扣西装，带着他的领结，总统看起来衣冠楚楚。斯大林和苏联代表团的其他成员都穿着单调的苏联军服。苏联独裁者和杜鲁门一样，非常自然地掩饰着自己的情感。

不用他自己的译员，杜鲁门直接向斯大林说话，让年轻的苏联翻译V. N. 巴甫洛夫翻译他的极为重要的信息。

温斯顿·丘吉尔站在5英尺远的地方，靠近他的外交大臣安东尼·艾登。两人都已被事先告知了这一信息。他们静静地看着斯大林，打量着他的反应。

斯大林在谈判时一直面无表情，以免泄露他的真实情感，但杜鲁门知道在扑克游戏中有不止一种方法来虚张声势。他以他通常的直话直说的方式告诉斯大林：“经过漫长的实验之后，我们已经开发出了一种新的炸弹，它将比任何已知的炸弹更具破坏性。除非日本投降，否则我们计划很快就使用它。”

斯大林的脸色冷漠，假装没有领悟杜鲁门的话的分量。苏联人回应道：“我很高兴听到这个消息，我希望你能好好利用它来对付日本。”

交谈结束了，两人又攀谈了几分钟，杜鲁门走回到了美国代表团一边。

丘吉尔对斯大林的缺乏理解目瞪口呆，后来他写道：“如果他对世界事务中正在发生的革命性的变化有哪怕是一丁点的理解的话，他的反应将会是明显的。他应该很容易就回答说，‘非常感谢你告诉我你的新炸弹。当然，我没有任何技术知识。能让我的核科学专家们明天早晨见见你的专家们吗？’但他的脸色依然是愉快并亲切的，两个首脑之间的谈话很快就结束了。”

自1939年以来，英国人和美国人就一直在这个特殊炸弹的项目上合作。就在8天前，在新墨西哥州的广袤的沙漠中，这个新的“原子”的武器被成功引爆了。爆炸相当于二十万吨炸药的量，并产生了一个球根状的云团上升到了近8英里的高空。爆炸点下方的沙子瞬间变成了一层10英尺深的绿色玻璃，而冲击波可以在100英里外感觉到。领导制造炸弹项目的那个人，一位名叫罗伯特·奥本海默的理论物理学家，对观察爆炸的其他工作人员只简单说了一句话："它成了。"

然而，奥本海默也意识到这一装置将一种全新形式的邪恶带给了人类。他自我意识到："我成了死神，成了世界的毁灭者。"①

杜鲁门一直在等待确认爆炸的效果，在他飞往波茨坦的途中得到了消息。经过加密，详细说明炸弹成功的信息在他到达波茨坦的时候交给了他，上面写着："今天早上做了手术。诊断的结论似乎令人满意，并且已经超过了预期的结果。"有了那些话，杜鲁门立即有了实力在波茨坦会议上强调美国的要求。在地球上还没有任何一支战斗部队拥有这样的武器，他可以对任何胆敢挡美国道的人威胁使用这一武器。在波茨坦，杜鲁门利用原子弹作为平衡物来争取苏联人加入反对日本战争的保证。总统也反对苏联人要求德国人民支付战后欧洲重建的费用，其中大部分赔偿都将被直接送去苏联。

然而，斯大林并不害怕。杜鲁门不知情的是，得益于他丰富的全球情报网络，斯大林知道所有关于原子弹的信息。②他对这一时刻早有准备，并决心不流露出任何一丝情感，以免暴露在美国深度潜伏的苏联间谍。

美国是盟友这无关紧要。苏联人对任何有威胁的国家都将进行间谍活动，不会对任何阴谋行为设置禁区。斯大林认为"原子弹是为了吓唬那些神经脆弱的人"。此外，他的科学家正在努力开发自己的原子弹。短短四年之后，苏联人将引爆一个巨大的火球。

简而言之，约瑟夫·斯大林决心统治全世界。

没有美国总统或美国将军会挡他的道。

---

① 奥本海默从印度教经文《薄伽梵歌》中引用了这一句话。

② 有一些人认为，倾向于共产党，而他的妻子曾是共产党员的罗伯特·奥本海默是那个向苏联人提供核机密的人。事实上，苏联间谍的名字叫克劳斯·福克斯。

波茨坦会议的结果是严酷的：为了与较早的雅尔塔协议相一致，德国将被分裂为由盟军控制的不同占领区。杜鲁门也从斯大林那儿得到了参加对日作战的坚定承诺。但在亲自会晤了斯大林之后，杜鲁门意识到这位独裁者不是罗斯福所认为的美国的朋友。因此，开始了杜鲁门的反对苏联的强硬政策，巴顿早已预言过的冷战启动了。

当巴顿立正的时候，灿烂的阳光正照耀着德国。他敬礼的时候，右手指尖牢牢地压在他的抛光的头盔上。德怀特·艾森豪威尔站在他的右边，也在敬礼。这是美国国旗第一次在柏林升起的时候。杜鲁门总统站在巴顿的左边，他的手放在他的胸口上。他的旁边站着奥马尔·布雷德利将军。

根据同盟国之间1944年在伦敦达成的一项协议，柏林现在划分为四个占

艾森豪威尔将军、巴顿将军和杜鲁门总统在柏林升旗仪式上

领区：美国，英国，苏联和法国。每个国家管辖城市的一部分。苏联人依然控制着城市周边的德国地域，使柏林成了一个瓦砾满地的孤岛。巴顿对德国的首都这样评价道："谁没有亲眼看见，谁就不知道它是什么样的。"巴顿应邀作为访问者到了波茨坦会议，并从那儿与总统和他的同胞将军们一起乘车到柏林参加升旗仪式。在过去的几个月里，他感到越来越沮丧，他的激情随着他战斗的日子一去不复返而日渐消退。他打壁球，在巴伐利亚乡间骑马以保持自己的体形，甚至尝试放弃雪茄，但无济于事。从外表来看，他身体很健康。但现实的情况是，他很无聊，整天就是出席典礼，阅兵，向国旗敬礼，并把奖牌别到那些最终获得战时表彰的人的胸口上。如果没有战争，巴顿将失去方向。

更糟糕的是，新总统不喜欢巴顿。早在1918年，两人都参加了默兹的伟大战役。尽管巴顿不认识杜鲁门本人，但他还是赞赏杜鲁门的D炮队所提供的精确炮火支援。作为第一次世界大战时的一个上校，巴顿的级别比杜鲁门上尉高，但现在局面完全倒转过来了。

杜鲁门将在他的日记中写道："无法理解一个能够产生像罗伯特·李，约翰·J. 潘兴，艾森豪威尔和布雷德利这样的人的国家，为何同时也会产生卡斯特们，巴顿们和麦克阿瑟们。"

杜鲁门对将军的看法完全基于他的第一印象。他没有花时间去了解巴顿，两人将永远不会有机会进行任何类型的有意义的讨论。

杜鲁门只是不喜欢他。这两个人是对立的两极。

巴顿有些招摇，而杜鲁门是谦和的。

巴顿身材高大，像个运动员，一个远高于现实生活的战斗英雄；而在另一方面，身材矮小，戴着眼镜的杜鲁门更像一个他曾经当过的银行职员。

巴顿出生于富裕家庭，结婚后有了更多的钱；杜鲁门一生没有继承任何东西，除了总统职位，什么也没有。

在巴顿身上，杜鲁门看到的是一个自吹自擂的家伙，穿着抢眼的制服，抛光的头盔和宽大的马裤，像一只开屏的孔雀那样昂首阔步。

杜鲁门穿着简单，避免摆架子。他厌恶巴顿尽显浮华的做派。当旗帜在柏林升起的时候，尽管他脑子里纠缠着许多紧迫的国际义务，杜鲁门还是在暗中

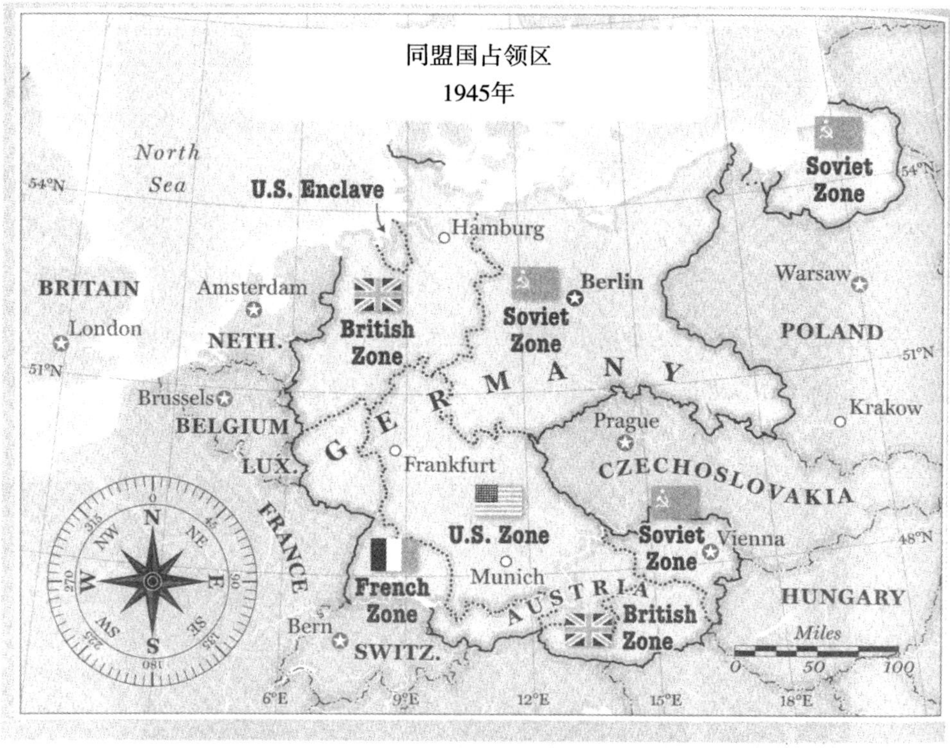
同盟国占领区
1945年
North Sea
U.S. Enclave
Hamburg
BRITAIN
Amsterdam
London
NETH.
British Zone
Soviet Zone
Berlin
Warsaw
POLAND
GERMANY
Brussels
BELGIUM
LUX.
Prague
Krakow
Frankfurt
CZECHOSLOVAKIA
FRANCE
U.S. Zone
Soviet Zone
Vienna
French Zone
Munich
AUSTRIA
British Zone
HUNGARY
Bern
SWITZ.
Miles
0 50 100
54°N
51°N
48°N
6°E 9°E 12°E 15°E 18°E

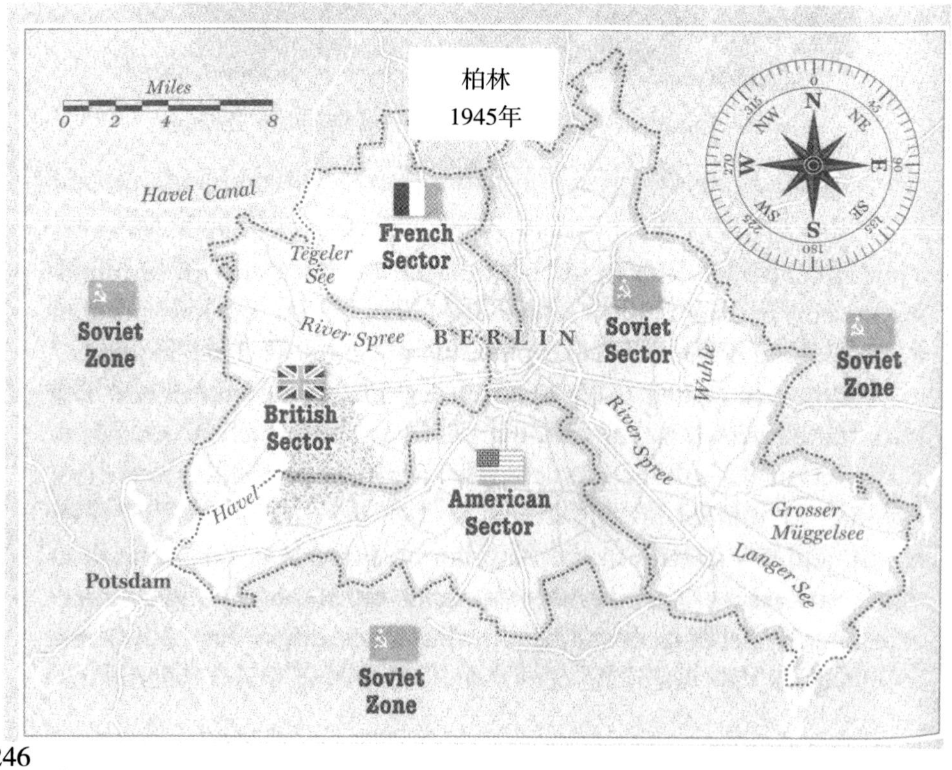
柏林
1945年
Miles
0 2 4 8
Havel Canal
French Sector
Tegeler See
Soviet Zone
River Spree
BERLIN
Soviet Sector
Soviet Zone
Wuhle
British Sector
River Spree
American Sector
Havel
Grosser Müggelsee
Langer See
Potsdam
Soviet Zone

花时间来数算巴顿军服上装饰的将星数量，他惊讶地发现加起来总共有28颗。

随着第二次世界大战的结束，总统不再需要一位相信说出自己想法是他生来就有的权利的将军，尤其是当他会酿起国际纠纷时。

美国对德国人的官方政策是曾经与纳粹德国有牵连的人没有资格参加国家重建。苏联人同意这一条；事实上，这是波茨坦会议讨论的基石。但巴顿对此持有异议。他无所畏惧地谈论着愚蠢的“去纳粹化”，告诉记者们“一个人要在德国当一名公务员，不在口头上赞同纳粹主义是不可能的，这和一个人要在美国当一名邮政局长，在民主党或共和党当政时对他们表示至少是口头上的支持没有什么两样”。

巴顿不同意美国官方的政策。其中一个令人不安的因素是，德国士兵在苏联、法国和英国被强迫劳动。巴顿认为，这些人应该被用来重建自己的国家。德国的医院都不再运作了，医院的下水道不通，道路和桥梁都被炸毁了。一旦冬天来临，有好几百万战俘和流离失所的老百姓需要住房和食物。

所以，用一种直接违背他的总统的政策的话语，巴顿告诉记者，德国劳动力是解决重建德国问题的答案——不管那个人是否曾经当过纳粹。他说：“我的士兵是作战人员，如果我解雇了下水道清洁工们和办事员们，我的士兵将不得不去干那些活。他们不得不去操作电话交换机、电力设施和电车。那不是士兵该干的活。”

尽管他开始悄悄地制订离开军队的计划，巴顿仍然以他自己的方式在继续战斗，他发动了一场让德国人民得益的战争。“德国人是欧洲唯一还存有体面的人。如果在他们和苏联人之间进行选择，我更喜欢德国人。”①

苏联人对这一立场的解释是巴顿企图保护前党卫军成员，或许可以利用他们在未来的战争中反对苏联。他们向奥马尔·布雷德利提交的正式投诉中就是这样揣测的。他们在投诉中指出，五月期间在捷克斯洛伐克向第三军投降的党卫军士兵没有出现在上交由苏联人遣返的个人名单上。巴伐利亚现在到处是苏

① 巴顿赞赏德国军队的纪律和德国人的职业道德。

联情报人员，他们正在捉拿那些党卫军成员。

苏联人再次赢了。6月13日，当巴顿在美国巡回推销战争债券时，[①]他的总部接到了电传通知，第三军必须立即清点位于该地区的所有德国军队。与此同时，陆军参谋长乔治·马歇尔下令窃听巴顿的电话，甚至采取了非常措施，请求海军医疗队派出一位心理医生观察将军的新闻发布会，以确诊巴顿是否正患有神经衰弱症。

马歇尔自己喜欢巴顿，但他的战场最高指挥官艾森豪威尔曾写信给他，说巴顿是一个“心理不平衡的指挥官”。自从1944年诺士佛事件发生以后，当时巴顿在向一群英国妇女讲话时不慎冒犯了苏联人，艾克就开始认为巴顿患有癫痫和痴呆症。这一严重的指控，加上巴顿习惯讲些有利于德国人的话语，说服了马歇尔去调查巴顿的心理健康状况。

手握大权的野比尔·多诺万也讨厌巴顿。自从1943年12月他访问了莫斯科以后，多诺万和战略情报局就一直在和苏联人合作。美国和苏联的情报机构现在开始交换信息，并在德国的情报活动中互相帮助，包括监视乔治·巴顿。

事实上，战略情报局的情报员邓肯·李，一位牛津的研究生和邦联将军罗伯特·李的后裔，被指定向多诺万递交“德国美国占领区军事总督的每月机密报告”。报告中包括战略情报局对巴顿个人行踪和窃听录音的小结。

富兰克林·罗斯福去世后，野比尔·多诺万的未来现在变得不确定了。哈里·杜鲁门对他保持着距离。随着战争的结束，战略情报局可能会被解散。多诺万将不惜一切代价来保持他的情报机构的完整，包括与苏联人分享有关巴顿的秘密来破坏杜鲁门政府日益强硬的反苏立场。

但多诺万自己也正在上当受骗。

苏联和美国之间在德国的谍战变得越来越棘手了。正如美国情报官员詹姆

---

① 虽然巴顿在1945年夏天回到美国时被视为英雄，但他和琼·戈登的外遇使他和他的妻子之间产生了相当大的敌意。巴顿回到巴伐利亚后告诉他的朋友埃弗雷特·休斯将军：“比阿特丽斯让我进了地狱。我很高兴能待在欧洲。”

斯·H. 科里奇菲尔德后来所写的，是“历史上规模最大、最集中并且是最激烈的情报战争”。不过，多诺万没有采取措施来阻止苏联人在战略情报局里的影响。自1944年夏以来，他的保卫处就通知多诺万在战略情报局内有47名共产党员或苏联的同情者。野比尔也知道斯大林从1942年起就开始在战略情报局内安插苏联间谍。

多诺万所不知道的是，他的行政秘书邓肯·李，一个知道他一切秘密的人，是一个叛徒。李作为一个双重间谍，正在为苏联情报机构内务人民委员部工作。李在战争期间向苏联提供的宝贵情报包括D日登陆日期的提前预警和在美国田纳西州的原子弹研究机构的准确位置。苏联人会使用像李这样宝贵的资源来收集有关乔治·巴顿的信息，足以证明他们想让他沉默的渴望。

1945年5月，多诺万得到了有关巴顿的令人震惊的消息，而将军本人对此还一无所知。斯蒂芬·斯谷别克是美国陆军反间谍兵团的特工。他能说一口流利的乌克兰语，受命发展斯拉夫民族地下情报组织向美国情报机构提供情报。5月16日，他会见了乌克兰民族主义领导人斯捷潘·班德拉，班德拉后来帮助了美国人和英国人刺探苏联人的机密。[①]班德拉特地告诉斯谷别克，“斯大林元帅已经下令苏联最高司令部杀掉美国陆军的乔治·巴顿将军”。

斯大林这么做的原因很简单：在五月间战争的最后几天里，巴顿罔顾苏联人的权威入侵了捷克斯洛伐克。

5月4日，巴顿获得了艾森豪威尔的批准入侵捷克斯洛伐克。当时，第三军下辖18个师，有超过50万名的士兵，成为美国历史上最大的一支武装力量。第三军横扫了捷克斯洛伐克西部，迅速地占领了广大地区，接受了几千名不想落入苏联人之手的德国战俘的投降。5月6日，艾森豪威尔下令巴顿停止前进——虽然他很不情愿，但还是照办了。然而，第三军的一些部队没有接到停止前进的命令。在比尔森东边的古城，当美国和苏联的军队接触时发生了冲突，非常

---

① 班德拉自己也在1959年被苏联人暗杀。见中央情报局内刊《情报研究》19，第3期。

接近于开始一场新的、巴顿很早就预测过的战争。

然而，多诺万并没有因斯谷别克的消息感到震惊，反而下令让他逮捕班德拉并送交给苏联人，从而使那个发出巴顿有生命危险警告的人保持沉默。

斯谷别克后来曾轻描淡写地写道："我对第一次造访战略情报局感到很失望。"

但斯蒂芬·斯谷别克的调查还没有结束。几个星期后，他会见了罗马·斯玛尔思韬科教授，一位学者和前乌克兰外交官，他正处在从德国被驱逐，送回到苏联人手中的边缘。斯玛尔思韬科告诉斯谷别克说："内务人民委员部将很快实施杀死乔治·巴顿将军的计划。斯大林想要他死。"

最后，在夏季的中期，特工斯谷别克又约谈了另一名乌克兰人帕夫洛·山德鲁克将军，他在战争后期曾与纳粹并肩作战，所以现在拼命想避免被遣返回苏联。他向美国人提供了一些重要情报，他希望可以让他继续留在美国占领区。山德鲁克告诉特工斯谷别克："请转告巴顿将军多加防范，他在内务部暗杀名单的顶部。"

野比尔·多诺万和特工斯谷别克很快又见面了。斯谷别克再次向他告知了威胁。但多诺万再次把它们撇开了，说那"只是一种挑衅"。

回到柏林，巴顿在这个丽日的早上立正敬礼，注视着星条旗飘扬在他曾经渴望征服的城市的上空。今天，巴顿正隐藏着一个危险的秘密。虽然美国战争部副部长罗伯特·帕特森在1945年5月31日宣布，所有的盟军战俘都已被遣回，但巴顿知道一项由乔治·马歇尔起草，然后经富兰克林·罗斯福和哈里·杜鲁门默许的绝密政策，放弃所有在战争后期落入苏联人手中的美国和英国战俘。苏联人利用他们作为筹码与盟国谈判，确保逃往西方的所有苏联人将被遣回。

巴顿确信站在他左边的杜鲁门总统，让2万多名美国战俘留在苏联人手中。作为一个军人，巴顿将不惜一切代价，甚至发动战争，让那些人获得自由。但他又是矛盾的，因为他明白杜鲁门允许这些美国人被挟持的动机是为了确保苏联参加对日战争，并在战争结束以后，加入一个新的被称为联合国的组织，以确保未来的世界和平。[①]

巴顿越来越肯定的是，只有当他离开军队以后，他才可以自由地谈论这些问题。

知晓最高机密，加上他一贯的骄横态度，乔治·巴顿让自己成为了一个目标——他知道这一点。

几个星期前，在华盛顿和他的女儿们告别时，巴顿说了些让她们极为困扰的话："嗯，我想这就是别了。我不会再见到你们了。"

巴顿的女儿们感到非常震惊。她们抗议道："这不可能，战争已经结束了。"对此，巴顿神秘兮兮地回答说："我的运气已经完了。"

---

① 苏联人不让美国人和英国人进入他们解放的众多的战俘营，并否认他们持有盟军的战俘。据称杜鲁门和在他之前的罗斯福明明知道真相，却不想与斯大林产生纷争。因此，人们认为许多美国和英国士兵在被苏联人关押期间死去是因为没有要求释放他们。

第二十四章

IG法本公司大楼

法兰克福美因河畔，德国

1945年9月28日

下午4点30分

这个还有只能活85天的男人即将被解职。

乔治·S. 巴顿心怀不满，受召去见他的上司德怀特·艾森豪威尔。一年前在梅斯阻碍了巴顿行动的同样的秋雨现在使得飞行不可能了，所以巴顿坐了七个半小时的汽车来到了目前作为艾克总部的巨大的公司办公大楼。巴顿一路上经过德国城乡被炸毁的废墟时准备着自己的攻击计划，想着为了再次拯救他的军人生涯他必须要讲的话。他在自己当晚的日记中写道："乘车时让我想起了一次类似的行程，从诺士佛去伦敦。我当时有一个强烈的印象，如果不被审判的话，我会被解职并被送回家去。"

宏伟并清洗一新的IG法本大楼矗立在一片废墟的法兰克福市中心。橄榄色的美国军队的推土机整日在街头忙碌，把废墟推到道路的两侧。当地的德国人竭尽所能勉强维持着生计，收集木头碎片，生火做饭和取暖，每天夜晚睡在他们可以找到的任何避难场所。一位到访者是这样描写城市的被破坏程度的："说法兰克福像一座城市，还不如说是一堆骨头和砸碎的头骨所象征的猎获的公牛。"

但艾克的总部是这一片废墟中的一个奢侈的孤岛，一栋米色的城堡，弯曲的楼梯是大理石的，精心设计的喷泉缓缓地冒着气泡，高层的美国军官们可以在此吃饭，享受全部由德国服务员送达的野味、冰淇淋和红葡萄酒。到访者需要有特别通行证才能进门。当他们进门以后，他们会发现走廊里到处都是职员和下级军官，他们整天和公文打交道，数算着还有多少小时他们就可以回美国了。思维敏捷的德国人把艾森豪威尔的总部称为“G. I. 法本大厦”。

这同一幢宏伟的大楼，也是开发出在纳粹死亡集中营中用来残杀数百万人的以氰化物为基础的齐克隆B气体的地方。由于这个原因，这个城市心存异见的市民们把这幢建筑称为“法利赛人的犹太区”。[①]每天早上，新鲜的玫瑰会送到凯·萨默斯比上尉和在美国军事机构工作的其他女人手上。萨默斯比的秘书办公桌就放在艾森豪威尔巨大的办公室外面。她涂着红色的唇膏，她的赤褐色的头发向后梳着，露出了她高高的额头。萨默斯比的棕色女子军服是按她的身材裁剪的。尽管工作环境宽松，她仍然一直穿着她的军上装，她的领带紧紧地打了结。她后来写道，艾森豪威尔的总部是一个“豪华”的地方，并补充道，“艾克的办公室里可以放得下几个网球场。”

萨默斯比听到了从走廊里传来的乔治·巴顿招牌式的马靴脚步声，当巴顿将军走进办公室参加那个已拖了很久的会议时，她向将军立正敬礼。不久，她就听到艾森豪威尔提高了他的嗓音，以至于隔着厚厚的木门也能听到。艾克通常不是这样的，萨默斯感到震惊。巴顿和艾森豪威尔之间的会议正在火山的边上。

艾森豪威尔和萨默斯比之间的关系远不止是意气相投。他们在一起已经三年了，而且现在比以往任何时候都更加接近。萨默斯比可以回到她在英国的家里去，但她不想离开艾森豪威尔。然而短短一个月后，艾克就将回到美国，他将在那里接替乔治·马歇尔成为陆军参谋长。

萨默斯比想和他一起去。

她不要求艾森豪威尔离开他结婚近三十年的妻子玛米。她将要求成为在五角大楼为他工作的人员之一。在当了艾森豪威尔称为“战时的家庭近亲”那么

① 这是指那些侃侃而谈的宗教官员，拿撒勒的耶稣谴责他们撒谎，以自我为中心，并指出他们的行为和他们的信仰之间差异极大。

久之后，她发觉单身回英格兰的念头是无法忍受的。

他们之间的关系是公开的秘密。它在战争时期，甚至现在这一刻都被悄悄地容忍了，萨默斯比住在一个为女军官保留的特殊的房子里，艾森豪威尔通常会在那儿吃晚饭，再打上几轮桥牌。那种在饭桌上的恭敬态度是很难保持在秘密状态之下的。但现在，萨默斯比并不知道的是，正有人在采取极大的努力以确保这一关系行将结束。

陆军的检查员已经修改了5月7日德国投降签字仪式的官方照片。签字仪式在法国兰斯的一所红砖校舍里举行的。在原始照片里，萨默斯比站在笑嘻嘻的艾森豪威尔后面，他手里握着用于签署投降文件的两支笔。艾克正在用钢笔做出一个V字状，意指“胜利”。

在被修改过的照片中，艾森豪威尔还是满脸笑容，但凯·萨默斯比的身影已荡然无存。

艾森豪威尔将军在德国军队投降仪式上

被修改的照片只是第一次有迹象表明他们的恋情已是在劫难逃。艾克早已知道了这一点。乔治·马歇尔威胁艾森豪威尔，如果他要求离婚，他将暴露他的恋情。[1]萨默斯比所不知道的是，她的名字将不会出现在那些被批准与艾克一起回家的名单上。

乔治·巴顿认为，当凯·萨默斯比在场时艾森豪威尔“非常粗鲁并爱显摆”。但萨默斯比听到的从艾森豪威尔办公室里传来的叫喊声不是为她发出的。巴顿试图装出镇静的样子，但当对他不利的证据呈现时他在他的座位上扭动起来。他又一次在媒体上把事情搞得一团糟。他发表了正式声明说一个纳粹党成员与一个共和党或民主党成员没有什么不同。最近的一个早晨，他在他的办公室与一小批记者聚会时，为自己在重建德国的过程中使用前纳粹官员作辩护道，“经过四年战争的彻底混乱和破坏之后，为了在巴伐利亚州能做成一点事情，我们必须与魔鬼作一点点妥协。我们别无选择，只能求助于那些知道做什么和怎么去做的人。”

随着战争的结束，留在欧洲的记者们都渴望报道任何他们可以找到的故事。人们听到从《纽约时报》、《芝加哥每日新闻》和《纽约先驱论坛报》来的记者们密谋要“搞定”巴顿，向他提出一大堆问题，引导他对媒体做出他在诺士佛曾经说过的同样不明智的评论。[2]《费城公报》觉得巴顿的评论没有太大的新闻价值，所以没有刊载这个故事。而且，这篇报道原本刊登在芝加哥报纸的里页上。然而，《纽约时报》、《星条旗报》和《纽约先驱论坛报》对巴顿的言论大做文章。艾森豪威尔知道这件事后极为愤怒，爆发了凯·萨默斯比后来描述的“老祖父大发雷霆。巴顿将军犯了他最后一个要命的错误”。

---

① 这件事间接地来源于哈里·杜鲁门1974年对一位传记作者的谈话。马歇尔这么做可能出自于个人和政治两方面的原因。人们普遍认为，艾森豪威尔在战后将有很大的政治前途，但美国民众对离过婚的候选人并不看好，尤其对为了一个年轻很多岁的外国人而离开他妻子的人。马歇尔相信他实际上挽救了艾森豪威尔去犯一个巨大的错误。

② 《芝加哥每日新闻》的雷蒙德·丹尼尔后来试图为他参加了这个密谋，并为他对巴顿的偏见向比阿特丽斯·巴顿道歉。她拒绝接受他的道歉。

现在，巴顿必须向艾森豪威尔解释他怎么会这么不小心地讲话。

在以前的那些失误之后，巴顿曾在艾森豪威尔面前显得痛悔莫及。为了挽救他的军人生涯，他不得不低三下四。但巴顿现在不这样做了。他穿着一套简单的军服，没有带他的手枪。他认为没有必要再做恳求了。一些精心挑选的奉承话和提及他们长期的友谊应足以让巴顿从他和艾克的麻烦中间摆脱出来。

但真相是巴顿不再有值得去拯救的职业生涯了。他现在感到不安和无聊。有时候，他的行为接近于抑郁，而最好的补救措施是外出狩猎或骑马。

巴顿迫切地向往着战争。他渴望武装德国，带领他们去与苏联战斗。巴顿相信，那是一场应该在攻克柏林之前就开打的战争。他不怕与苏联人对抗，就像他9月7日在柏林庆祝对日战争结束的大游行时所证明的那样。在那个阳光明媚的下午，五千多名美国、苏联、法国和英国的士兵列队站在广阔的菩提树大道上，部分炸毁的标志性建筑勃兰登堡门就在近旁。巴顿站在检阅台上，旁边是苏联将军朱可夫，当接受检阅的部队通过时，两人都在强烈的阳光下眯起了眼睛。

正是朱可夫向德怀特·艾森豪威尔施加了巨大的压力，要求巴顿保证向苏联人交出所有的德国战俘——特别是那些党卫军精英成员，苏联人认为巴顿成了他们的藏身之所。艾森豪威尔漠视了巴顿、蒙哥马利，以及所有其他的美国和英国将军，已经与朱可夫达成了协议，并在6月声称，“欧洲的战争已经获胜，联合国因此欠了朱可夫元帅很大一笔债。”

苏联将军已经习惯于这样的恳求行为。在战争期间，他下令他的部队向任何在德国人面前逃跑的他们的同志开枪，烧毁任何被认为曾与纳粹合作的苏联村庄。人们对朱可夫是如此害怕，其他苏联将领们会在他出现时发抖。

巴顿毫不颤抖。

巴顿后来在给比阿特丽斯的信中对朱可夫这样写道：“他穿着全套军服，身上带满奖章，很像滑稽戏里的人物。他身材矮小，有点胖，有一个像猿那样微微突出的钩下巴和一双漂亮的蓝眼睛。”

正当苏联坦克开过检阅台时，巴顿注意到朱可夫幸灾乐祸地看着新的IS-3

格奥尔基·K. 朱可夫元帅与艾森豪威尔将军在一起

型苏联坦克。[1]苏联将军抬头看着他的美国同行，带着嘲讽的口吻说道："我亲爱的巴顿将军，你看见那辆坦克了吗？它的炮弹可以打到7英里远。"他乐得合不拢嘴。

巴顿的脸上没有表情，他的语气平静而坚定。"是这样吗？嗯，我亲爱的朱可夫元帅，让我来告诉你：如果我的任何炮手在你的人进到700码之前开火，我将让他们因怯懦而受到军法审判。"

巴顿的副官凡·S. 默尔史密斯少校后来声明，他以前从未见过"一位苏联指挥官因如此震惊而陷入沉默"。

然而，当他公开宣示，苏联是美国的新敌人，而且应被当做敌人来对待时，巴顿是孤立的。事实上，美国军队正在撤退回家或者被派往太平洋战场与日本作战，越来越少的士兵留下来与巴顿称之为"蒙古人"的苏联人对抗——

① 以斯大林的名字命名。在西里尔字母里，IS是最接近于他的名字缩写的。

杜鲁门政府并不打算那样去做。

约翰·米姆斯军士也在那些离开的人里面，在过去的四年里他一直是巴顿的司机。两人在一起行驶了上万英里，尽管要开上战场并躲避炮弹，米姆斯在方向盘后面的谨慎使巴顿能保持一直不受伤害。巴顿在表彰米姆斯的告别函中写道："自1940年以来你就一直是我的公务车司机。打那以来，在尘埃、冰雪、泥泞、敌人的炮火轰击和敌人的飞机攻击的各种情况下，你安全地驾车载我到了世界的许多地方。在这些年来所有的危险和困难下，你从未撞过一次车。"

很快会为将军分配另一名司机，但他永远不可能真正地代替米姆斯。米姆斯的离开使巴顿如此心烦，他原本打算坚持让他留在欧洲。只是后来有人提醒他说，米姆斯有一个年轻的妻子在家里，这才让巴顿松了口，并签署了旅行命令。但更令巴顿不安的是所有他的同级指挥官们都将回家并得到更高更好的职位。当巴顿在巴伐利亚整日勉强地清除着残存的纳粹势力时，艾克很快就会成为陆军参谋长，奥马尔·布雷德利将军已经在华盛顿当上了新的退伍军人管理部部长，而考特尼·霍奇斯将军则去了太平洋地区作战。

看起来乔治·巴顿无法在和平时期的军队里待下去了。他很想干的一个工作，在宾夕法尼亚州卡莱尔兵营的陆军战争学院指挥官的职务，已经给了伦纳德·T. 杰罗将军。他是艾森豪威尔的一个亲密朋友，他帮助计划并带领执行了D日的进攻。

随着他们激烈的会议继续进行，德怀特·艾森豪威尔终于平静下来一点，谈到了最主要的一点：他的令人震惊的计划是从乔治·S. 巴顿手中拿走第三军指挥权。

根据这个决定，艾森豪威尔可以有效地结束巴顿言论所造成的新闻轰动，并任命对纳粹较少同情的人来负责第三军。

艾森豪威尔告诉巴顿："你最大的错误，是你的大胆。"这样说是为了刺激巴顿，但他们两人都知道，巴顿认为大胆是他的最大资产。

会议然后进入了另一个转折。艾森豪威尔不是简单地解除巴顿的指挥职责，而是建议让巴顿去负责第十五军的指挥。

这是一个保留面子的解决方案，它将确保巴顿不会带着耻辱回到美国。然而，对巴顿这样一个执著战斗的人来说，这样的安排是荒谬的。第十五军是一支在纸上战斗的部队，任务是书写战争历史。

但巴顿别无选择。当他走出艾森豪威尔的办公室时，他发现同一个发表了那个让他倒霉的新闻故事的记者，现在正在走廊里等着有关他命运的新闻。

艾森豪威尔没有告诉他们任何东西。巴顿也没说什么。他通常会留下来晚餐并和艾克一起饮酒；但这一次，巴顿匆匆走向IG法本公司大楼对面的火车站，赶搭下午7点回巴伐利亚州的火车。

屈辱缓缓地沉入他的脑海之中：巴顿热爱的第三军已经从他手中拿走了。战争史上最大的作战部队之一现在将由另一个人来指挥了。在巴顿的领导下，这一士兵、坦克和大炮的壮观组合解放了法国，救下了巴士东，渡过了莱茵河，并会解放所有的东欧国家，如果艾森豪威尔没有下令让巴顿停止前进的话。

在长时间的火车夜间车程中，巴顿在晚餐时告诉一名助手，“我服从了命令。我想我应该从军队辞职，所以我可以回家，想说什么就说什么。”

但是，有权势的人不希望这种事情发生。乔治·巴顿知道得太多，把他知道的说出来将是一场灾难。

必须让他保持沉默。

第二十五章

约瑟夫·斯大林的私人别墅

索契，苏联

1945年10月17日

下午

斯大林躺下了，但并没有睡着。

66岁的苏联独裁者正在他最喜欢的度假胜地享受一个难得的假期。根据他的指示，奢华的山间别墅已被漆成了森林的绿色，所以它在柏木的树林中完全伪装起来了。[①]尽管隐蔽得很好，斯大林独自漫步在棕榈树成荫的庭院里时还是保持着警惕。他的牙齿牢牢地紧咬着那个招牌式的烟斗，他正全神贯注地思考着他和苏联的未来。

被称为“老板”的斯大林迫切需要远离莫斯科一段时间。在苏联首都以南千英里之遥的清新空气和安静的环境对这位过度劳累的暴君而言已远不止是一种滋养了。美国人和英国人不知道的是，斯大林在波茨坦会议期间有两次小的心脏病发作，他向公众隐瞒了这件事。尽管有病，斯大林仍然能继续就欧洲的

① 除了伪装别墅的外表之外，斯大林还增加了几个古怪的安全细节。他下令把垂帘剪短，这样他就可以看到任何企图隐藏在其背后的人的脚。别墅里不用地毯，斯大林可以听到任何正在走近的人的脚步声。另外，沙发的靠背是防弹的，而且设计得相当高，当斯大林坐在沙发里时，从背后是看不见他的头的。

未来进行谈判。

战争的压力，加上多年来每天16小时的工作，整天抽着装满醇厚烟草的烟斗，这些都对斯大林的身体产生了不利的影响。他怕任何软弱的迹象都可能导致把他赶下台的企图。只有他的私人医生弗拉基米尔·维诺格拉多夫对他的健康问题有全面了解。但即使在休闲时，斯大林仍是个工作狂，他认为度假令人厌烦。现在，当他离开克里姆林宫两个月，整天种花并长时间散步时，他仍然每天收到来自莫斯科的几十份报告。

而这些报告深深地困扰着他。

斯大林不在莫斯科引起了一片哗然。苏联官方通讯社塔斯社只是简单解释说："斯大林同志已离开莫斯科去度假休息了。"但在莫斯科或在世界各地很少有人相信这里面没有更多的故事。当谣言纷起的时候，外国的外交官们和国际媒体四处乱窜，想知道在索契发生了什么事。①

有传言说，斯大林很快就会退休，可能会由朱可夫元帅或外交委员维亚切斯拉夫·莫洛托夫接替。《芝加哥论坛报》报道说："斯大林可能会离开他的岗位，军队将会全力支持野心勃勃的朱可夫元帅成为一个独裁者，而莫洛托夫则会得到共产党的支持。"

斯大林把这样的传言看成是亵渎——不仅是对他的声誉的亵渎，而且是对他紧握不放的权力的亵渎。马克思主义的革命家列昂·托洛茨基和他的儿子谢多夫·托洛茨基两人对斯大林是如何无情地处置那些企图抢占他权力的人有着血的教训。托洛茨基曾经是一位饱受信赖的外交委员，就像莫洛托夫现在那样。但当斯大林和托洛茨基在意识形态领域里对共产主义的真正本质开始有了不同看法以后，他们之间的联系纽带就被打破了。托洛茨基最终被迫逃离苏联，居住在墨西哥。他在那里公开批评斯大林，以为内务人民委员部对他鞭长莫及。

托洛茨基错了。

---

① 在2014年索契冬季奥运会上，斯大林的乡间别墅成了一家酒店。客房的租金是7000卢布——大约200美元一晚。

1940年8月，苏联内务部特工拉蒙·梅卡德尔在他的家里攻击了托洛茨基，把冰镐的尖锋狠狠地砸进了前革命家的头骨。托洛茨基在最初的一击后奇迹般地活了下来，只是一天后在医院里死去了。

托洛茨基的遇刺身亡和两年前他的32岁的儿子列弗·谢多夫的死十分相似。在他去世的时候，谢多夫也在内务部的暗杀名单上，因为他正安排在巴黎的国际共产会议上庆祝他父亲主张的，而不是斯大林主张的共产主义。

谢多夫在1938年1月下旬遭遇了似乎是阑尾炎的急性发作。他的症状神秘地消失了，但几个星期后又出现了。随即，他最好的朋友，一位名叫马克·齐伯罗斯基的人类学家，通知了苏联情报机构谢多夫已经住进了巴黎一家被称为倩碧米拉波的小医院。

谢多夫不知道，齐伯罗斯基是一名内务部特工。

做了手术后几天，谢多夫精神很好。他和他的妻子珍妮开着玩笑，在好几天里被认为正在正常恢复。但当他的妻子在1938年2月14日来看望他时，谢多夫却显得无精打采。

他问他的妻子，“你知道昨天晚上他们对我干了什么吗？”谢多夫突然间停止了交谈，显然无法理清他的思路。两天后，他妻子最害怕的事情发生了，他死了。检查发现他的腹部有奇怪的紫色淤青。谢多夫被两次尸检，但巴黎的医疗当局裁定他死于自然原因。①

内务人民委员部的首长们以他们的热忱无情地开发出难以追查痕迹的毒药。从根里克·雅果达开始，到他的应受谴责的继任者尼古拉·叶若夫，然后是更令人发指的拉夫连季·贝利亚，那个毫无人性的间谍首脑驱使着苏联科学

---

① 1964年，美国中央情报局的分析家们对谢多夫的死亡原因产生了怀疑。他们指出，尸体解剖没有检测中毒的证据，如可能已经注入的微生物的痕迹，也没有对神经系统和皮肤进行彻底的检查，以确认所有注射点的位置与医疗过程报告是一致的。谢多夫在托洛茨基共产主义运动中的继任者是一位名叫鲁道夫·克莱门特的德国人，他于1938年6月13日被内务部特工亚历山大·科罗特科夫杀害了。他的无头尸体被发现漂浮在巴黎的塞纳河上。

家们用致命的毒素做试验。[①]

毒药研究是在一个被称为卡米拉（“密室”）的绝密实验室中进行的，在苏联政治犯身上测试了各类毒药。在卡米拉工作的科学家们的目标是制造出一种无臭、无味，在尸检时不会被发现的毒药。

一位苏联官员1940年在对叶若夫的秘密审判中作证说：“我们为自己设置的任务是在实验室里开发出各种毒药，让它们在与酒、饮料和食物一起食用时不会改变食品和饮料的味道或颜色。也有人提议让我们发明速效和缓效的毒药，但它们必须有对身体没有能被觉察到的影响。这样，在对已被毒死的人作尸检时就无法检测到那个人中了毒。”

见内务人民委员部十二处负责人谢苗·茹科夫斯基的证词。苏联高级军事检察官办公室的档案，文件编号975026。

卡米拉在斯大林统治时期成了恐怖的工具。不同的毒药被用来消灭国家的敌人。现在，当斯大林远离莫斯科的时候，他需要消灭很多敌人。当他计划未来的时候，他的日常生活就像一个僧侣一样。每天在花园里度过白天之后，老板会在晚上阅读从莫斯科专人送来的报告。他不接待到访者，只是偶然通过电话与外界联系。在他每天收到的卷宗里，有贝利亚汇集的隐蔽在整个被占领欧洲的许多内务部监视小组情报的报告。斯大林已经制订了计划，取代朱可夫国防部副部长的职务，在解除莫洛托夫外交人民委员的职务之前先公开羞辱他。至于与西方盟国的关系，远离莫斯科的这段时间让斯大林下了更大的决心。他通知他在莫斯科的高级顾问们道：“很明显，在与美国或英国这样的合作伙伴

① 叶若夫被称为血腥矮人，他通过部署对雅果达的逮捕和枪决获取了权力。他接着开始了一个前所未有的恐怖狂潮，在短短的两年里杀害了60万人。杀戮是系统性的，对安全部队官员下达了屠杀配额。如果完不成配额，那些官员自己就会被枪决。叶若夫的接班人贝利亚差一点成为了叶若夫的受害者之一。不过，他巧妙地让自己与斯大林保持一致，从而使叶若夫的影响力很快就削弱了。血腥矮人于1939年4月10日被逮捕，并很快供认了他的反苏活动和同性恋行为。他在1940年2月4日被枪决。他的绰号则成了消失的委员，因为他的形象很快就从所有官方照片中被清除了，仿佛他从来就没有存在过一样。

打交道时，如果我们开始对恐吓或背叛的不确定性让步的话，我们将得不到任何实质性的东西。为了从这样的合作伙伴那里获取任何东西，我们必须以顽强并坚定的政策武装自己。”

约瑟夫·斯大林现在休假的乡间别墅建于1934年。自那时以来，他亲自签署命令处死了四万人——其中包括政治对手，军方官员，有麻烦的知识分子和自己的私敌。任何胆敢冒犯斯大林的人很快就被处死了。它所需要的只是动一下笔——或许是致死剂量的难以查出踪迹的毒药。

★ ★ ★

在距斯大林乡间别墅西北2000英里的地方，巴顿正焦躁不安。在他脑海里出现的许多想法早已与战争无关了。巴顿明白，他是一个世界各地都知道的名人，他的未来可能与政治活动有关——用他自己的话来说，他宁可“站在圈外得罪圈里的人，而不是站在圈里得罪圈外的人”。在某种程度上，谈论有争议的问题会让将军有机会发动口水大战。最重要的是，巴顿仍然是一名战士，但他的战场可能正在改变。

而他在大战中的敌人是清晰可见的，其中的一人现在正在苏联的南方休假。

另一个人正在纽伦堡对付纳粹俘虏们。

第二十六章

司法宫

纽伦堡，德国

1945年11月20日

上午10点

当纽伦堡战犯审判法庭正式开庭时，法庭大厅里的600人都站了起来。20名纳粹德国最为残忍的领导人坐在被告席上，照在他们身上的聚光灯是如此明亮，每个囚犯都给发了墨镜。[①]在他们身后，挺直地站立着一排头戴白色头盔的美国宪兵。每个国家各出两名，分别来自美国、英国、苏联和法国的八名法官，坐在法庭前排的座位上。案件审理以宣读2.4万字的起诉书开始，起诉书中列出了这些人所犯下并将受到审判的暴行：在列宁格勒杀死了100万苏联人，在毛特豪森集中营中杀死780名天主教神父，用机枪扫射从史塔拉格洛福特III集中营"胜利大逃亡"后被重新抓回的英国战俘，以及更多更多的暴行。

花了整整两天来宣读长长的令人毛骨悚然的起诉书，那些纳粹战犯很快就感到无聊了。有些人，如希特勒的前副元首鲁道夫·赫斯，居然睡着了。

前空军司令戈林戴着耳机听译员重复法庭上所说的话。当他的战争罪行和

① 总共有24名第三帝国的政治和军事领导人在纽伦堡受审。马丁·鲍曼被缺席审判。12人将被判处绞刑，7人将被判有期徒刑，3人将被无罪释放，1人在庭审开始后4天自杀，1人将被宣布为因身体原因不适合受审。

纽伦堡法庭

抢夺艺术珍宝的故事被一一数落，正式载入法庭记录时，他傲慢地傻笑起来。这位肥胖的前元帅穿着一套简单的灰色制服，有点嫌大；自从被俘以后，他已经减轻了70磅体重。戈林急于为自己作辩护发言。他可以看到坐在法庭另一侧的副检察官，那是询问了他好几个星期的一位美国人。他们相互间交谈甚欢，以至于戈林在私下向他讲述了德国最伟大的将军们的性生活和其他色情八卦，而他的新朋友能讲一口流利的德语。

这位检察官不是别人，就是62岁的少将野比尔·多诺万，荣誉勋章的获得者，战略情报局的首脑。战争可能已经结束了，但多诺万还是有旧账要清算的。这就是为什么他今天会在这里。他的许多间谍死在纳粹手里，纳粹还杀害了无数无辜的平民作为对战略情报局成功的报复。多诺万对纳粹是无情的，而且从1943年10月开始，就为今天的审判作基础工作，他向罗斯福总统发了电传要求设置战后审判战犯的机构。两个月后，本着盟军合作的精神，多诺万飞抵

赫尔曼·戈林和希特勒在柏林

莫斯科，开始建立战略情报局和内务人民委员部之间的合作关系。

但在最近几个月里，多诺万在很多事情上面很不顺。他一直被一个肮脏并毫无根据的谣言纠缠着，说他与别人的媳妇有染。当传闻到达椭圆形办公室后，最不高兴的就是拘谨的杜鲁门。[1]

在另一起事件中，一份由多诺万的对手们撰写的，罗列了战略情报局内部严重的管理不善和无能的59页的报告也被送到了杜鲁门总统手中。

现在，当法庭里的聚光灯使他苍白，宽阔的脸上泛起了浅浅的红晕时，野比尔正拼命想拽住仅存的那一点点权力。与纽伦堡首席检察官罗伯特·杰克逊权力斗争的结局对他并不有利，怒火中烧的多诺万已决定，他将尽快离开审判，而不是在这儿当下属。

① 谣言是不真实的，有人认为它是由联邦调查局局长埃德加·胡佛炮制的。

更糟的是，他的情报机构在10月1日已经不存在了。杜鲁门总统关闭了战略情报局。

但多诺万知道，美国需要一个全球性的间谍网络。所以，尽管在技术上他已不再是美国情报机构的首脑，他仍然与苏联内务人民委员部的领导人和英国情报首脑威廉·斯蒂芬森保持着紧密的关系。①

正是在英国的帮助下，多诺万进行了杰德堡行动。英国、法国和美国的突击队员被空降到了纳粹占领的欧洲开展间谍活动，从而为D日的进攻奠定了基础。被选为杰德堡成员的人都接受了武器，破坏和近身搏斗的训练。

1945年初，当多诺万住在他最喜欢的伦敦克拉里奇酒店时，他见了一位名叫道格拉斯·巴扎塔的杰德堡成员。34岁的巴扎塔是一个红头发的美国前海军陆战队士兵，喜欢调侃上级的权威，把上校叫成"甜心"，而不是"长官"。他是一流的射手，并且是海军陆战队非官方的重量级拳击冠军。

当巴扎塔坐下吃午饭时，好奇地对多诺万问道："你会给我一个额外的任务吗？你完全可以信任我。我是美国，战略情报局和多诺万将军的仆人。"

多诺万坦言道："道格拉斯，我确实有一个问题。"他们坐在一个角落的桌子旁，没人能偷听他们的谈话。"那就是乔治·巴顿将军的极度抗命，和他极其严重地无视为了共同事业下达的命令。"

"要我杀了他吗，长官？"巴扎塔急于讨好多诺万，但还是带着几分谨慎。他曾经见过巴顿，他喜欢将军。

"是的，道格拉斯。做你必须做的。现在完全由你来决定了。"②

---

① 这位48岁的英国情报机构头头被广泛认为是伊恩·弗莱明虚构的间谍詹姆斯·邦德的原型。正是斯蒂芬森说服了罗斯福让多诺万领导战略情报局。

② 巴扎塔在战略情报局的成员中声望很高。前战略情报局成员，后来成为中央情报局局长的威廉·科尔比在他1978年出版的书《正人君子》中描绘了巴扎塔的英雄主义。在1999年8月22日《纽约时报》上刊登的巴扎塔的讣告中具体讲述了他在法国敌后的工作。然而，在将军死后的30年间，巴扎塔始终对他涉嫌巴顿之死一事保持沉默。这里摘引的对话来自于他在1975年8月2日写给朋友的一封信中，他后来在《聚光灯》杂志1979年的一篇文章里对此予以确认。

几个星期之前，多诺万把他个人涉及纽伦堡审判的有关文件送回到了他在华盛顿的家中。但现在还没到他从欧洲回国的时间，他还必须干一些其他的事情。

在11月的最后一周至12月中旬期间，在他的飞机最后抵达纽约的拉瓜迪亚场之前，野比尔·多诺万在欧洲大陆四处漫游。因为没有被分配任务，也不代表任何机构，他没有理由向任何人报告他的行踪。

但在12月9日那个寒冷和潮湿笼罩着德国中部的上午，有一点是明确的：野比尔·多诺万和道格拉斯·巴扎塔正在执行一项使命，它很可能会改变乔治·巴顿的命运。

第二十七章

巴顿的总部

巴特瑙海姆，德国[①]

1945年12月9日

早上6点

这名还能活上十二天的男子醒了。

他的长期侍卫，黑人军士威廉·乔治·米克斯拉开了乔治·巴顿在鸿恩维克大道的豪宅的卧室窗帘。晨光洒进了房间，将军打破了宁静，道了早安。他的蓝眼睛四周因最后一年战争的疲惫而镶上的黑框消失了。他淡粉色的嘴唇上仍然有着因吸了太多雪茄而留下的痕迹，但他已再次尝试改掉这一习惯，至少暂时是如此。巴顿通过节食、运动和戒烟减轻了体重，与几年前相比，看上去更像运动员了。

他是一个充满活力的人，对未来可能会带来的一切做了充分准备。

早上唤醒是巴顿和米克斯在整个战争期间都一直遵循的常规，但现在这个常规即将结束了，巴顿将回到美国。官方的军队命令指令他回家，他已安排休

---

① 除了是巴顿的总部所在地之外，巴特瑙海姆也是希特勒埃尔勒霍斯特指挥部的所在地。此外，富兰克林·德拉诺·罗斯福的父亲曾经去那里取水来医治他的心脏病。最后，巴特瑙海姆是猫王埃尔维斯·普雷斯利1958—1960年在军队短暂服役时的驻地。城市城堡的大门出现在普雷斯利1959年第一位畅销唱片“一个大美男的爱”的封面上。

假30天，与他的家人共庆圣诞节。在此之后，他打算离开军队。

米克斯将和巴顿一起回到美国，并很快在乔治亚州融入平民生活。明天早上，两人将乘车前往巴黎，然后再到法国海岸，他们将在那里乘坐美国海军战舰，度过为期5天的横渡大西洋的航行。巴顿被允许携带165磅行李，米克斯已经为他打好了包。米克斯刚刚架好了巴顿在德国最后一天要穿的衣服，但这行头将很快就被改变了。

米克斯军士告诉巴顿，他昨晚晚宴的客人，将军的好朋友，第七军少将指挥官杰弗里·凯斯打来过电话，说有紧急的事情要和他商量。

巴顿感到失望。凯斯是他少数留在欧洲的朋友之一，是一位勇敢的装甲部队指挥官。他是巴顿在西西里战役期间的重大依靠。巴顿今天没有什么事情可做，所以希望上午与凯斯的对话能舒解一些自战争结束以来一直伴随着他的苦闷和不安。

巴顿的豪宅被茂密的森林包围着。在豪宅里四处乱转，整天无所事事的生活对他毫无吸引力。所以在下楼等待他的早餐之前，巴顿命令米克斯组织一次打猎派对。在曼海姆以南100英里外有一片猎场，在那里打野鸡是很不错的。巴顿在接受第十五军的指挥之后曾偶尔在那里度过了一个周日。

米克斯很清楚他该做什么。

米克斯下令道："准备好专车，将军和盖伊将军将去打猎。"

随着对讲机再次静默，一等兵贺拉斯·伍德林赶紧从床上爬起来执行命令。这位英俊的有着灯笼下巴的肯塔基人是巴顿的新的汽车司机。他非常喜爱这份工作，以至于他额外延长了一年的服役期，使他可以继续为将军开车。19岁的奶农的儿子伍德林一直对速度情有独钟。他是在驾驶赛车和特技飞机中长大的。但是，如果不是因为他曾遭受冻伤，不能再留在步兵里了，他是不会被分配给汽车部队的。他曾经两次因与当地的德国妇女发生关系而受到从军士降为一等兵的处罚。但巴顿喜欢他的新的年轻的司机。

"伍德林是最快的，"巴顿对这个他称为伍迪的人颇为赞赏。经过三年来约翰·米姆斯在方向盘后面的过分谨慎，巴顿现在陶醉在伍德林的胆大妄为的车驾之中。将军说过："他比一架派珀卡珀飞机更快，能让你提前到达。"

今天将是伍德林作为巴顿的军队驾驶员的最后一天。然而，巴顿已经暗示，他希望在他们两人都离开军队之后，能聘请他当他的私人司机。

传令去打猎是意想不到的事情。和大多数周六晚上一样，伍德林在前一天晚上整夜在镇里狂欢。但他知道最好不要搞过头，万一将军叫他时他能应召。现在就是这样的时刻。伍德林将为巴顿和他长期的参谋长盖伊将军开车。

伍德林穿上了他的制服，并为在野外待上一天而穿得更暖和一些。巴顿的随从们住在街对面的房子里。因为车库太小，“专车”是停在马路边上的。这是一辆暗绿色的凯迪拉克1938年75型汽车，是巴顿自上任第十五军指挥官后使用的四辆汽车之一。汽车的内部空间宽敞，在后座和分离驾驶员室的分隔窗口之间有6英尺的腿部空间。伍德林通常会花很多时间确保巴顿的所有车辆都里里外外一尘不染，他知道尽管自己和将军有一点非正式的私人关系，但如果汽车有半点瑕疵，巴顿会让他立刻走人。

这天早晨格外的寒冷。伍德林在外面等了90分钟才见巴顿和盖伊走了出来；在早晨寒冷的空气中可以看见他们呼出的气。两人都穿着厚厚的军大衣，戴着手套。笨重的靴子又为巴顿6.2英尺的身高增加了两英尺，使得将军看上去比平时更有气势。由于在过去的两个月里无所事事，他已经花了不少时间在整个欧洲旅行，每当有机会就骑马或狩猎。就在4个星期前巴顿满了60岁，他的随从们在巴特瑙海姆的大酒店举行了一个豪华的派对来庆祝。

即使在这么早的时候，巴顿也从来不会语塞。他走到轿车跟前和伍德林开起了玩笑，而伍德林则打开了车门，让两位将军坐入他们在后面的座位上。另一辆由另一位巴顿助手乔·斯科鲁斯军士驾驶的吉普车开到了他们汽车的身后。今天狩猎用的步枪和猎狗都装上了斯科鲁斯的吉普车。

巴顿给了伍德林去猎场的路线，但命令他的司机先去萨尔堡附近一处一世纪罗马堡垒的废墟。上午9点不到，车队离开了树木排列成荫的马路，出发了。

当地的德国人很少拥有汽车，所以那天上午在公路上的交通流量很少。这使得伍德林能放纵一下自己对速度的嗜好。在巴特洪堡，他根据巴顿的建议离开了公路，走上了一侧的土路，然后小心地将车往山上的罗马堡垒废墟开去。

当巴顿坚持要走出暖和的汽车，近距离查看古堡废墟时，伍德林并不感到惊讶。将军的靴子是不防水的，所以当他通过雪地和冻泥潭向山上爬去时，他的靴子很快就湿透了。半小时后，将军回到了凯迪拉克，他坐到了前排的乘客座椅上，让车内的加热器来温暖他已湿透的双脚。

只要有可能，伍德林就喜欢和当局闹着玩。所以当凯迪拉克在被称为38号路的乡间小路上临近一个军事检查站时，他最初试图不停车冲过去。汽车车牌上的四颗将星应该告诉宪兵们他们所需要知道的一切了。但突然一个宪兵挡住了巴顿的汽车。当伍德林走出凯迪拉克时他喃喃自语道，“那家伙一定是疯了。”

然而巴顿就跟在他身后只差几步。巴顿没有责怪那个摊上了在寒冷的星期天早晨看守这个孤零零的哨位的哨兵，而是热情地拍拍他的背，说道，“儿子，你是一个好战士。我会让你的指挥官知道你是一个非常出色的宪兵。”

在走回温暖的汽车前座的路上，巴顿作了一个将会改变一切的决定。他看到了在另一辆车上的猎犬。“可怜的东西快要冻死在你那该死的吉普车上啦。”他对着斯科鲁斯军士大声嚷嚷，指的就是那条狩猎犬。

巴顿对他的司机下令道：“伍迪，去把那条狗带到车里来。它看上去受冻了。”

随着猎狗安全地在前排坐定，巴顿回到了他在后排的座位。

旅程继续着，现在已进入了它的第三个小时。巴顿并不急于去打猎，并且为了放松，迫使伍德林停下来，让一列货运火车通过。凯迪拉克停在排成长龙的美国军用车辆的后面。这儿的景观与巴顿旅程开始时树木丛生的景象大不相同了。巴特瑙海姆在战争期间没有遭到破坏。而在这里，巴顿再次看到了战争的毁灭。无数报废了的卡车、吉普车和坦克排列在道路两旁。就在伍德林停下来让火车之前，巴顿看到了一个住着成千上万无家可归的波兰难民的营地。他走访过许多这样的设施并第一手见证了难民们必须忍受的肮脏的生活环境。当他们等着长长的火车通过时，巴顿坐在他的座位的边上，仿佛准备跳出车外去似的。

他凝视着车窗外的断墙残壁，只是向盖伊说了一句，“战争是何等的

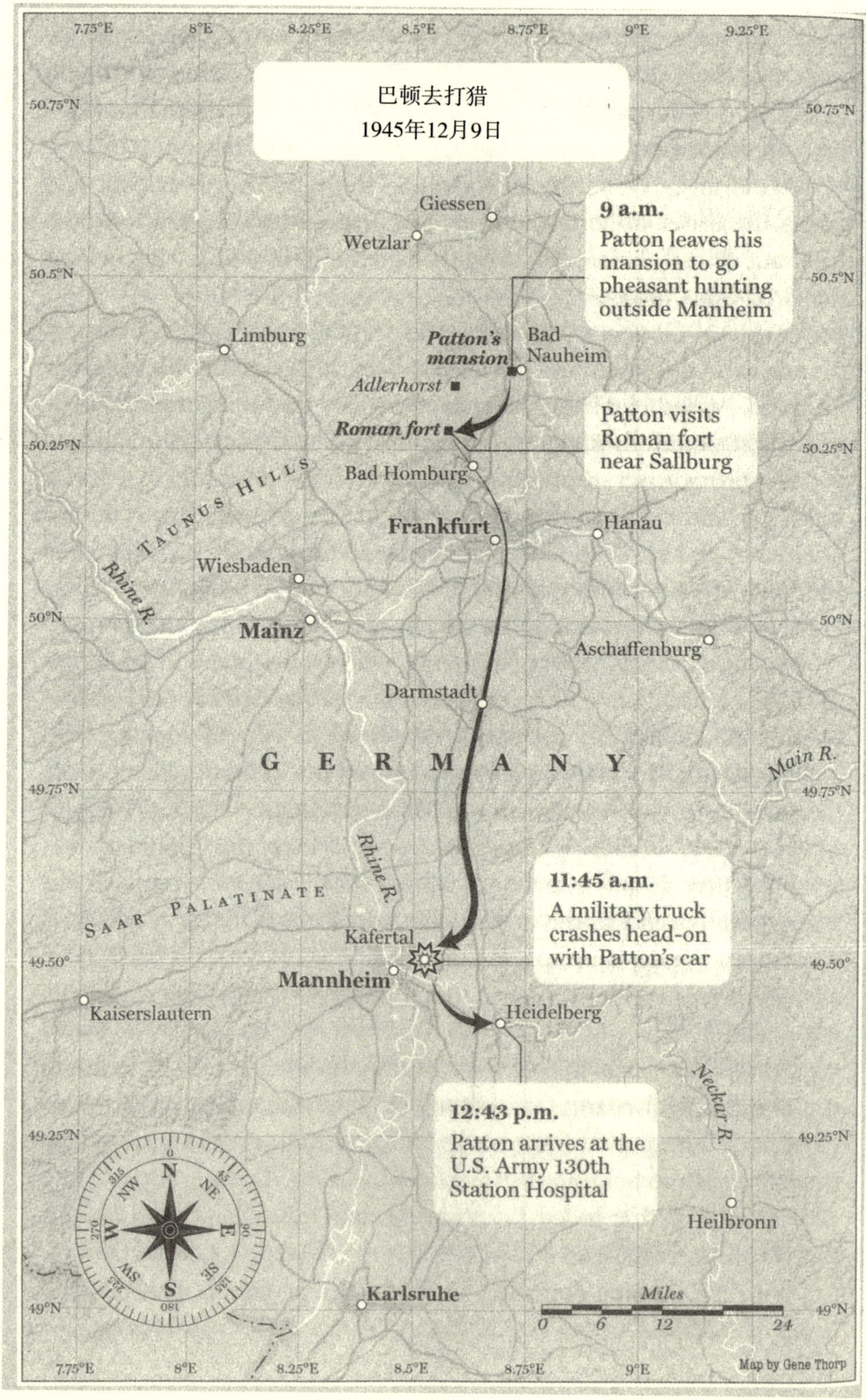
巴顿去打猎
1945年12月9日
9 a.m.
Patton leaves his mansion to go pheasant hunting outside Manheim
Patton visits Roman fort near Sallburg
11:45 a.m.
A military truck crashes head-on with Patton's car
12:43 p.m.
Patton arrives at the U.S. Army 130th Station Hospital
Giessen
Wetzlar
Limburg
Patton's mansion
Bad Nauheim
Adlerhorst
Roman fort
Bad Homburg
TAUNUS HILLS
Frankfurt
Hanau
Wiesbaden
Rhine R.
Mainz
Aschaffenburg
Darmstadt
GERMANY
Main R.
SAAR PALATINATE
Kafertal
Mannheim
Heidelberg
Kaiserslautern
Neckar R.
Heilbronn
Karlsruhe
Miles
0
6
12
24
N
NE
E
SE
S
SW
W
NW
7.75°E
8°E
8.25°E
8.5°E
8.75°E
9°E
9.25°E
50.75°N
50.5°N
50.25°N
50°N
49.75°N
49.50°
49.25°N
49°N
Map by Gene Thorp

可怕。”

11点45分，当火车消失后道口栏升了起来。伍德林慢慢地开始加速。

600码远的地方，有两辆美国陆军的两吨半卡车停在路边。当巴顿的专车开近时，卡车也开上了公路。

坐在第一辆卡车方向盘后面的技术军士罗伯特·L. 汤普森有点醉了。他是一个容易紧张的人，他那副厚厚的眼镜使他看上去像一个知识分子。他的橄榄色军帽歪戴在他的头上。他的裤腿管被塞进了他的靴子，他穿着一件厚厚的军大衣，戴着一双手套。

汤普森昨晚整夜和一帮军队里的哥们一起喝啤酒。他后来告诉调查员说，他们一时冲动强占了通信兵部队的一辆两吨半，在德国乡村开车兜几个小时风。

但实际上，有证据表明军士汤普森偷了那辆车。随着战争结束，黑市提供了很好的机会来赚取一些外快。很有可能，这辆汽车将永远不会交还给通信兵部队了。当然，偷窃军队的车辆是严重地违反军规。另一个违规行为是汤普森的两个朋友跟他一起坐在驾驶室里，他们两人显然都不安分。

陆军规则对此有严格的规定，军用卡车的前排座位上只允许坐两名士兵。

但技术军士罗伯特·L. 汤普森后来没有因违规行为受到任何惩罚。不久，他就消失得无影无踪了，而详细记录了他所造成的破坏的官方事故报告也同样消失得无影无踪了。

斯科鲁斯军士的吉普车超越了巴顿的专车。斯科鲁斯是去打猎的那群人里唯一知道如何去曼海姆附近那片巴顿喜欢打猎的特别地域的人；伍德林将跟着斯科鲁斯的车开到那里去。

伍德林的车速只有20英里。乔治·巴顿朝着专车的右侧窗口向外看着，而盖伊则朝着专车的左侧窗口向外看着。当罗伯特·汤普森突然向左做了个急转弯，直接把他的卡车开上了巴顿的凯迪拉克的车道时，没人有时间作出反应。他为什么要突然急左转的动机至今也没有搞清楚——在他驾驶的军用重卡要去的方向上既没有停车道，也没有岔道。伍德林几年后在回忆当时的情景时说道：“直到今天我还是搞不明白那辆卡车要去哪里。”卡车的急左转没有任何警告，盖伊和伍德林后来都说汤普森在急左转之前没打信号灯。[①]

在方向盘后面待了那么多年的一等兵贺拉斯·伍德林无法避免碰撞。他猛地刹车，双手紧紧地抓住了方向盘，准备接受冲击。伍德林稍后会告诉宪兵："他直接撞上了我的车。我看到他的时候立刻踩下了我的刹车，但没有时间做任何别的事情。当他开始急转的时候，我离他不到20英尺。"宪兵们很快评估了证据并得出了结论，他们认为碰撞只是一次意外。

在卡车里的罗伯特·汤普森军士并没有刹车。相反，他踩下了油门。

当卡车的前保险杠撞向凯迪拉克时，伍德林听到他身后的车厢里有身体扑腾的响声。盖伊将军记得，当从马上坠落时，避免受伤的最好办法是完全放松自己的身体，他做到了这一点。他倒在伍德林后面的车厢地板上，没有受伤。

坐在右后座的乔治·巴顿往前一冲，他的头重重地撞在分隔伍德林驾驶员室和后座之间的钢板上。他的鼻骨破碎了。他感到他的脖子后面一阵剧痛，但他的下半身没有什么感觉。就在那一瞬间，乔治·巴顿知道他瘫痪了。

不愧是一位领袖，巴顿立即检查他下属的状况。"有人受伤了吗？"

当知道盖伊和伍德林都很好后，巴顿以一个微弱的声音说道："我觉得我瘫痪了。"

他颓然地以挺直的姿态坐着。盖伊用他的右臂搂着巴顿，让巴顿把脑袋靠在他的肩膀上。巴顿命令盖伊道："海普，看看我的手指怎么样了。"

过了漫长的五分钟，一名来自马萨诸塞州波士顿的宪兵彼得·K. 巴博拉斯中尉恰好到了现场。他打开凯迪拉克的后门，惊讶地发现自己正看着巴顿。巴顿在盖伊的帮助下，仍然以挺直的姿态坐着。巴顿告诉中尉："我的脖子很疼。"

---

① 汤普森后来试图掩盖自己"借"车的踪迹，他告诉事故调查员们在事故发生时，他正在转向一个军需仓库去归还车辆，但事实上车库是在更远的路上。在巴顿的右侧有一座红砖建筑，连着一条开阔的车道，那可能是汤普森想去的路。他后来会改变他的说法，说他是在转入一条分叉小路。但这一说法是可疑的。离汤普森的车最近的分叉小路在事故发生地以北15英尺的地方。实际上，汤普森不知道他要去哪里。

事故发生后的巴顿将军的汽车

心烦意乱的一等兵伍德林站在车外，勘查着车辆的损坏，守护着现场直到救护车到达。散热器液体泄漏在地面上，专车的右侧挡泥板被撞弯曲了，发动机也从原来的安装位置动了身。但凯迪拉克的其余部位并没有受损，甚至连挡风玻璃也没有破碎。伍德林对着从卡车上下来的汤普森大声嚷道："你知道你撞了谁？"伍德林走得如此之近，他闻到了汤普森呼出的酒气。"这是巴顿将军，他受了重伤。"

汤普森醉醺醺地笑了起来。他跟他的同伴说道："巴顿将军，你相信吗？"

其他人接到了撞车事故的报告，急忙赶往事故现场。第二百九十工程营的成员很快就开着救护车和一名医生到了现场。

当时，血从巴顿的头顶上倾注而下，连接着他的鼻梁到他额头的一段皮肤从他的头骨上撕裂开来，仿佛他已经被剥了头皮。

巴顿告诉他的参谋长："海普，我无法呼吸。"盖伊转过脸来，用他那只好眼看着巴顿。盖伊的一只眼睛在1922年的一次马球比赛中被弄瞎，他此后一直将他的状况蒙着军队的医生。现在，他用左眼凝视着巴顿，察看着他正在流血的朋友。

巴顿再次命令盖伊："看看我的手指，搓揉我的手臂和肩膀，重重地揉。"

盖伊照着巴顿说的去做了。

下午12点43分，运送乔治·巴顿的救护车到达了全新的美国陆军第一百三十医院。在从曼海姆到这儿的25分钟车程里巴顿没有说一句话。他的脸色越来越苍白，他的脚非常冷，虽然他自己对此并没有感觉。

没有医务人员等在那里把巴顿送去做手术，也没有组织起一支应对这种危及生命的外伤性脊髓损伤的专家团队。出于某种原因，医院里没有一个人应答了事故现场的无线电呼叫。这仅仅是海德堡的一个沉睡的周日下午，绿色的内卡河缓缓地流过传奇中的哲学家之路。

当救护车到达后，这一切都改变了。

当一个年轻的医生凑近他的时候，巴顿喃喃自语了一句。医生问道："长官，你想要什么吗？"

巴顿回答道："上尉，我不想要该死的任何东西。我只是在说，耶稣基督，这是一个多么好的方法来开始一个假期啊。"

乔治·巴顿被推进了检查室，绝密信息最终送达到了盟军最高当局，一位美国最伟大的英雄现在已失去了行动能力。两天后，他的妻子比阿特丽斯和脊髓专家抵达德国，来到了他的身边。医生们认为，坚强的将军将会从他的伤势中生存下来，并可能恢复一些行动能力。

最起码，他应该能够很快就去旅行。

他们错了。

第二十八章

停尸房

美国陆军第130医院

海德堡，德国

1945年12月21日

下午7点

乔治·巴顿的遗体被推到了医院地下室的一个临时停尸间。当这座大楼还是德国骑兵军营时，这个房间原是一个马厩。从某种意义上说，如果让巴顿继续留在他死去的110房间或许更好些，但他的遗体被存放在一个马厩里所带来的屈辱是无法与将军遗体的照片出现在全世界报纸的头版那种可怕的景象相比的。把巴顿藏在地下室是回避蜂拥而至赶到这个小军医院来的记者们的最好的办法。米克斯中士把巴顿个人的四星将旗带到了医院，他在那里把将旗覆盖在将军的遗体上，并把它完全地遮盖起来了。

出于比阿特丽斯·巴顿的要求，将不会进行尸检。医生们私底下坚持要进行尸检，但她不会在这个问题上妥协。比阿特丽斯无法忍受她心爱的乔治被切开的念头。相反，她以安排巴顿的葬礼来哀悼他。有许多需要立即面对的问题。例如，医院没有殡葬师，因此没有人能够为葬礼来替尸体化妆。医院也没有棺材，所以不得不从伦敦空运一具过来。最后的问题是乔治·巴顿将被安葬在哪里。

比阿特丽斯希望能把他安葬在西点军校，在那里他可以被战士们永远包围着。

但军方说不行。出于费用的考虑，成千上万在第二次世界大战期间在异国他乡战死的美国人，没有一个被运回家安葬的。在欧洲和亚洲现在都有庞大的战死的美国人的墓地。尽管巴顿的地位杰出，但不将他埋葬在欧洲将会造成一个危险的先例。

当她得知这一政策后，比阿特丽斯·巴顿说道："当然，他必须安葬在这里。我知道，乔治希望和他部队里倒下的人埋在一起。"

还有几天就是圣诞节了。作出的决定是在节前埋葬巴顿，而不是等到节日以后。他将被安葬在卢森堡汉姆的美国军人公墓。无论是艾森豪威尔将军还是杜鲁门总统都不会出席葬礼。一家德国报纸，慕尼黑的《南德意志报》，将会以动人的笔触这样来描述他们以前的敌人的葬礼："尽管大雨瓢泼，为了对死去

护柩者抬着巴顿的棺材在卢森堡

的将军进行最后的祭奠，成千上万的人站在从中央火车站到墓地的街道两旁。几百人从首都走来参加葬礼。9个国家的代表和驻欧洲美军的最高将领们跟随在棺材后面。当炮车载着棺材从火车站到墓地去的时候，法国的一个炮队鸣响了17发致敬的礼炮。在葬礼中，军乐队奏响了第三军进行曲。在一个简短的宗教仪式后，灵柩被放入墓穴。”

巴顿曾经写道：“我确实认为只是为了获得一次军事葬礼而加入军队是值得的。我希望能在一场伟大的胜利中被杀死，然后让被我打败的敌人抬着我的遗体，由我自己的部队护送，让我的灵魂降下来，陶醉在倾听人们对我的评价之中。”

乔治·巴顿没有像他曾经渴望的那样死去。但他的遗体确实被抬着通过了被击败的德国的街道，并在这一天，得到了他的军事葬礼。

后 记

如果你已经看过《杀死肯尼迪》，你就知道马丁·杜加尔德和我不是阴谋论者。我们立足于实事求是地写作，并没有任何诉求。

如果一个人完全接受长期以来的看法，认为乔治·巴顿将军的死只是一次意外事故的结果的话，他的死所展现出来的是一种令人不安的景象。

我们首先从罗伯特·汤普森军士和他的两个朋友说起，他们应对撞上巴顿的专车负责。事故发生后不久，汤普森声称为了他自身的安全，美国陆军情报机构已经将他送到了英国，因为不少崇拜巴顿的美国士兵也许会对汤普森造成人身伤害。然而，在碰撞后仅短短的四天，汤普森就神秘地回到了德国。美国记者霍华德·K. 史密斯在那里采访了他。在史密斯12月13日发回通讯社的报道中，汤普森声称巴顿的驾驶员超速并应对事故负责。

汤普森还称，当他的卡车撞上巴顿的专车时，他是独自一人在卡车驾驶室里的。但盖伊将军和一等兵贺拉斯·伍德林发誓说看到还有其他两个人与汤普森一起在卡车驾驶室里。事实上，一份1945年12月18日来自第七军宪兵司令部的报告就指出，第一装甲师第一百四十一信号连（汤普森的连队）的一位名叫弗兰克·克鲁墨的德国平民雇员工在事故发生时就在卡车上。报告没有提及另一位乘客的名字。

但那份报告，与那次意外事故有关的所有其他文件一样都消失了。因此，从未对汤普森的故事的真实性进行过官方的审查。他对事件的陈述不曾被宪兵审核。他没有因为与那次事故有关的任何事情被逮捕或拘留过。

罗伯特·汤普森很快就从历史记载中消失了，只是当他于1994年6月5日死在新泽西州卡姆登时他的名字才出现过。弗兰克·克鲁墨也消失了。如果那辆卡车上还有第三个乘客的话，他的名字至今仍然是未知的。

★ ★ ★

尽管巴顿位高且有名气，宪兵在做事故记录时只是把它作为一起车祸来处理的。犯罪现场调查是由第一个赶到现场的彼得·K. 巴巴拉斯宪兵中尉着手进行的。他所在的驻扎在曼海姆的第八百一十八宪兵大队的宪兵询问了两位驾驶员，对两辆汽车的损坏作了笔记，并撰写了一份标准的事故报告。尽管巴顿的司机作证说："卡车司机和他的乘客都喝醉了，所以没有感到疼痛。"罗伯特·汤普森军士的血液酒精水平从未被测试过，他也从未被控酒后驾车。也没有对汤普森所占有的信号连队的卡车提出过疑问，尽管他的事故出在他工作地点以北近60英里的地方，他也没有明显的理由要在这样一个安静的周日上午出现在曼海姆。汤普森强调说，当事故发生时，他正在转向一座军需库去送回卡车。这个说法也站不住脚，因为车库还在几百码之外。实际情况是，当伍德林开车经过那座车库时，乔治·巴顿还作了几句评论。

汤普森的醉酒、疏忽和毋庸置疑的偷盗没有受到追查。事实上，第一个到达现场的宪兵曾试图逮捕巴顿的驾驶员一等兵伍德林。只有经过盖伊将军的调解，那位宪兵才让伍德林走人。

这个案件随后就宣布结束了。没有正式的审讯，没有试图和在医院的巴顿联系，了解他对事件的陈述，在他死后也没有人来查询事件经过。罗伯特·汤普森军士的军队档案，其中可能包括对他采取任何进一步行动的详细记载，于1973年7月12日被烧毁了。发生在密苏里州圣路易斯国家人事档案中心的火灾烧毁了近1800万份官方的军人档案。

令人难以置信的是，巴巴拉斯中尉的报告也消失了。印第安纳州《加里邮政论坛报》1953年获取事故报告副本的请求收到了来自军队的官方回应，第一，"档案中没有调查报告"；第二，"伤亡管理部门没有关于那次事故的任何文件"；第三，"在盖伊将军的201'个人'文件中没有关于事故的任何信息"。

★ ★ ★

为了寻找更多与他朋友死亡有关的信息，第七军指挥官杰弗里·凯斯将军立即对事故展开了他自己的调查。但凯斯的报告也失踪了。事实上，留下来被人传阅的一份奇怪的文件据称是写于1952年，由巴顿的司机一等兵贺拉斯·伍德林签了名的唯一一份报告。当1979年询问他的时候，伍德林发誓说，他从来没有做过任何陈述或在这样的报告上签上自己的名字。他认为那份文件完全是伪造的。

本书的作者们试图找到官方事故报告的努力均告失败。如果它确实存在，它实在隐蔽得很好。

★ ★ ★

1979年，战略情报局杰德堡行动成员道格拉斯·巴扎塔给出了一个惊人的说法，他说他参加了一个等待巴顿专车到来进行攻击的小组。他声称撞车后，他发射了一颗低速弹丸打在巴顿脖子的背面，试图把脖子折断。巴扎塔说，当时巴顿并没有立即死亡，将军是在医院被苏联内务部的特工用一种无味的毒药谋杀的。巴扎塔还发誓说，野比尔·多诺万为他在巴顿死亡中所起的作用付给他1万美元，加上800美元的开销。

但许多人认为巴扎塔的故事非常牵强。从来没有发现过弹丸，伍德林和盖伊将军肯定会看到任何一个暗杀小组。然而，巴扎塔坚持他故事的真实性。1979年9月25日，他向团聚在首都华盛顿希尔顿酒店的450位前战略情报局特工描述了对巴顿的暗杀。[①]

巴扎塔确实有一定的可信度。他曾因在杰德堡行动中做出的贡献而受到重奖，获得了杰出服务十字勋章，四枚紫心勋章和法国的英勇十字勋章以及两条棕榈叶绶带。

战争结束后，他在1947年以少校军衔离开了军队。巴扎塔的生活过得多

① 这曾在《华盛顿星报》上报道过。

姿多彩。他继续留在法国，在那里他学会了酿酒，并且成了一个成功的职业画家，在温莎公爵夫人和摩纳哥格蕾丝王妃的赞助下展示他的作品。巴扎塔自己也成了抽象派画家萨尔瓦多·达利的油画对象，达利将前杰德堡成员打扮成堂吉诃德的模样画到了画布上。英国艺术评论家马克·韦伯于1969年指出："巴扎塔的一生有这么多的故事，可以写上一打小说。"

这是巴扎塔荣获杰出十字勋章时的授勋引文："由1918年7月9日美国国会法案授权，美利坚合众国总统很高兴地将杰出服务十字勋章授予美国陆军上尉（步兵）道格拉斯·D. 巴扎塔，以表彰他作为战略情报局派出的抵抗力量的组织者和指挥员，在1944年8月27日至10月6日与武装敌人战斗的军事行动中所表现出来的非凡的英雄主义。在被空投到法国上索恩省之后，巴扎塔上尉组织并武装了7000名抵抗力量战士；制订并执行了破坏敌人铁路以及公路标志的行动计划，致使德国车队转入二级公路，遭到抵抗力量做了充分准备的伏击，造成了德军人员和车辆的大量损失。所有这些任务都是在穿着便衣的情况下执行的。巴扎塔上尉的表现，体现了他自身的巨大荣誉，与美国武装力量最崇高的传统是完全一致的。"

巴扎塔声称他杀死了巴顿的声明，在聚集在华盛顿希尔顿酒店宴会厅里的前战略情报局成员中激起了巨大的反响。有一些人相信他。然而即便在他发表了那个惊人的声明之后，美国政府仍然雇佣了他为政府工作。在里根政府时期，他曾担任过海军部长小约翰·莱曼的特别助理。当他于1999年88岁高龄死去时，在《纽约时报》上曾有过一个长长的讣告，但没有提及众所周知的他曾杀死巴顿的声明。

然而，由英国作家弗雷德里克·诺兰撰写，在1974年出版的书名为《阿冈昆项目》的小说中，一名刺客在事故发生后立即爬到巴顿的车上，将一颗低速子弹打在将军的脖子上。已经证实的是，巴扎塔看过这本书。两名与巴扎塔有深交的前杰德堡行动成员和《华盛顿星报》记者乔伊·比尔灵顿都声称，巴扎塔早在那本书出版前两年的1972年，曾私下对他们透露了对巴顿的暗杀。

★ ★ ★

美国军方的调查人员应该对乔治·S. 巴顿的奇异死亡进行复查。虽然线索已经冷却多年，技术的进步是可以揭开一些谜团的。

毫无疑问，巴顿将军是作为一位英雄死去的。时至今日，历史对这一点还是肯定的。但坚强的老将军并没能以自己的方式去死，而围绕着他的死因仍有许多悬而未决的问题。这些问题应该被提出来。

比尔·奥莱利

马丁·杜加尔德

2014年5月

后序故事

乔治·巴顿曾经说过，他希望和他的士兵们葬在一起，所以他就和他的士兵们葬在一起了。埋葬在卢森堡市郊外美军公墓里的5000人中有许多是第三军在突出部战役期间战死的士兵。巴顿的墓地成为如此受欢迎的战后景点，成群的游客使得绿草根本无法在他的坟墓和附近区域里长出来。因此，在1947年3月19日，他的尸体被挖出来，重新安葬到现在的位置，远离了一排排白色的十字架，在公墓前面一个孤立的位置上。这个位置似乎显示着巴顿仍然带领着他的战士。

悲哀难抑的比阿特丽斯·巴顿在丈夫的葬礼结束后飞回了美国。那天正是圣诞节假日，但她深陷于悲痛和哀悼之中，她不会有假日。

在他们结婚的35年中，因为他参加了在墨西哥、法国和德国以及非洲进行的战争，她和乔治·巴顿经历了无数次的分离。他在这些漫长的离别中写给她的信，使她了解了巴顿内心深处的想法和他的深深的爱。乔治·巴顿有诵读困难，这使得拼写、阅读、写作成了件苦差事，所以写信这一行动本身和所写的文字一样就是他的爱情的象征。

但是，再也没有来自乔治·巴顿的信了。当他的尸体被放入卢森堡那寒冷、潮湿的地下时，比阿特丽斯·巴顿悲伤得几乎发狂。

她心爱的乔治走了。

比阿特丽斯·巴顿没有再婚。她的孙子詹姆斯·巴顿·托滕在2008年确认她曾雇佣了几名私家侦探来调查丈夫死亡的原因。这些调查在寻找任何确凿的暗杀证据方面并不成功。

在她丈夫去世8年之后，终身骑手的比阿特丽斯在马萨诸塞州汉密尔顿外

巴顿的墓地

的马场上扬马飞奔时动脉瘤破裂。虽然巴顿女士立即从马上摔了下来，但她在撞到地面之前就已经死了。她早就明确表示过，她希望与她的丈夫埋葬在一起。当美国陆军拒绝让她在卢森堡的美国军人公墓中下葬后，她的孩子们将她的骨灰私运到欧洲，洒在巴顿的坟墓之上。

巴顿死去时所在的医院一直属于美国陆军的编制。2013年7月1日，第130医院或后被称为纳黑伊顿兵营被关闭并移交给了德国政府。除了挂在门外的一小块纪念牌匾，110号房间长期被用作为一个放射实验室，没有任何巴顿去世后曾有过的显赫声势。在搜集这本书的资料的过程中，曾经访问了这处设施并去实地看一看这个非常特殊的房间。巴顿死去的那个地方非常普通。巧合的是，这次访问就发生在医院退役之前几小时，这使得马丁·杜加尔德成了在它被移交给德国人之前最后一个进入巴顿病房的美国游客。

事故发生时巴顿卡迪拉克车的驾驶员一等兵贺拉斯·伍德林在战争结束后回到了家乡肯塔基州。艾森豪威尔将军花时间亲自向他本人确认，他在让将军瘫痪的车祸中没有过失。尽管如此，伍德林对巴顿的死悲伤不已。他后来回忆道："我感觉自己就像一个孩子失去了他的父亲，因为这就是我对他的感受。

他是我在这个世界上最敬佩的人。我能想到的就是他是最伟大的。”当伍德林的妻子生下了一个儿子以后，他们用巴顿作了他的中间名字。伍德林和他的家人在1963年搬到了密歇根州，他在那里销售汽车，并驾驶雪地摩托以放纵一下自己对速度的嗜好。伍德林于2003年11月在底特律的一家医院里死于心脏疾病，是年77岁。直到他死的那天，伍德林一直声称杀死巴顿的那次事故是令人无法理解的。

锥堡战役的英雄，获得了杰出服务十字勋章的一等兵罗伯特·W. 霍姆伦德，身后被追授晋升为上士。奇怪的是，他也成了一个历史之谜。上士霍姆伦德并没有被埋葬在欧洲的任何一个美军公墓中，他也没有被安葬在阿灵顿国家公墓。

锥堡争夺战后，杰克·杰瑞上尉回到威斯康星州的家里休了30天假。当他重返欧洲时路过了一个军用仓库，他在那儿等车送他去他的部队。1944年12月29日，杰瑞在仓库里检查一支被缴获的德国枪械时被枪械射出的子弹打中头部死亡。

带着让元帅致命的自杀毒药来到隆美尔家的德国将军恩斯特·梅塞尔和威廉·伊曼纽尔·布格多夫在那一天后走上了两条截然不同的生命之路。梅塞尔在战争后期被晋升为中将，并担任了第六十八步兵师的指挥官。他于1945年5月7日被美军抓获，两年后被释放，在德国巴伐利亚州的山区度过了他的余生。他于1978年12月16日在那里去世，享年82岁。

到那时布格多夫已死了多年。事实上，他在梅塞尔被俘前五天自杀。在战争的最后几天，布格多夫应召来到了柏林阿道夫·希特勒的坑道，他见证了元首签署他的最后遗嘱。3天后，布格多夫朝自己的头部开枪自杀，不让苏联军队抓获。

就在布格多夫自杀之前，住在坑道里的约瑟夫和玛格达·戈培尔选择了一个最可怕的死亡方式。1945年5月1日，玛格达·戈培尔让她的6个孩子饮用了含有吗啡的饮料。然后，在他们睡着的时候，她打破小瓶，将氰化物倒入他们口中，一个接一个地将他们杀死。后来，她和她的丈夫走出了坑道，她咬碎了氰化物药丸，约瑟夫·戈培尔向她的后脑勺打了一发子弹。然后，戈培尔服下了自杀药丸，同时扣下了枪机。

纳粹党的其他精英成员也以同样的方式走向死亡。党卫军首领海因里希·希姆莱在逃离柏林三个星期后被英国人抓获，他在监狱里用一颗隐藏的氰化物药丸自杀。德国空军的肥胖司令赫尔曼·戈林于1945年5月6日被美国军队逮捕。1946年9月30日，他被判处绞刑。但在纽伦堡审判中公开嘲笑并开玩笑的戈林宣称电影中呈现的纳粹集中营的可怕的暴行是假的，不想被公开处死。在一名不知情的19岁美军守卫赫伯特·李·斯代弗斯的帮助下，氰化物药丸被私运进了戈林的囚室，他自杀了。当斯代弗斯休班在外的时候，一位当地的德国姑娘勾搭上了他，说服他带一些隐藏在一支钢笔里面的“药”给戈林。斯代弗斯后来再也没有见到过这个女孩。斯代弗斯在60年后，于2005年终于承认了这一事实。他感叹道：“我猜她利用了我。”并解释说，他至今仍然感受到内心有罪的困扰。

戈林的尸体在火化之前在纽伦堡被公开展示。

隆美尔的儿子曼弗雷德·隆美尔在他父亲被迫自杀后不久就回到了自己的德国空军高炮炮手岗位上。他很快就逃离了德国军队，并向法国军队投降。在囚禁中被释放后，他上了大学，随后进入了政界，他当上了斯图加特市长并成为战后德国自由派的领导人。尽管很多人认为，他宽容豁达并备受尊敬，可以上升成为德国总理，但他拒绝竞选国家级的公职。隆美尔与伯纳德·蒙哥马利元帅和乔治·S.巴顿的儿子们结下了友谊。他死于2013年11月7日，享年84岁。

艾森豪威尔将军以一个英雄形象回到了美国。他不认为一个军官应当对政治有兴趣。因此，尽管在1948年有大批民众支持艾森豪威尔当总统候选人，他却接受了去纽约市当哥伦比亚大学校长的职位，而不是去竞选公职。不过，他很快就改变了主意。他在1952年与1956年两次当选，任职两届总统。当医生告诉艾森豪威尔，他的连锁吸烟危害了他的健康后，他戒掉了一天吸烟四包的习惯。他于1969年3月28日死于心力衰竭，享年78岁。

艾克的战时爱尔兰相好凯·萨默斯并没能分享艾森豪威尔的成功。她结了婚，很快又离了婚，然后又和一个男人订婚了很短一段时间，那个人误以为她很富有。她后来写了两本书来讲述她与艾森豪威尔关系的所有故事。有未经证实的传言说他们两人继续偷偷见面。凯·萨默斯于1975年在纽约南安普敦她的家中死于肝癌。

巴顿的战时相好琼·戈登的生命终结则更为悲惨。将军死后不久，她和比阿特丽斯·巴顿曾在纽约有过一次气氛火辣的会面。她们之间到底说了些什么无人可知。琼·戈登于1946年1月8日在一个朋友的公寓里开煤气自杀。警察记录里没有遗书的证据。然而，巴顿的家族中有一个传说，在现场发现的一张纸条上写着："我将在天堂里与乔治叔叔在一起，在比阿特丽斯到来之前我将拥有他的一切。"

与巴顿在战争期间经常争吵的奥马尔·布雷德利将军继续在军队服务长达近40年，他升到了五星上将军衔并担任了陆军参谋长。他在朝鲜战争期间督导美国军队，并在越南战争期间为林登·约翰逊总统提供咨询。他还担任过电影《巴顿》的顾问，影片中的男主角乔治·C. 斯科特还因此赢得了奥斯卡奖。布雷德利活到了88岁。

具有讽刺意味的是，温斯顿·丘吉尔享受了更长的寿命。虽然超重，酗酒，很少看到他手中不拿着一支雪茄，英国的战时首相活到了90岁。他死于1965年1月24日，他父亲去世72年后的同一天。波茨坦是丘吉尔在第二次世界大战中的最后一个伟大的时刻。他于7月25日从波茨坦飞回英国。第二天，他就得知他在大选中被工党领袖克莱门特·艾德礼以压倒性优势击败，艾德礼是被对艰苦的战争努力感到疲惫不堪的选民们选上的。选举结果使丘吉尔的保守党大为震惊，他们认为他的战时功业会让他十拿九稳，但是后来的民调显示，英国民众认为工党能更好地重建国家。1951年形势又有了逆转，丘吉尔再次当选为首相。他在1951年至1955年担任首相，随后因一系列中风和将满80岁的理由辞职。在他的晚年生活中，丘吉尔坦率地谈到了世界的现状。他的葬礼是世界历史上直到那个时候为止的最盛大的国葬，来自112个国家的代表前来瞻仰。当他的灵柩被放到泰晤士河里的驳船上时，码头上成排的起重机都降下了它们的吊臂行礼致敬。他被埋葬在巴拉顿圣马丁教堂丘吉尔家的墓地里，旁边是他的妻子克莱门汀。他们结婚长达56年。

苏联的独裁者斯大林统治苏联三十多年。由于多年大量吸烟，他在74岁时死于中风和心脏疾病所带来的并发症。具有讽刺意味的是，如果医生在他中风后能迅速赶到，他的生命可能会延长。但斯大林不允许他的卫兵进入他的房间的命令导致了他的死亡。在1953年3月1日那一天，虽然人们感到很奇怪斯大林没有下来吃早餐或午餐，但他的卫兵们拒绝违背他的命令，从而耽搁了医治。他4天后死去。官方的死亡原因是脑出血，但后续的身体检查表明，斯大林可能是被谋杀的。有人在前一晚他倒下之前，在他的酒里撒进了无臭无味名为“华法林”的老鼠药。对他的尸体作了防腐处理，然后放置在苏联创始人弗拉基米尔·列宁陵墓旁的一个同样的陵墓里，在莫斯科的红场上公开展示，直到1961年10月31日。斯大林的遗体后来被取出并埋葬在克里姆林宫墙边的墓地里。时至今日，列宁的遗体依然在那里陈列着。

苏联元帅格奥尔基·朱可夫，那位打赢了柏林战役并在后来与乔治·巴顿一起站在检阅台上的苏联将军，在战后过着一种喜怒无常的生活。他长期以来被约瑟夫·斯大林认为是一个政治威胁，他在1946年初被剥夺了苏联地面部队指挥官的职务，并被重新分配到远离莫斯科的敖德萨。他在1953年被召回莫斯科，一个月后斯大林去世，朱可夫东山再起，再次成为一个政治力量。朱可夫负责了对内务人民委员部委员拉夫连季·贝利亚的逮捕和枪决，之后他成为苏联新领导人赫鲁晓夫的亲密顾问。1964年当他六十大寿时，朱可夫被授予苏联英雄的称号。他于1974年死于中风，他的骨灰安葬在克里姆林宫墙边的墓地。

美国总统富兰克林·德拉诺·罗斯福的遗孀埃莉诺·罗斯福在丈夫去世后搬到了纽约，她在派克喜来登酒店的一个套房里住了一段时间，推动着好几项重要的国家或社会事务。她是美国派往联合国的第一批代表之一，她在那里督导了世界人权宣言的通过，宣言承诺全世界的男人和女人都将获得基本自由。苏联由于对宣言第十三条宣称的人们有从一个国家到另一个国家自由旅行的权利这一条款不满，相当显眼地投了弃权票。埃莉诺广泛出游，每年要做一百多个讲座。她于1962年11月7日78岁时死于再生障碍性贫血和骨髓结核病的综合征。埃莉诺·罗斯福被安葬在纽约州海德公园他们家的墓地，与富兰克林·德拉诺·罗斯福相邻。

野比尔·多诺万在战略情报局掌舵的那段时间是他冒险一生达到巅峰的标记。他在由1947年国家安全法而创建的中央情报局的诞生过程中发挥了重要的作用。然而杜鲁门总统不愿意让他来领导这个组织。多诺万回到纽约继续他的律师业务，并在艾森豪威尔总统的授意下，于1953年再次离开了律师业务，担任了美国驻泰国大使。多诺万的心智很快就开始失控，他的晚年是在痴呆状态中度过的。他于1959年2月8日76岁时在首都华盛顿的沃尔特·里德陆军医疗中心死去。野比尔·多诺万被安葬在阿灵顿国家公墓。

在第二次世界大战中担任陆军参谋长的乔治·马歇尔将军于1959年78岁时在华盛顿去世。在他的一生中，他担任过陆军将军（美国陆军最高级的士兵）、国务卿和国防部长；是《时代杂志》的年度人物；并于1953年获得了诺贝尔和平奖。他一生的不朽遗产就是创立了第二次世界大战后在美国的援助下重建欧洲的马歇尔计划。杜鲁门总统曾经说过，马歇尔是他那一代的最伟大的人。

伯纳德·蒙哥马利在战争结束后被授勋为阿拉曼的蒙哥马利第一子爵，他的头衔反映了他在埃及沙漠中击败陆军元帅埃尔温·隆美尔的历史性的胜利。蒙哥马利曾在1946年至1948年担任皇家军队总参谋长，以后在英国军队中担任多个不同的职务，直到1958年71岁时从军队退役为止。直言不讳如初，他很快就卷入了一些政治问题，包括支持南非的种族隔离，批评1967年英国的同性恋合法化是“鸡奸宪章”，并公开嘲笑美国在越南的军事政策。蒙哥马利继续着他在第二次世界大战期间对上司猜测的习惯，尤其是对艾森豪威尔，他在以他的名字命名的1958年的回忆录中嘲笑了艾森豪威尔。蒙哥马利在1976年去世，享年88岁。他被埋葬在英国南部城市宾斯特德圣十字教堂的墓地。

意大利独裁者贝尼托·墨索里尼比阿道夫·希特勒早死仅仅两天。亲共产党的游击队于1945年4月27日在意大利北部山区科莫湖的附近抓住了他和他的情妇，当时他们两个人正试图逃往瑞士。他们被关押过夜，然后被带到一个偏远的地方由行刑队执行枪决。根据墨索里尼的要求，他被枪弹击中胸部，而不是脸。第一颗子弹没能打死他，所以又在近距离第二次开枪。然后，将他们的尸体运到了米兰，倒挂在肉钩上公开展示。愤怒的米兰市民向这两具尸体吐唾沫，用脚踢，并投掷石块。阿道夫·希特勒在他的柏林坑道里得知了墨索里尼的命运，这个消息也促使他下了更大的决心来焚烧掉他的尸体。

党卫军突击队奥托·斯科尔兹内米老鼠行动的目标小米克洛什·霍尔蒂作

为德国囚犯在达豪集中营里度过了“二战”的剩余时间。他于1945年5月5日被盟军解放获得自由。但由于苏联入侵了他的祖国匈牙利，他与他的父亲，长期的匈牙利摄政王米克洛什·霍尔蒂流亡到葡萄牙度过了他的余生。

奥托·斯科尔兹内在1947年的达豪战争罪行审判中获无罪释放。在他被关押以确定是否会提出进一步指控期间，3名装扮成美国宪兵的前党卫军军官成功地帮助他逃了出去。有一段时间，他致力于帮助其他前党卫军成员从德国逃脱。斯科尔兹内后来与世界各地的间谍机构合作进行了一系列秘密活动。具有讽刺意味的是，犹太国家以色列的情报机构摩萨德也在其中。斯科尔兹内于1975年7月因癌症去世，享年67岁。

曾在拉格莱兹沦为约阿希姆·佩普阶下囚的哈尔·麦科恩少校继续留在军队服务直至1972年。他参加了朝鲜和越南战争，以少将军衔退役。麦科恩于1999年去世。他是第二次世界大战期间当过下级军官，后来在越南战争年代带领军队的那一批美国军官之一。另一位是克雷顿·艾布拉姆斯中校，他的军人生涯是漫长而成功的。他在越南战争期间成为四星将军和陆军参谋长。他的三个儿子都成为将军，而他的三个女儿都嫁给了军人。艾布拉姆斯对雪茄的终身喜好最终让他在上世纪70年代染病不治，他于1974年死于肺癌并发症。他被安葬在阿灵顿国家公墓，旁边就是他结婚38年的妻子朱莉娅。

巴士东战役的其他主要人物都继续着他们长期而成功的职业军人生涯，并形成了越南战争期间军官团的骨干。建议托尼·麦考利夫将军以“疯子”正式恢复德国投降命令的哈利·金纳德中校在越南指挥着空军第一骑兵师进行了传奇的德浪河谷战役。在《我们曾是战士并且年轻》那本书与同名的电影中所展现的他们的故事成了经典之作。金纳德活到了2009年，在他93岁时去世。曾经因坚守诺维尔防线而闻名于世的威廉·戴斯欧布雷少校直到1945年春天一直是德国人的战俘。他后来升至中将，并留在军队直到1975年。他于1996年去世。诺维尔现在有一条街道以他的名字命名。戴斯欧布雷将军大街是通往巴士东的关键十字路口。

巴士东的英雄安东尼·麦考利夫将军将永远无法动摇他和那个“疯子”回应的联系，因为那已经载入史册，成为战争中的豪言壮语之一。他的军人生涯一直持续到1956年。他离开军队后又继续担任了一些高级文职职务。他于1975

年77岁时去世。去世前，他表达了对他名声的倦意："某天晚上，一位可爱的南方老太太请我吃饭。与她和她的迷人的客人们说话让我度过了一个愉快的夜晚。我很高兴的是整个晚上没有人提及'疯子'那件事。就在我准备离开，并感谢我的女主人给了我一个愉快的夜晚时，她回答道，谢谢你，晚安，麦克'疯子'将军。"

乔治·巴顿将军的大女儿比阿特丽斯和约翰·沃特斯保持着婚姻关系，直到她于1952年10月24日去世。她生了两个儿子，约翰和乔治·巴顿。她的姐姐露丝·埃伦嫁给了一位职业军官詹姆斯·托滕，他在军中逐年晋升成为一位少将。他们有两个儿子，迈克尔和詹姆斯，他们两人继承了在军队服务的家族血统。在她的回忆录《按钮盒：一个女儿对巴顿太太的回忆》一书中，露丝·埃伦写道，在她父亲去世的那一刻，她在睡梦中醒来，看见他全身戎装站在她的床边。"我在床上坐起来，我能非常清楚地看到他。当他看到我在看他时，他给了我一个我所见过的最甜美的微笑。"第二天早上，她打电话给她姐姐比阿特丽斯，她说她也有类似的经历。"她说她快睡着的时候，听到床边的电话铃响了起来。她把话筒拿起来，只听见许多静电噪声，就好像它是一个越洋电话。然后，她听到了乔治的声音在问：'小蜜蜂，你还好吗？'但是，当年轻的比阿特丽斯·巴顿打电话向越洋电话转换台询问时，她被告知没有任何人给她打过电话。"

乔治·巴顿将军的独子乔治·巴顿四世，是在西点军校得到的消息，那正是他高年级班期中的时候。他的父亲在他22岁生日那天被安葬。少年乔治无法离开西点去参加葬礼。他毕业加入军队之后，追随着父亲的脚步，最终升为少将军衔。他参加了朝鲜战争，并在越南战争中服务了几个周期。像他的父亲一样，他能说一口流利的法语，并热爱历史。在他活着的时候，巴顿通过法律程序改变了他的名字，以避免他的名字和他父亲的名字相混淆。巴顿将军使用了小乔治·S. 巴顿这个名字，而他的确切名字应该是乔治·S. 巴顿三世。年轻的巴顿放弃了罗马数字四，他的名字就是简单的乔治·巴顿。他死于2004年，享年80岁。巴顿将军和他的妻子乔安妮有五个孩子，其中包括他们的大儿子乔治·巴顿五世。

附 记

乔治·巴顿将军对美国第三军的讲话

英格兰南部

1944年6月5日

坐下。

士兵们，你们听到的那些传言说美国不想打仗，只想在旁边等着这场战争结束是一堆狗屎。美国人有喜爱战斗的传统。所有真正的美国人都喜欢战场上的刺痛和冲突。你们今天之所以会在这里是因为三个原因。首先，你来这里是为了捍卫你的家园和你的亲人。第二，你来这里是为了自己的尊严，因为你不想到其他任何地方去。第三，你来这里是因为你是真正的战士，所有真正的战士都热爱战斗。

你们现在是在这里，但你们中的每一个人都曾是孩子，你们都羡慕过那些冠军球员，那些跑得最快的人，那些最凶猛的拳击手，大联盟棒球队的球员们，和全美大学橄榄球的球员们。美国人热爱一位胜利者。美国人不会容忍一个失败者。

美国人鄙视胆小鬼。

美国人永远为获胜而比赛。我不会对一个输了还能笑出来的人有任何同情。这就是为什么美国人从来没有，也将永远不会失去一场战争；因为对一个美国人来说，单那个输球的念头就是非常令人厌恶的。

不是你们所有的人都将会死去。你们中间只有2%今天在这里的人会在一场重大战役中死去。绝不能害怕死亡。随着时间的推移，所有的人都会死去。

是的，每个人在他的第一次战斗中都会害怕。如果他说他不害怕，那他就是个骗子。有些人胆小，但他们和勇敢的人一样战斗，或许他们会赶走害怕，因为他们看到那些正在战斗的人和他们一样地害怕。

真正的英雄是那些即使感到害怕但仍在战斗的人。有的战士在枪弹下待上一分钟就克服了恐惧；对一些人来说，它需要一个小时；对另一些人来说，可能需要好几天。但是，一个真正的士兵不会让他对死亡的恐惧压倒他的荣誉感，压倒他对他的国家的责任感，压倒他与生俱来的男子气概。战斗是一个人可以尽情享受的最为壮观的比赛。它将激发出最好的一切，它将去除最底下那一层的所有东西。美国人对成为一个强壮的男人引以为豪，他们都是强人。

请记住，敌人和你一样感到害怕，而且可能更害怕。他们不是超人。

在你们的整个军人生涯中，你们一直在抱怨你们所谓的“烦琐操练”。这样的操练，和这个军队里的其他一切一样，都是有一个明确的目标的。这个目标就是提高警觉。警觉性必须培植到每一个士兵心里。我不会容忍一个不时刻保持警惕的人。你们都是老兵了，否则你就不会在这里。你对即将到来的一切已做好了准备。如果一个人想活下去，他就必须时刻保持警惕。如果你不警惕，有时候，一个狗娘养的德国佬就会悄悄地跑到你的身后，拿一只装满狗屎的袜子把你打死！

在西西里岛的某个地方有四百座标示整齐的坟墓，那全是因为一个人在站岗时打了瞌睡才会有的。但那是德国人的坟墓，因为我们在他们之前先逮住了那个打瞌睡的王八蛋。

军队是一支团队。军队以一支团队的方式来生活、睡觉、吃饭和战斗。

那种个人英雄主义纯粹就是马粪。那个在《星期六晚邮报》上写了那种东西的坏脾气的混蛋对在枪弹下的真正的战斗并不比他所知道的性爱多多少！我们有最好的食物，最好的装备，最好的精神状态和这个世界上最好的士兵。感谢上帝，为什么我竟然会怜悯那些我们将要打击的可怜的狗杂种。感谢上帝，我确实怜悯他们。

我的士兵不会投降。我不想听到任何一个在我指挥下的士兵被俘，除非他已经受伤。即使你受了伤，你仍然可以反击。这不是一句空话。我希望在我指挥下的士兵都能像在利比亚的那个中尉一样，当他的胸口顶着一支鲁格手枪时，他猛地摘下头盔，一只手将手枪挡到一边，并用他的头盔打碎了德国佬的脑袋。然后，他夺下了手枪，在他们知道地狱是怎么回事之前，跑出去打死了另一个德国佬。而且，在干所有这一切时，这个人的肺部已被子弹击穿。这是一个真正的战士！

所有真正的英雄都不会像传奇故事中的战神那样。每一个人在这个军队里都起着至关重要的作用。永远不要松懈，永远不要认为你的任务是不重要的。每个人都有任务要完成，他必须完成任务。每一个人都是这条大链中的一个重要环节。

如果每一个卡车司机都突然决定他不喜欢那些飞过头顶的炮弹的呜呜声，脸色发黄，一头扎进了沟里？胆怯的混蛋可以说："该死的，他们不在乎我，我只是上万人中的一个。"但是，如果每个人都这样想的话会怎么样？我们现在会在哪里？我们的国家，我们的亲人，我们的家园，乃至整个世界会变成什么样？

不，美国人不是这样想的。每个人都要完成他的任务。每个人都为整体服务。每一个部门，每一个单位在这场战争的庞大计划中都是重要的。

需要军械兵来提供枪支和战争机器让我们继续前进。需要军需兵为我们提供食品和衣服，因为我们要去的地方没有很多东西可拿。每一个炊事员都有任务要完成，甚至那个烧开水的家伙，他可以保护我们不拉肚子。

每个人不能只想着自己，只想着在他身边战斗的战友。在这支部队里我们不要脸色发黄的胆小鬼。他们应该像老鼠那样被打死掉。如果没有被打死，他们会在战争结束后回家，生出更多的胆小鬼来。勇敢的士兵会生出更多勇敢的人。杀了那些挨千刀的胆小鬼，我们将有一个勇敢的人组成的国家。

我一生中所见过的最勇敢的人中的一个是那个在突尼斯的激战交火中爬到电线杆顶上的家伙。我停下来问他，在这样激战的时候他在那上面干什么。他回答说："长官，我在修理线路。"我问他："现在在上面是不是太危险了？"他回答说："是的，长官，但必须修好这该死的线路。"我问他："你不担心那些扫射公路的飞机吗？"他回答："不，长官，但你肯定是要担心的！"那是一个真正的男人。一个真正的战士。那是一个为了履行他的职责奉献了他所有一切的人，不管在那个时候他的职责看起来似乎并不起眼，无论这么干有多少危险。

你们应该看见过那些跑在突尼斯公路上的卡车。那些卡车司机真是无与伦比。他们整日整夜奔跑在那些狗娘养的路上，尽管四周一直有炮弹爆炸，他们从来没有停止过，也从来没有动摇过。我们靠着传统的美国胆量过了这一关。其中许多人连续开车超过四十小时。这些人不是战斗部队，但他们是去完成任务的战士。他们完成了任务，在极其困难的情况下完成了任务。他们是团队的一部分。

如果没有团队的努力，没有他们，那场战斗可能就打败了。链条中所有的环节都拉在一起，那根链条就变成牢不可破的了。

不要忘了，你们并不知道我在这儿。在任何信里不准提到这件事。这个世界不应该知道我到底在干什么。我不应该来指挥这支部队。我甚至不应该到英国来。让德国佬成为第一个发现这一点的王八蛋。有一天，我希望能看到他们撑着尿湿的双腿站起来大声号叫：“耶稣基督，这又是该死的第三军和那个狗娘养的巴顿。”

我们要打到那边去。我们越快收拾这该死的乱局，我们就可以越早短途旅行去清算那个崇拜紫色的小日本，把他们的老巢也一起端了。要在那该死的海军陆战队抢了所有的功劳之前把它干好。

当然，我们想回家。同时我们也想结束这场战争。最快结束战争的方法就是去逮住那个挑起战争的混蛋。越早抽打他们，我们就可以越快回家。回家的捷径就是通过柏林和东京。当我们到了柏林的时候，我会亲自去开枪打那个狗娘养的纸糊的希特勒。就像我打一条蛇一样！

如果一个人躺在一个炮弹坑里，如果他一整天就待在那里，德国人最终会找到他头上。想清楚这一点，想清楚了再去干。我的战士不挖散兵坑。我不希望他们去挖。散兵坑只会延缓进攻，不断前进。不要给敌人时间去挖散兵坑。我们将赢得这场战争，但我们将只能通过战斗，通过向德国人展示我们比他们更有胆量，并永远比他们更有胆量来赢得这场战争。

我们不会只向那些狗娘养的射击，我们还要扯下他们该死的生活勇气来润滑我们的坦克履带。我们要用蒲式耳篮子杀掉那些恶心的德国混蛋。战争是一种血腥，杀戮的行动。你得让他们流血，不然他们就会让你流血。挑开他们的肚子。打烂他们的内脏。当炮弹打在你的身边，你擦拭脸上的污垢发现，那污垢其实是你身边最好的战友的鲜血和内脏时，你就会知道该干什么了！

我不想听到任何报告说："我正守着我的阵地。"我们不会去守住一个见鬼的阵地。让德国人去干那个。我们将不断推进，我们没有兴趣去抓住任何东西，除了敌人的球。我们将一直扭住他的球，并把他的烂屎踢出来。

我们的基本作战计划就是前进，并不断推进，不管我们是从上面，从底下，还是从正面突破敌人的防线。我们要像摧枯拉朽，不费吹灰之力一般穿过他们的防线！

不时会有一些抱怨，说我们对我们的士兵压力太大。我不会理睬那些该死的抱怨。我相信那条古老但正确的规则，多流一盎司汗水将少流一加仑鲜血。我们的推进越坚决，我们就能干掉越多的德国佬，而我们的人就会牺牲得越少。推进意味着更少的伤亡。我希望大家能记住这一点。

当战争结束，你们都回家以后，你们都有一个了不起的事迹能够吹嘘。二十年后，你可能会感到欣慰的是，当你坐在壁炉旁，你的孙子坐在你的膝盖上，而他问你，在伟大的第二次世界大战中你干了些什么的时候，你不用假装咳嗽，把他移到另一个膝盖上，然后说："嗯，你爷爷那时在路易斯安那州铲粪。"不，先生。你可以看着他的眼睛对他说："孙子，你爷爷跟着伟大的第三军和一个该死的名叫乔治·巴顿的狗娘养的一起战斗。"

我的讲话完了。

资料来源

这本书的资料搜集是一次探险活动。

探险的旅程开始于访问巴顿在那儿去世的德国小镇海德堡纳黑伊顿兵营里一所医院的病房。基地的公共事务官员谢恩·夏普安排了亚伦·诺瑟普少校带我们参观了基地设施，并作了简要介绍，从而让我们能亲眼看一下乔治·S. 巴顿在他最后的岁月中去过的地方。

在那个简单而带点凄美的开始以后，资料搜集就像脱缰的野马在欧洲各地和美国展开了。在那些页面上出现的希特勒、斯大林、丘吉尔、罗斯福、艾森豪威尔和许多有影响力的人物都要求对他们有一个能配得上他们自己地位的深入的调查。有一些资料是直接从各种档案馆、博物馆和官方的美国陆军战史中挖掘出来的。中央情报局、富兰克林·罗斯福和哈里·杜鲁门总统图书馆以及国家档案馆给了我们极大的帮助。这段历史离现在仍然不是太远，这本书中的两个关键的人物，亚伯拉罕·鲍姆和曼弗雷德·隆美尔在搜集过程中离开了人世。正如本书中的许多其他人物一样，他们刊登在报纸上的讣告提供了重要的背景信息。这些都是历史研究的标准来源。不过，也有几个意想不到的来源让我们更好地了解了过去。

其中之一是在加利福尼亚州莫哈韦沙漠基里亚科峰巅的乔治·S. 巴顿纪念博物馆，它拥有数量巨大并多样化的巴顿纪念品，包括在博物馆周边沙漠中展示的多辆坦克。此外，在柏林的恐怖地形博物馆也提供了一个令人不寒而栗的纳粹德国的外观。它是在盖世太保总部的旧址上盖起来的，毗邻着一小部分剩余的柏林墙。当然，巴顿在卢森堡的坟墓也以其优雅的简洁令人震撼。

巴士东已经不再是1944年那样的一个商业枢纽城市了，但每一年它都会在战役纪念日那天向突出部战役和美国守卫者们致以敬意。101空降师的原兵营和麦考利夫将军的总部现在是一个仍在使用的军事设施，有时会向旅游者开放。虽然无法在任何地图上找到锥堡，但它仍在梅斯的山丘上，正慢慢地被森林遮盖起来。人们可以在当年的战场上漫步，追寻E连队和B连队的进攻路径——但当地人会对此极力劝阻，因为大量未爆炸的弹药还留在那里。打开的大门和隧道允许冒险者们步入锥堡的德军炮台内部，亲眼看看堡垒混凝土墙的厚度。

莫斯科大剧院的媒体关系主管卡捷琳娜·诺维科娃对提供1944年10月奥尔加·莱佩辛斯卡娅为温斯顿·丘吉尔和约瑟夫·斯大林跳舞的那个夜晚的芭蕾舞团节目单给了很大帮助。英国下议院新闻办公室的亚历山德拉·派瑞瑟科-格林坚持不懈找到了丘吉尔悼念富兰克林·罗斯福那一天的会议纪要，从而使我们能够找到发表那篇发自内心的演讲的确切时间。

具有讽刺意味的是，那些创造历史的人都是一些曾经在地球上出现过的最大胆、最勇敢、最富有激情的人，但当人们实际记载历史时又往往陷于事实的陈述，去除了个人生活所反映出来的感情色彩。因此很有趣的是，大多数关于乔治·巴顿的文学作品都打破了这一传统，显示了对将军深切同情的一股暗流。这也从一个侧面说明了巴顿的人格力量和他的早逝悲剧的影响之大。

关于巴顿的优秀文学作品数量浩瀚，所以出版物的资料来源是充分的。已出版的巴顿日记《我所知道的战争》是获取信息和洞察巴顿内心世界的恒定来源，而《巴顿文集》收入的大量的巴顿的文章使人们能了解诸多历史事件的来龙去脉。除了巴顿自己的文字以外，卡罗·泰斯特的《杰出的巴顿：一位战争天才》，马丁·布卢门森的《巴顿和巴顿文集》，拉迪斯拉斯·法拉戈的《巴顿最后的日子》和布赖恩·索贝尔的《巴顿们的战斗》等著作给了我们极大的帮助。他们每个人在写巴顿时就好像他们认识他一样（布卢门森曾担任巴顿第三军的随军历史工作人员）。有关围绕着巴顿死亡的阴谋论的细节，罗伯特·K. 威尔科克斯的著作《目标：巴顿》非常有帮助。

下面是帮助了这本书资料搜集的来源列表。这个列表很长，但很难面面俱到，因为在资料搜集的过程中联系了数以百计的来源。

关于第二次世界大战的著作不计其数，但科尼利厄斯·瑞恩的《最后的战役》和里克·阿特金森的《枪炮的最后光芒》记载了大量的行动和细节。斯蒂芬·安布罗斯的《胜利者》通过普通士兵的眼睛将读者带入了有血有肉的战场。从一个指挥官的角度来观察战争的奥马尔·布雷德利的《一个士兵的故事》是谦虚并易于阅读的。虽然详细介绍战争的书太多，无法在这里一一列出，但有一些书在提供背景细微之处非常有帮助，这包括查尔斯·尤金·萨姆纳斯的《黑暗中可见：一个二战战场摄影师的回忆录》；彼得·多伊尔的《二战中的数字》；特里·布莱顿的《巴顿，蒙哥马利，隆美尔：战争大师》；保罗·罗兰的《纽伦堡审判：纳粹及其危害人类的罪行》和约翰·A. 亚当斯的《争夺西欧，1944年秋：一次行动考核》。道格拉斯·沃勒的《野比尔·多诺万》被证明是对战略情报局首脑信息的权威来源；同样非常有用的是威尔·欧文的《杰德堡：盟军特种部队的秘密历史，法国1944年》；和大卫·柯克帕特里克·埃斯特·布鲁斯的《战略情报局与帝国之战：大卫K. E. 布鲁斯上校的二战日记》。

安东尼·肯普的《无人知晓的战役：梅斯，1944》与史蒂芬·J. 扎洛嘎的《梅斯1944》和《洛林1944》对梅斯作了蔚为壮观的描述。对作为战争里程碑的突出部战役也有大量的著述，但我们参考的是罗伯特·E. 梅里亚姆的《突出部战役》；法兰克·J. 普莱斯的《特洛伊·H. 米德尔顿：一本传记》；约翰·托兰的《战斗：突出部的故事》；斯坦利·温特劳布的《12月中的11天：突出部的圣诞节，1944》；约翰·C. 麦克马纳斯的《阿登的阿拉莫》；阿林·R. 范诺埃和杰伊·凯勒梅尔斯的《对抗装甲部队：美国步兵与德国坦克之战，1944–1945》；蒂莫西·J. 汤普森的《阿登着火了：德国突击的第一天》；丹尼·帕克的《致命的十字路口：突出部战役中不为人知的马尔梅迪大屠杀的故事》；尤金·G. 舒尔茨的《巴顿将军第三军中的鬼影：尤金·G. 舒尔茨二战期间在美国军队中服务时的回忆录》；史蒂芬·J. 扎洛嘎的《突出部战役，1944（2）：巴士东》和罗伯特·E. 汉弗莱的《在战争中被低估的：第二次世界大战中的第九十九师》。

阿道夫·希特勒是现代历史上最著名的狂人，所以至少可以说进入他的内心世界是非常可怕的。我们借助了曾经有过那方面著述的作家的研究，其中包括奥托·斯科尔兹内的第一手资料《斯科尔兹内的特殊任务：希特勒的最大胆的突击队员的回忆录》和特劳德尔·琼格的《希特勒的最后一位秘书：与希特勒一起生活的第一手资料》。此外，约阿希姆·费斯特的《在希特勒的坑道内：第三帝国的最后几天》和《希特勒》；罗宾·克劳斯的《希特勒》和伊恩·克肖的《希特勒：一部传记》都是极为出色的。

盟国三巨头领导人对正确地讲述这个故事是至关重要的，他们的突出地位确保了大量的档案细节记载了他们的行动和想法。值得提及的图书有迈克尔·帕里什的《少许恐怖之中：苏联的国家安全，1939—1953》；海伦·拉帕波特的《约瑟夫·斯大林：一本自传》；威廉·D. 佩德森的《罗斯福年代》；由苏珊·巴特勒编辑的《我亲爱的斯大林先生：富兰克林·罗斯福与约瑟夫·斯大林的完整的信件往来》；多丽丝·卡恩斯·古德温的《非常时期：富兰克林·罗斯福和埃莉诺·罗斯福：第二次世界大战中的家庭前线》；由G. W. 赛恩德编辑的《保卫西方：杜鲁门-丘吉尔的往来信件，1945-1960》；彼得·克拉克的《大英帝国的最后千日》和约翰·埃里克森的《通往柏林之路，斯大林与德国之战第2卷》。

感谢上述作家，感谢那些没有在此提及他们书名的作家，他们的研究帮助我们完成了这本书。

致 谢

我的助手梅勉达·吴伯纳和文学经纪人埃里克·西蒙诺夫在我和马丁·杜加尔德撰写《杀死巴顿》的过程中给了我们无价的帮助。马丁是我所知道的最好的研究员。

——比尔·奥莱利

感谢世界上最出色的代理商埃里克·西蒙诺夫。致比尔·奥莱利，一位讲故事的高手和出类拔萃的杰出人物。从他那里我所学到了很多东西。一如既往，致凯丽：你是我的阳光。

——马丁·杜加尔德